MAINE ROMAN
SICILE ROMANE
PORTUGAL ROMAN 1
PORTUGAL ROMAN 2
POUILLES ROMANES
ANGLETERRE ROMANE 2
CALABRE ROMANE
BELGIQUE ROMANE
SARDAIGNE ROMANE
LYONNAIS SAVOIE

ROUERGUE
ROMAN

Jean-Claude Fau

Photographies inédites de Zodiaque

ROUERGUE

ROMAN

3e édition
entièrement nouvelle

MCMXC
ZODIAQUE
la nuit des temps

PRÉFACE

A mesure que cette collection avance, nous mesurons mieux l'importance des provinces étudiées dans ses premiers volumes. Aussi, à l'occasion de rééditions, essayons-nous de les faire bénéficier de nos possibilités actuelles.

Le Rouergue roman reste et restera toujours dominé par Conques, lieu prestigieux s'il en est, remarquable tant par son site que par son abbatiale. Même s'il ne reste que des témoins trop limités, encore que précieux, de son cloître, de ses bâtiments conventuels, peu de monastères de l'époque romane présentent encore autant de richesses : architecture, sculpture certes, mais aussi mobilier et surtout trésor, un trésor unique, qui laisse entrevoir ce dont a pu nous priver la folie des hommes !

Mais il s'en faut que Conques suffise à épuiser l'intérêt de cette province à l'époque romane. Nombre d'édifices méritent une attention spéciale. Nous avions déjà tenu à le montrer dans les éditions précédentes de cet ouvrage. Il importait toutefois de donner plus d'ampleur à ce propos et de présenter davantage de monuments ou pièces romanes dont cette contrée regorge. La mort ayant atteint G. Gaillard, puis L. Balsan, ami très cher, nous avons demandé à J.-C. Fau de rédiger ce nouveau volume.

Si le Rouergue souffre quelque peu de son isolement, qui reste aujourd'hui encore réel, il lui doit cependant d'avoir conservé, plus encore que d'autres régions plus riches ou plus proches des grands centres urbains, nombre de témoins des hautes époques, qui prennent à nos yeux une valeur et un intérêt considérables.

Car la chrétienté romane a su faire fleurir des édifices de choix sur l'ensemble de son territoire, même en des régions apparemment moins favorisées qui, par la suite, n'ont jamais réussi à connaître une telle floraison d'œuvres d'art en tous domaines.

Si l'on refuse de voir en ce fait le résultat d'un mouvement religieux d'une ampleur exceptionnelle, comment expliquer alors ce jaillissement qui, à cette échelle, reste unique dans l'histoire de cette province et de bien d'autres? La foi seule peut justifier ce besoin de construire un peu partout des maisons de Dieu, de les parer, de les orner, de leur consacrer tout le soin et les ressources dont pouvaient disposer les hommes de ce temps. Si ce livre pouvait en convaincre le lecteur, il ne faillirait pas à sa tâche.

N O T E

Les planches en noir et blanc de cet ouvrage, comme du reste toutes celles des livres de cette collection et la quasi-totalité de ceux de notre édition, ont été réalisées en héliogravure.

Cette technique, seule, permet d'atteindre à une telle intensité et profondeur des noirs, à un tel rendu des ombres et des lumières, à une restitution aussi parfaite du grain de la pierre, du relief des masses.

C'est pourquoi, en dépit de son coût relativement élevé, nous lui restons fidèles, bien qu'elle soit peu à peu abandonnée par presque tous les éditeurs d'art.

Nous nous permettons de signaler le fait à nos lecteurs. L'héliogravure à feuilles, sauf miracle, semble condamnée à plus ou moins brève échéance. Il nous semble inadmissible que cela puisse se produire dans l'indifférence générale. La qualité devrait l'emporter sur toute autre considération et la disparition d'une telle technique d'impression représenterait une perte irréparable.

Nous tenons à remercier les imprimeurs qui, par amour de leur métier, résistent courageusement aux engouements de la mode et aux facilités tentantes de ce que l'on présente comme progrès.

TABLE

Introduction

L'aube des temps romans

Les temps romans

Sainte-Foy de Conques

Les églises du Rouergue septentrional

Les églises du Rouergue méridional

Mobilier d'églises

PRÉSENTATION GÉOGRAPHIQUE

Le département de l'Aveyron coïncide aujourd'hui avec l'ancienne province du Rouergue, mis à part le canton de Saint-Antonin à l'Ouest, rattaché au Tarn-et-Garonne par Napoléon Ier en 1808. Aussi ne sera-t-il pas question ici de la célèbre maison romane de Saint-Antonin, ni de l'église Saint-Pierre de Varen qui, bien qu'en terre rouergate, sont étudiées dans le volume de cette collection consacré au «Haut-Languedoc roman».

Il ne faut certes pas voir dans le Rouergue une région naturelle. Pays de contrastes, véritable mosaïque de terrains, de climats et de paysages différents, il ne possède qu'un seul élément d'unité : son appartenance au Massif central dont il occupe l'extrémité Sud-Occidentale. Accidenté plus que montagneux, il se compose d'une série de plateaux profondément disséqués par l'érosion fluviale. On peut d'abord distinguer les trois bastions de hautes terres, avoisinant ou dépassant même le millier de mètres d'altitude : Aubrac, Levézou et Grands Causses, échelonnés du Nord au Sud. L'ensemble s'incline progressivement vers le couchant pour se raccorder aux Causses du Quercy, puis aux plaines aquitaines. Suivant cette pente générale, les grandes rivières, Lot, Aveyron, Viaur, Tarn coulent d'Est en Ouest et toutes les eaux, sans exception, s'en vont finalement rejoindre la Garonne. C'est d'ailleurs la même attirance qui a lié l'histoire et l'économie du Rouergue, aujourd'hui inclus dans la région Midi-Pyrénées, à celles de la métropole toulousaine.

L'Aubrac, la «Montagne» aveyronnaise, à la suite des volcans d'Auvergne, apparaît comme un immense champ de laves épanchées à partir de multiples bouches éruptives. Si les basaltes sont venus recouvrir ici les granits et les schistes du socle primaire, ces deux roches, par contre, affleurent sur le rebord occidental de l'Aubrac, en Viadène, et, au-delà des gorges du Lot, sur les plateaux de la région de Conques. Cette zone est flanquée d'une suite de dépressions évidées dans des roches plus friables : les bassins de Saint-Geniez et d'Espalion qui jalonnent le cours du Lot, puis les «Vallons» de Marcillac creusés dans les grès teintés en rouge par l'oxyde de fer, enfin le bassin houiller de Decazeville.

Au cœur même du Rouergue, le Levézou est une plate-forme monotone de roches métamorphiques. Dans sa partie septentrionale, il domine par un puissant abrupt le causse Comtal et celui de Séverac. Mais à l'Occident, il perd un peu de son altitude pour se souder au plateau ondulé du Ségala. Là, l'Aveyron, le Viaur et leurs affluents ont modelé un réseau de vallées étroites et sinueuses. Le Ségala de l'Ouest, enfin, va en s'élargissant jusqu'à l'immense faille de Villefranche, à partir de laquelle commencent les causses de la Basse-Marche de Rouergue.

Entre le Levézou et l'Aigoual, les assises de calcaires déposées par les mers du secondaire, puis soulevées et fracturées, méritent le nom de Grands Causses – ou Causses Majeurs – aussi bien par leur altitude que par leur étendue. En y creusant leurs gorges profondes, le Tarn, la Jonte et la Dourbie ont individualisé le causse Noir et le Larzac. A l'Ouest, ce dernier vient mourir au-dessus du bassin de grès rouge de Camarès, le «Rougier».

Ces quelques données géographiques ne sont sans doute pas inutiles pour une première approche de l'art roman en Rouergue. Tout d'abord, elles expliquent la surprenante variété qui existe dans la nature et, plus encore, dans la couleur des pierres utilisées par les constructeurs romans. Tout comme l'habitat rural, les églises sont le reflet du véritable puzzle géologique qui recouvre le Rouergue. Et si, selon le moine-chroniqueur Raoul Glaber, la Chrétienté du XIe siècle «avait revêtu de toutes parts une blanche robe d'églises», ici, il faudrait plutôt évoquer un manteau d'arlequin. Il y a des édifices austères de basalte, de granit ou de schistes, et ceux de tonalité plus chaude, parfois rutilante, bâtis en calcaire clair ou en grès rouge. Les grès et certaines variétés de calcaire, facile à travailler, sont responsables du bel appareil de pierre de taille qui fait la parure extérieure et intérieure de maintes églises. Qui, par exemple, peut rester insensible à la merveilleuse ambiance colorée qui règne à l'intérieur de la chapelle haute de Saint-Pierre de Bessuéjouls, toute de grès rose? Le schiste, quant à lui, impossible à tailler, doit être débité au marteau pour fournir moellons, dalles de pavement ou lauzes argentées des toitures.

Dans un pays aussi plein de contrastes, les conditions naturelles ont joué un rôle déterminant dans le peuplement et, par conséquent, dans la répartition des églises. D'une manière générale, les hautes terres rouergates, Aubrac, Levézou, Grands Causses, au climat rude ou aux sols médiocres, ont constitué plutôt des zones répulsives au profit des vallées fertiles et des bassins ensoleillés. Mais ce qui était vrai à l'époque médiévale, ne l'est plus toujours aujourd'hui, et il serait trompeur de ne

considérer que l'état actuel du peuplement. Ainsi, le plateau du Ségala dont le nom évoque les maigres récoltes de seigle arrachées jadis à ses terres froides, est singulièrement démuni d'églises romanes. Or cette région, grâce à l'amendement des sols par la chaux, puis à l'apport des engrais chimiques, est devenue au XXe siècle l'une des plus prospères du département de l'Aveyron. Une telle mutation agricole y a même fait surgir de véritables bourgs-champignons, comme Baraqueville. Au contraire, les vallées étroites creusées dans le Ségala par le Viaur et ses affluents connaissent un déclin qui peut aboutir à l'abandon complet des terroirs. Et les églises préromanes de Saint-Clair de Verdun ou de Villelongue se dressent, solitaires, au milieu des derniers pans de mur de leur village déserté.

Si les églises des XIe et XIIe siècles s'éparpillent donc à la surface des grands plateaux, elles tendent, en revanche, à se concentrer dans les innombrables vallées du Rouergue, ce pays de «relief en creux». Elles tracent là des alignements suivant le cours des rivières principales : le Lot, au bord duquel l'Espalionnais peut s'enorgueillir de posséder sans doute la plus forte densité d'édifices romans, mais aussi l'Aveyron en amont de Rodez, le Tarn et la Dourbie jusqu'à leur confluent près de Millau. Pour ces églises, il existe des sites de prédilection. Les unes, comme Saint-Pierre de Mostuéjouls, sur la rive droite du Tarn, occupent le fond de la vallée, les autres sont implantées sur un replat du versant bien exposé au Midi ou à l'Est, parmi les cultures et les vignes en terrasses. C'est l'emplacement de Saint-Blaise de Vinnac au-dessus du Lot, de Notre-Dame des Treilles à Saint-Véran, dans la vallée de la Dourbie. C'est celui aussi de l'abbaye Sainte-Foy de Conques.

Obstacle à la circulation automobile, ce relief tourmenté est maintenant responsable de l'isolement dont souffre l'économie aveyronnaise. Mais, là encore, les conditions ont changé : à des époques où les chemins étaient surtout empruntés par des cavaliers ou par des convois de bêtes de somme, les contraintes topographiques s'avéraient beaucoup plus légères. Et il n'est pas paradoxal d'affirmer que le Rouergue, au contact de régions complémentaires, Auvergne et Gévaudan, Aquitaine et Languedoc, fut jadis un perpétuel lieu de passage, ouvert depuis l'Antiquité aux influences les plus diverses.

ROUERGUE ROMAN
partie nord

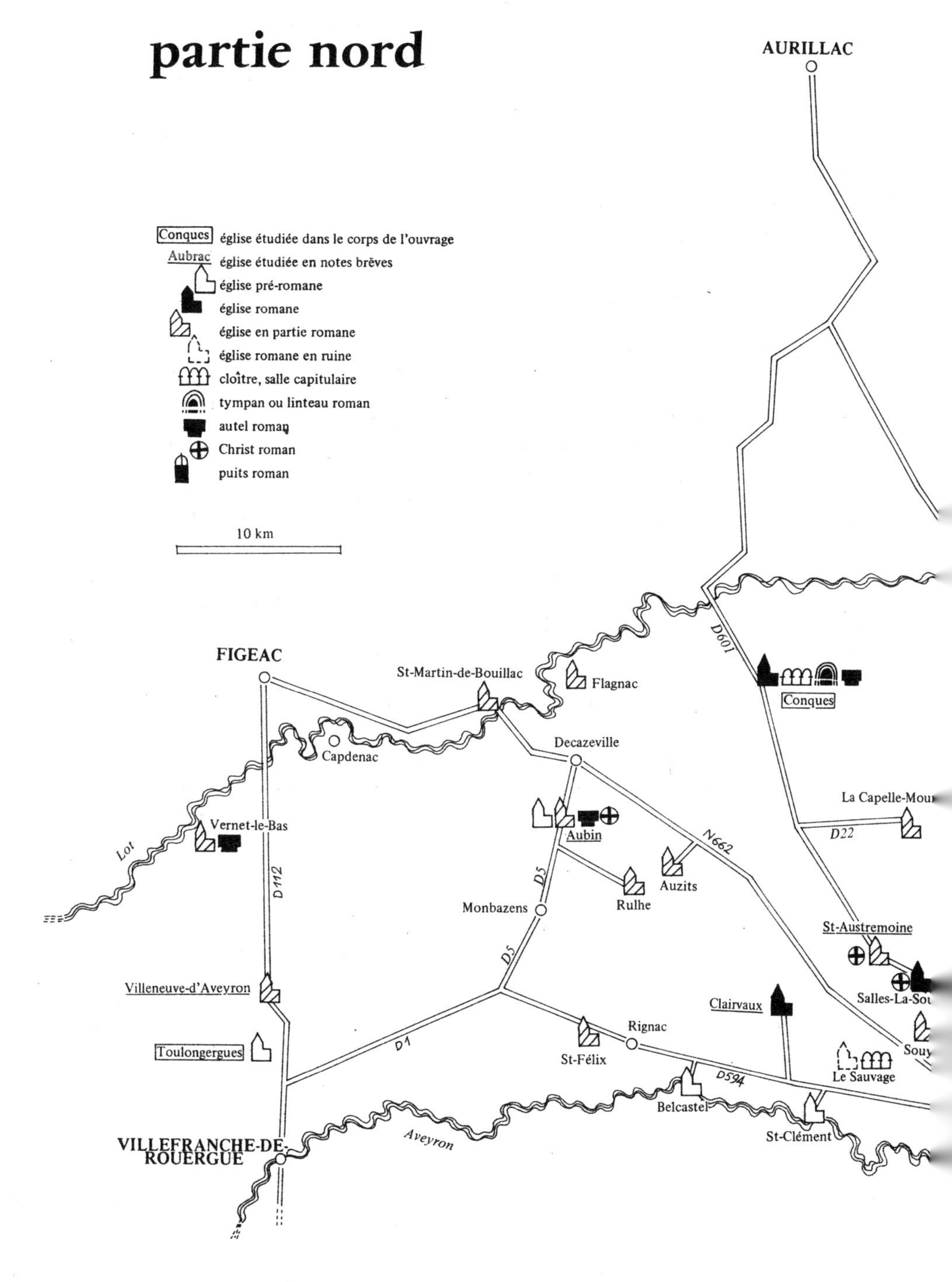

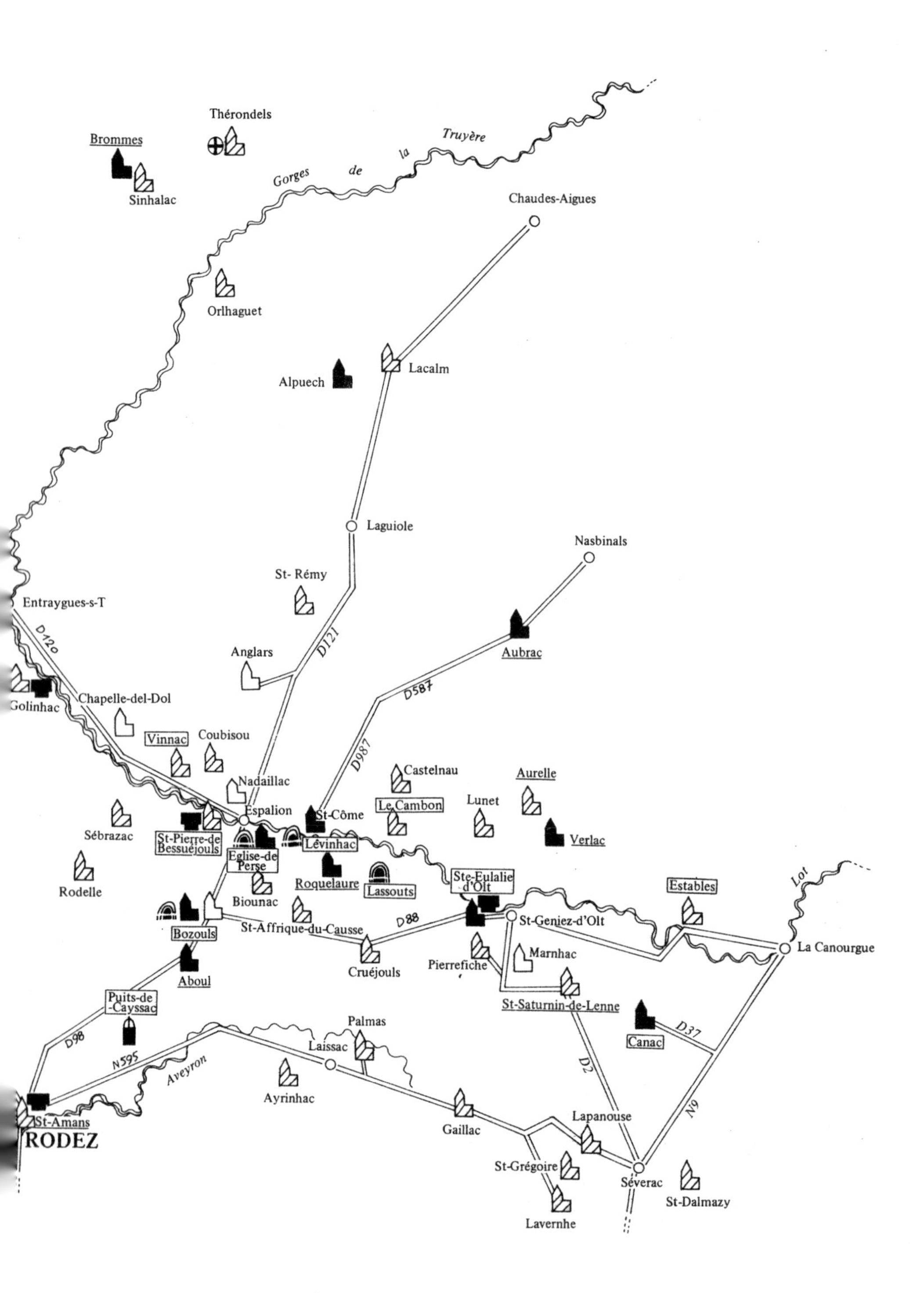

Thérondels
Brommes
Sinhalac
Gorges de la Truyère
Chaudes-Aigues
Orlhaguet
Lacalm
Alpuech
Laguiole
Nasbinals
St- Rémy
Entraygues-s-T
D120
D121
Aubrac
Anglars
D587
Golinhac
Chapelle-del-Dol
Vinnac
Coubisou
D987
Castelnau
Aurelle
Nadaillac
Lunet
Espalion
St-Côme
Le Cambon
Verlac
Sébrazac
St-Pierre-de Bessuéjouls
Lêvinhac
Eglise-de Perse
Roquelaure
Lassouts
Ste-Eulalie d'Olt
Estables
Lot
Rodelle
Biounac
St-Affrique-du-Causse
D88
St-Geniez-d'Olt
La Canourgue
Bozouls
Marnhac
Aboul
Cruéjouls
Pierrefiche
St-Saturnin-de-Lenne
Puits-de -Cayssac
Canac
D37
D98
Palmas
Laissac
D2
N595
Aveyron
Ayrinhac
N9
St-Amans
RODEZ
Gaillac
Lapanouse
St-Grégoire
Séverac
St-Dalmazy
Lavernhe

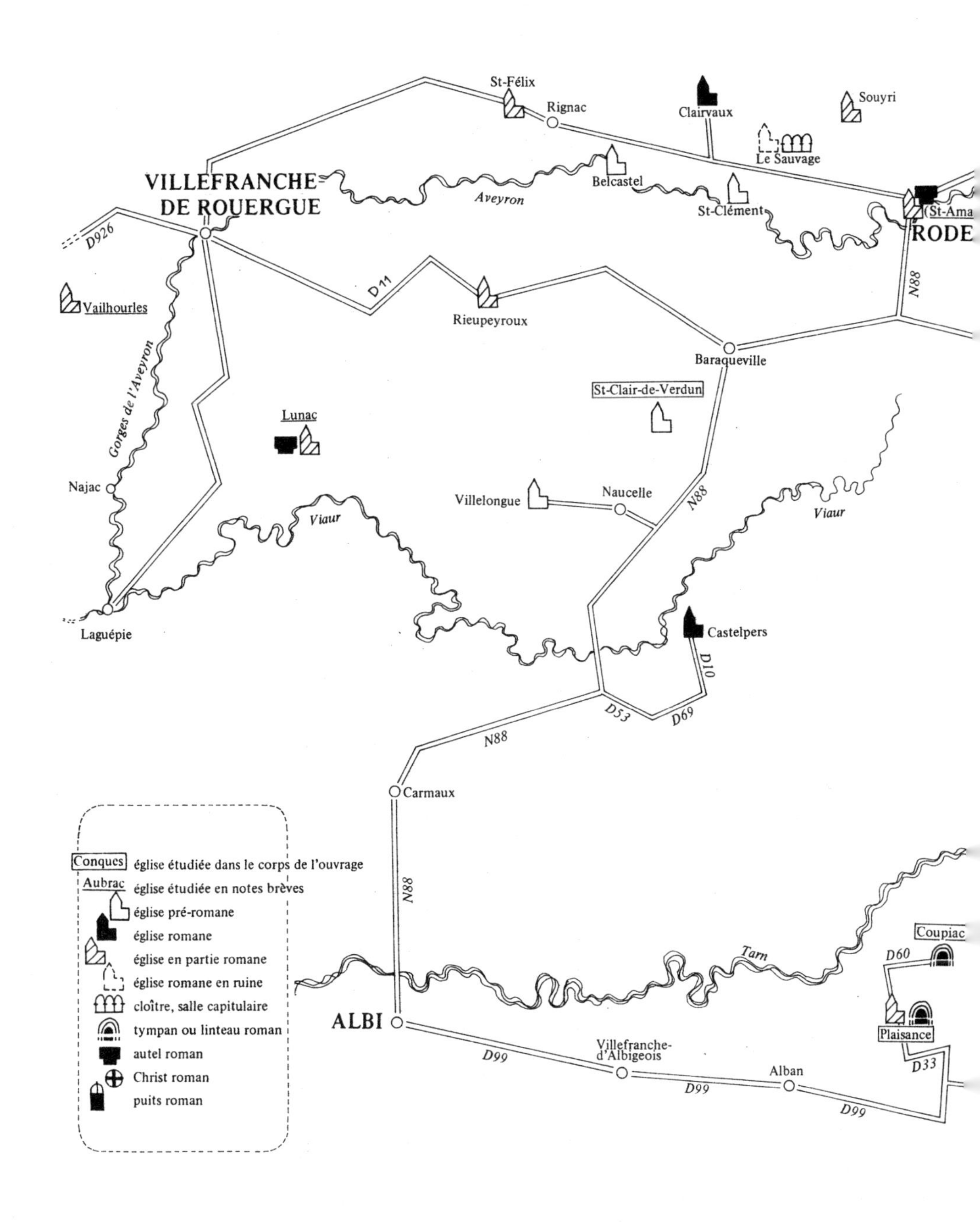

ROUERGUE ROMAN

partie sud

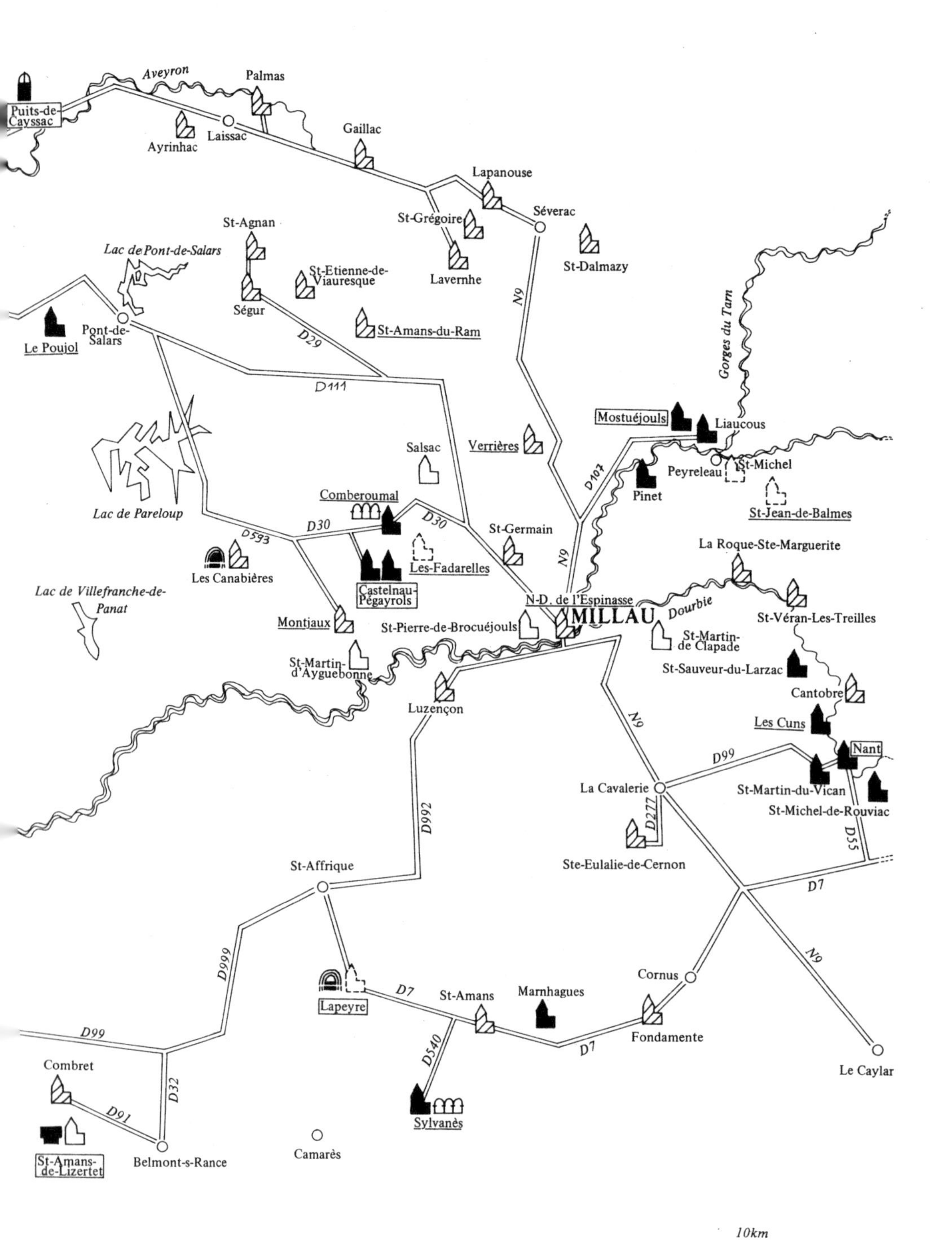

Aveyron
Palmas
Puits-de-Cayssac
Ayrinhac
Laissac
Gaillac
Lapanouse
St-Grégoire
Séverac
St-Agnan
Lac de Pont-de-Salars
St-Etienne-de-Viauresque
Lavernhe
St-Dalmazy
Ségur
N9
Le Poujol
Pont-de-Salars
D29
St-Amans-du-Ram
Gorges du Tarn
D111
Mostuéjouls
Liaucous
Salsac
Verrières
Peyreleau
St-Michel
D107
Pinet
Comberoumal
St-Jean-de-Balmes
Lac de Pareloup
D30
D30
St-Germain
D593
La Roque-Ste-Marguerite
N9
Les Canabières
Les Fadarelles
Castelnau-Pégayrols
Lac de Villefranche-de-Panat
N-D. de l'Espinasse
Dourbie
MILLAU
St-Véran-Les-Treilles
Montjaux
St-Pierre-de-Brocuéjouls
St-Martin-de Clapade
St-Martin-d'Ayguebonne
St-Sauveur-du-Larzac
Luzençon
Cantobre
N9
Les Cuns
Nant
D99
La Cavalerie
St-Martin-du-Vican
St-Michel-de-Rouviac
D277
D992
D55
Ste-Eulalie-de-Cernon
St-Affrique
D7
N9
D999
Cornus
Lapeyre
D7
St-Amans
Marnhagues
Fondamente
D99
D7
D540
Le Caylar
Combret
D32
D91
Sylvanès
Camarès
St-Amans-de-Lizertet
Belmont-s-Rance
10km

L'AUBE

DES TEMPS ROMANS

LE ROUERGUE DE L'ANTIQUITÉ AU HAUT MOYEN AGE

Le Rouergue prit naissance au cours du premier millénaire avant notre ère, lorsque les Rutènes, à l'image des autres peuplades celtiques qui déferlaient sur la Gaule, se taillèrent là un vaste domaine. Celui-ci, après la conquête romaine, conserva son autonomie au sein de la province d'Aquitaine, et ses limites administratives se fixèrent alors de manière presque immuable pour les siècles futurs. Au vieux nom gaulois de sa capitale, Segodunum, se substitua peu à peu celui du peuple entier, «Ruteni», qui donna Roudès et Rodez par déformations successives. La ville faisait alors figure de grande cité avec ses luxueuses demeures patriciennes, son aqueduc et son amphithéâtre de quinze mille places.

La voie romaine venue de Lyon par Javols (Anderitum), chef-lieu des Gabales du Gévaudan, se divisait à Rodez en deux branches principales : l'une vers Cahors et Bordeaux, avec un embranchement en direction de Cosa, près de Montauban, et de Toulouse, l'autre vers Lodève et le grand port de Narbonne, reliant ainsi le Rouergue à la Méditerranée. Le point où cette route franchissait le Tarn, vit se développer la seconde ville du Rouergue antique, Condatomagus, aujourd'hui Millau. Ses potiers, mettant à profit les bancs d'argile fine qui affleurent au lieu-dit la Graufesenque, exportaient dans tout l'Empire romain leur célèbre céramique rouge. Avec ce réseau routier,

le pays des Rutènes se rattachait désormais à l'ensemble des provinces de la Gaule méridionale.

Grâce aux défrichements entrepris par les grands propriétaires, le peuplement progressait. Et les treize mille lieux habités du département de l'Aveyron dont le nom se termine en «ac», peuvent être considérés comme les héritiers d'un domaine gallo-romain. Un certain nombre d'entre eux, d'ailleurs, possède une église romane. Comment, dès lors, ne pas songer à l'influence que les vestiges de monuments antiques, bien plus importants que de nos jours, auraient pu exercer sur la genèse de l'art roman en Rouergue? Pourtant, dans l'état actuel des connaissances, il semble bien difficile de répondre de façon précise à cette question.

L'ère de prospérité liée à la paix romaine se termina brutalement avec l'arrivée des premières hordes germaniques qui dévastèrent le pays dans la seconde moitié du IIIe siècle. Les Vandales suivirent, puis les Wisigoths du roi Euric qui, eux, s'implantèrent en Rouergue à partir de 471 et pour une soixantaine d'années, jusqu'à la conquête franque.

Déjà, l'œuvre d'évangélisation menée par saint Amans, premier évêque de Rodez, mais aussi par saint Affrique ou saint Antonin, avait porté ses fruits, entraînant au milieu de l'anarchie générale, l'organisation d'un diocèse, calqué sur l'ancien territoire des Rutènes. L'épiscopat prend le relais de l'autorité civile défaillante. Au VIe siècle, l'évêque Dalmas, à l'activité inlassable, fait figure de très grand prélat. Il participe à plusieurs conciles, se rend en pèlerinage à Tours pour y vénérer les reliques de saint Martin, et fait même le voyage jusqu'à la cour du roi Théodebert à Metz. A Rodez, il commence la construction d'une basilique, à l'emplacement du chœur de la cathédrale actuelle.

Ensuite, faute de documents, il faut se résoudre à sauter deux siècles particulièrement obscurs, le VIIe et le VIIIe, pour renouer le fil de l'histoire au moment où Charlemagne créait (778) en faveur de son jeune fils, le futur Louis le Pieux, un royaume d'Aquitaine dont faisait partie le Rouergue. Devenu empereur (817), Louis le céda à son fils Pépin. L'affermissement du pouvoir carolingien permettait alors à Rodez de retrouver son rôle de chef-lieu avec l'installation d'un représentant direct du souverain, le comte. Ses successeurs réussirent d'ailleurs assez vite à s'émanciper et à rendre leurs fonctions héréditaires. Ainsi se fonda la première dynastie des comtes de Rodez, unie un moment à celle de Toulouse. De l'histoire fort complexe de ce Rouergue carolingien, retenons seulement l'établissement de liens politiques étroits avec le Languedoc toulousain et méditerranéen.

C'est aussi l'époque où, dans le Midi, un moine d'Aniane, le second saint Benoît, travaille activement au triomphe de la Règle élaborée au Mont-Cassin par saint Benoît de Nursie. Et le Rouergue participe au grand élan de fondations monastiques qui touche la Chrétienté occidentale. Les abbayes bénédictines de Conques, de Saint-Antonin, de Vabres ou de Nant sont ainsi appelées à devenir d'importants foyers de vie spirituelle, mais aussi des centres d'activité intellectuelle et artistique. Les souverains carolingiens, puis les comtes, favorisent par tous les moyens les nouvelles communautés monastiques et les comblent de donations.

Par ailleurs, le relief et l'éloignement de la mer permettent au Rouergue d'être à peu près épargné par les raids destructeurs des

pirates vikings. Les monastères, en tout cas, resteront indemnes.

A partir du Xe siècle, il existe donc une série de conditions favorables, pour que se réalise ici un renouveau artistique. Le temps des bâtisseurs est venu.

BIBLIOGRAPHIE

- H. Enjalbert (sous la direction de), *Histoire du Rouergue,* Toulouse, 1979.
- A. Albenque, *Les Rutènes,* Rodez, 1948.

L'ABBATIALE PRÉROMANE DE CONQUES

Il est normal que le réveil architectural du Xe siècle se soit manifesté en priorité dans les grands monastères comme Conques, ainsi qu'au siège épiscopal de Rodez.

Ici, l'évêque Deusdedit, troisième du nom (961-1004) entame la reconstruction de sa cathédrale, ou tout au moins y réalise de grands travaux qui se poursuivront d'ailleurs à l'époque romane. Mais nous ne connaissons à peu près rien de cet édifice qui devait finalement s'écrouler en 1277, cédant la place à l'actuelle cathédrale gothique.

A Conques, l'église placée encore sous le vocable du Saint-Sauveur qui a précédé l'abbatiale Sainte-Foy, est mieux connue grâce à une description sommaire fournie par le livre des *Miracles* de la sainte, rédigés au début du XIe siècle, grâce aussi à quelques renseignements d'ordre archéologique. L'église carolingienne initiale, celle de la communauté bénédictine fondée par l'ermite Dadon, et mentionnée en 819 dans une donation de Louis le Pieux, devait être fort modeste. Le développement de l'abbaye consécutif à l'arrivée des reliques de sainte Foy d'Agen, en 866, et aux débuts du pèlerinage rendait son remplacement indispensable. Il se réalisa effectivement grâce à l'abbé Étienne Ier (942-984), ce grand prélat qui, tel Durand de Bredons à la fois abbé de Moissac et évêque de Toulouse au siècle suivant, fut appelé en même temps à diriger l'abbaye rouergate et l'évêché auvergnat de Clermont, où il fit aussi réédifier la cathédrale.

La nouvelle basilique conquoise, «d'une très grande beauté» possédait une nef centrale flanquée de bas-côtés et trois absides, celle de droite dédiée à saint Pierre, celle de gauche à la Vierge Marie, la principale au Saint-Sauveur. Les nefs n'étaient pas voûtées puisque, précise-t-on, les fers de prisonniers offerts en ex-voto pendaient aux poutres de la charpente. Il n'est pas fait mention de transept, mais nous savons que l'édifice se terminait à l'Ouest, comme beaucoup d'églises de l'époque, par un clocher-porche doté d'une chapelle haute. En effet, l'aveugle Guibert, après avoir retrouvé la vue grâce à sainte Foy, «se hâte de monter l'escalier de la terrasse qui, à l'entrée de l'église, s'élève au-dessus de la chapelle Saint-Michel». La même chapelle Saint-Michel, il faut le préciser, existait dans la cathédrale d'Étienne à Clermont. L'auteur des *Miracles,* Bernard d'Angers, mentionne enfin l'existence de nombreuses grilles de fer façonnées avec les entraves de captifs et servant de fermetures intérieures. Comme dans l'église actuelle, elle avaient sans doute pour mission d'assurer la protection des objets précieux et des reliquaires.

En l'absence de fouilles systématiques, il est pour l'instant mal aisé de localiser la basilique de l'abbé Étienne par rapport à celle qui lui a succédé. Mais les fondations d'une rotonde en petit appareil exhumées en 1876 à l'occasion de la construction du maître-autel, et considérées à l'époque comme les vestiges d'un «temple païen,» pourraient correspondre à l'arc de cercle, peut-être de forme outrepassée, de l'abside principale du xe siècle. Il existe aussi une autre hypothèse : la rotonde serait les fondements de l'oratoire qu'Étienne avait fait spécialement élever, au-delà du chevet, pour abriter les reliques de sainte Foy. Bernard d'Angers put effectivement voir la majesté d'or dans ce local particulier; mais, précise-t-il, elle fut plus tard transférée dans le chœur. Ce type d'oratoire, de plan circulaire, et destiné à contenir les corps saints, n'était pas exceptionnel; il se retrouvait à Saint-Germain d'Auxerre ou à Saint-Bénigne de Dijon, par exemple.

La façade occidentale de la basilique dont les substructions avaient été repérées par l'architecte Formigé en 1879, se situait à peu près entre la troisième et la quatrième travée de la nef romane. Au total, l'église pouvait, en longueur, correspondre approximativement à la moitié de l'édifice actuel.

Par la suite, l'abbatiale d'Étienne fut abattue par tranches successives à partir de son extrémité orientale, au fur et à mesure de l'avancement des travaux de la nouvelle. Certains de ses matériaux, notamment des petits moellons rectangulaires de grès roses, facilement reconnaissables au milieu de l'appareil de schiste, ont été utilisés çà et là en remploi dans les maçonneries romanes. Mais l'église d'Étienne a surtout légué deux témoins de son décor sculpté, conservés dans la salle lapidaire du Trésor II.

Il s'agit d'abord d'un petit fragment de tailloir, plus vraisemblablement d'imposte, en grès rose. Sur la tranche, le chanfrein porte un décor assez sommaire inscrit à l'intérieur d'un cadre plat : deux feuilles lisses en forme de cœur se détachent alternativement de part et d'autre d'une tige ondulée. Il faut y voir des feuilles de lierre stylisées, motif qui a symbolisé très tôt le renouveau et l'immortalité, dans l'art chrétien du monde méditerranéen. Le manque de souplesse dans le tracé, comme l'absence de tout modelé, traduisent une certaine

maladresse de la part du sculpteur. Le relief, en méplat, n'est que faiblement accusé et la surface des feuilles, sans aucune indication de nervures, se dispose parallèlement au fond. Une telle médiocrité dans l'exécution, la présence même des feuilles de lierre, motif abandonné à l'époque romane, indiquent que cette imposte n'a jamais pu appartenir à l'abbatiale romane, ni à son cloître, mais bien à la basilique d'Étienne Ier. Par son décor, elle s'apparente d'ailleurs à d'autres œuvres du xe siècle, comme ce tailloir en provenance de l'ancienne cathédrale de Deusdedit récemment découvert à Rodez.

Le second témoin de la sculpture préromane à Conques est un petit bloc, taillé dans le même grès rose, dont l'une des faces s'orne de quatre nœuds d'entrelacs faits de demi-cercles adossés et disposés sur deux registres (pl. 8). Ces motifs géométriques, tronqués dans le bas par suite d'une cassure de la pierre, sont contenus, là encore, dans un cadre plat. L'existence d'une profonde rainure sur le côté permet d'attribuer sans hésitation ce fragment à un ancien chancel, la clôture basse qui, dans les églises du haut Moyen Age, séparait le chœur de la nef. Plus précisément, il s'agit d'un des piliers dressés à intervalles réguliers pour encadrer et maintenir les plaques de pierre. Ces dalles rectangulaires ou carrées, de faible épaisseur, étaient en effet munies de tenons latéraux qui venaient s'encastrer dans les gorges des piliers fixés au sol.

Mais revenons au décor lui-même, tracé par un ruban plat à trois brins, à l'imitation d'un travail de vannerie. A vrai dire, il n'a rien d'original. D'abord utilisé par les orfèvres barbares, il appartient au répertoire de la sculpture à entrelacs qui connut au xe siècle un succès prodigieux. Outre les chancels, l'entrelacs envahit les linteaux, les frises intérieures, les corbeaux qui portaient la charpente. Le motif règne sans partage et, afin d'éviter la monotonie, les artistes furent conduits à en diversifier les combinaisons, depuis le motif élémentaire de la tresse jusqu'aux nœuds les plus compliqués, tracés au compas et à la règle. Originaire peut-être de l'Italie lombarde, il se répand le long des côtes de la Méditerranée, de Vence à Saint-Guilhem-le-Désert, puis, à partir du carrefour narbonnais, il atteint aussi bien les Pyrénées, à Saint-Lizier, et la vallée de la Garonne, que les régions du Centre, à Limoges et surtout à Clermont où la cathédrale d'Étienne a livré une dalle couverte des mêmes demi-cercles adossés que le pilier de Conques. A l'époque romane, nous le verrons, ce décor abstrait, enrichi par l'introduction de la palmette ou même de la figure humaine, adapté à la structure des chapiteaux, sera promis à un riche avenir, tout spécialement à Conques.

Disons, pour l'instant, que le mérite de ces deux modestes vestiges du xe siècle, l'imposte et le pilier de chancel, est d'apporter la preuve que la basilique Saint-Sauveur de Conques s'inscrivait bien, par son décor sculpté, dans la lignée des grandes abbatiales et cathédrales de son temps.

LES ÉGLISES PRÉROMANES A CHŒUR QUADRANGULAIRE

Ces premiers grands monuments, l'abbatiale de Conques, la cathédrale de Rodez, d'autres peut-être, aujourd'hui disparus sans laisser de traces, ont donné incontestablement à l'art de bâtir une impulsion nouvelle. En révélant des techniques de construction et des procédés architecturaux tombés depuis longtemps dans l'oubli, ils ont servi de référence pour les églises rustiques, beaucoup plus modestes, qui se multiplient dans cette région à partir surtout de l'an mille.

En effet, la grande surprise que réserve le Rouergue est l'abondance des édifices préromans, ou de leurs vestiges encore en place, ce qui justifie, croyons-nous, la présence d'une telle étude. Un inventaire systématique révélerait probablement l'existence d'une densité tout à fait exceptionnelle de ces églises ou chapelles de type archaïque, plus nombreuses encore que dans le département voisin de l'Hérault où le professeur Marcel Durliat et l'abbé Giry en avaient pourtant recensé une cinquantaine. Celles-ci se retrouvent aussi, nombreuses, dans les Corbières, le Roussillon et la Catalogne avec, partout, une série de traits communs.

Il s'agit de très petits édifices dont la longueur totale ne dépasse jamais une quinzaine de mètres. Leur plan, d'une simplicité toute fonctionnelle, juxtapose deux quadrilatères, conférant ainsi à la construction une structure «en double boîte», pour reprendre l'heureuse formule de Jacques Bousquet : une nef unique plus large, et souvent

plus haute que le chœur carré ou rectangulaire qui la prolonge. A la première, simplement charpentée, s'oppose le second qui, avec une surface à couvrir de moindre ampleur, a pu recevoir une voûte en berceau. Et si le plan quadrangulaire eut ainsi la préférence, c'est sans doute parce qu'il rendait possible un tel procédé de voûtement, beaucoup plus facile à réaliser que le cul-de-four de l'abside traditionnelle en hémicycle.

Comme dans un certain nombre d'édifices préromans de l'Aude (Saint-Aubin de Fitou) ou de l'Hérault (Saint-Nazaire de Roujan), on relève à la chapelle du Fort d'Aubin ou à celle de Saint-Amans, sur le Larzac, une forte inclinaison vers la gauche de l'axe du chœur par rapport à celui de la nef, une irrégularité de plan difficilement explicable, mais trop répétitive pour être le seul fruit du hasard.

Un autre caractère spécifique est l'existence, entre le chœur réservé au célébrant et la nef, lieu de rassemblement des fidèles, d'un mur de séparation percé d'une ouverture de dimensions variables, mais qui parfois se réduit à la largeur d'une simple porte. Cet «arc triomphal» peut être en plein cintre ou très légèrement outrepassé, avec des retombées en retrait par rapport aux piédroits. Plus fréquemment, l'arc repose sur des pilastres par l'intermédiaire d'impostes, lisses ou même porteurs d'un décor sculpté, assez sommaire, de baguettes, de cartouches ou de denticules. Enfin, et c'est là un autre sujet d'étonnement, on rencontre à Saint-Amans de Lizertet (pl. 7) et à Saint-Étienne du Causse, dans le Sud-Aveyron, mais aussi à Nadaillac, dans l'Espalionnais, une ouverture de chœur franchement outrepassée, analogue à celle de plusieurs églises préromanes de l'ancienne Septimanie, comme Saint-Martin-des-Puits, dans l'Aude. Ce dessin en fer à cheval dont le modèle le plus connu est, en Roussillon, celui de Saint-Michel de Cuxa consacré en 975, semble bien s'inscrire dans la lointaine tradition wisigothique, réactualisée peut-être au Xe siècle par l'influence de l'Espagne mozarabe.

Souvent, les murs latéraux du chœur sont allégés par des niches ou des arcatures géminées (exceptionnellement triples à Notre-Dame de Lugan). Leur présence, qui apparaît presque comme une constante dans les églises préromanes du Rouergue, correspond probablement à un usage liturgique, le dépôt des objets sacrés à proximité de l'autel, mais aussi à une volonté d'animer et de rythmer les surfaces murales. Ces arcatures préfigureraient alors celles qui, plus tard, garniront les grandes chapelles du transept de Sainte-Foy de Conques, par exemple. Enfin, un rapprochement s'impose avec Saint-Guilhem-le-Désert où le chœur quadrangulaire de l'abbatiale du Xe siècle est garni, lui aussi, d'une paire d'arcades ouvertes, de part et d'autre, dans l'épaisseur du mur.

Ces édifices se caractérisent encore par un type de fenêtres bien particulier : étroites comme des meurtrières, mais avec un fort ébrasement intérieur, elles sont surmontées d'un arc découpé dans une pierre de taille, sans claveaux. Et, selon une symbolique de la lumière chère aux constructeurs de l'époque, il existe une fenêtre d'axe percée dans le chevet plat, à l'Est, dont la mission consiste à projeter sur l'autel les rayons du soleil levant. La nef, pour sa part, s'éclaire par des baies ouvertes à une grande hauteur dans les murs gouttereaux, sous la toiture, à l'imitation des basiliques paléochrétiennes ou byzantines.

Enfin, toutes ces églises ont en commun, dans leurs maçonneries, un petit appareil de moellons grossièrement équarris au marteau, mais disposés en assises régulières. Ce mode de construction, des plus économiques, fait appel essentiellement aux matériaux locaux, schistes ou calcaires. La pierre de taille, lorsqu'elle existe, se cantonne aux emplacements où elle paraît le plus indispensable, impostes et linteaux, claveaux de l'arc triomphal, chaînages d'angle, enfin, montés selon le très ancien procédé de carreaux et de boutisses alternés, comme à la nef de Saint-Étienne du Causse.

Ainsi, à l'aube de l'époque romane, le Rouergue appartient bien, par son paysage monumental, au même domaine artistique que le Languedoc méditerranéen et les pays catalans. Il en constitue même le prolongement le plus septentrional, par-delà le rebord du Massif central. Mais il a su aussi garder une certaine individualité, comme en témoigne ce groupe important d'églises rurales du Rouergue occidental caractérisées par la forme arrondie de tous les angles des murs, à l'extérieur. Originale aussi est l'ordonnance des chevets plats de Saint-Clair de Verdun (pl. coul. p. 49) ou de Saint-Martin d'Ayguebonne, troués non de la traditionnelle et unique fenêtre d'axe, mais de trois ouvertures, l'une médiane, les deux autres disposées symétriquement à un niveau supérieur. Signalons encore le plan cruciforme, exceptionnel, de Saint-Amans de Lizertet, ainsi que les premiers essais de sculpture monumentale, accompagnés de l'apparition de la figure humaine, sur les colonnes du chœur de Toulongergues (pl. 4).

Aujourd'hui, ces églises à chœur quadrangulaire sont pour la plupart des édifices isolés, souvent dans des sites magnifiques. Ou bien, elles ne rassemblent autour d'elles que les maisons d'un modeste hameau. Dans des régions pauvres et d'accès difficile, véritables conservatoires architecturaux, les siècles les ont laissées à l'abri des destructions, comme des reconstructions. Ailleurs, on peut le supposer, devenues trop petites pour accueillir la population du village ou du bourg en expansion, elles ont dû céder assez vite la place à des églises de plus grande taille.

De par leur fonction, il faut considérer à part deux catégories de chapelles, les unes liées à un château, les autres à un ermitage.

Le Xe siècle fut incontestablement en Rouergue celui des châteaux, à la fois protection contre l'insécurité généralisée et instruments de domination pour leurs propriétaires. Ils peuplent alors les campagnes d'un réseau serré, recherchant de préférence les endroits escarpés et propices à la défense. Une étude récente a permis d'en recenser une trentaine dans le *Livre des miracles de sainte Foy*, parmi lesquels celui d'Aubin, dont le seigneur avait eu de graves démêlés avec les moines de Conques. Signalée dès 961, dans le testament du comte de Rodez Raymond II, cette forteresse possédait, incluse dans son système défensif, la chapelle Saint-Amans qui conserve un chœur surélevé de type préroman. On y découvre même une timide présence du décor sculpté sur l'imposte de droite, à la retombée de l'arc triomphal, avec un alignement de palmettes assez maladroitement dessinées. A Belcastel, sur une plate-forme rocheuse qui domine l'Aveyron, le château fut à plusieurs reprises remanié ou reconstruit durant le Moyen Age. Mais, dans l'angle Sud-Est, la petite chapelle castrale, aux murs de schiste appareillés en arêtes de poisson, est la contemporaine de la

forteresse primitive dont la première mention remonte à l'an 1040. Dans le Ségala, surplombant de haut le ruisseau de la Vayre, l'église de Saint-Clair de Verdun (pl. 5, 6 et pl. coul. p. 49), maintenant relevée de ses ruines, accompagnait jadis le siège de l'une des douze baronnies du comté de Rodez. Et dans le groupe des édifices archaïques à angles arrondis, trois au moins se trouvaient associés à un château, à la Vinzelle, à Cas et à Lugan. Les exemples pourraient être multipliés.

Le Rouergue possède aussi les vestiges d'une série de chapelles relevant de très anciens ermitages. Pauvres parmi les plus pauvres, elles se situent dans des endroits particulièrement sauvages, loin de toute habitation, pour répondre à une recherche délibérée du «désert» de la part de l'anachorète fondateur. Leur construction, on peut le penser, correspond à ce renouveau général de l'érémitisme apparu dans la première moitié du XIe siècle comme une alternative de la vie monastique. Le mouvement avait débuté peu après l'an mille en Italie, avec, entre autres, le moine clunisien saint Romuald, parti fonder l'ermitage de Camaldoli d'où naquit l'ordre des Camaldules, annonciateur de celui des Chartreux.

Au lieu-dit Serre de Lerme (l'ermitage) au-dessus de la Dourbie, Saint-Martin de Mauriac est mentionné dès le début du XIe siècle par le cartulaire de Gellone. La nef a disparu, mais un clocher-mur à double arcature surmonte toujours l'entrée du chœur rectangulaire.

L'exemple le plus significatif, peut-être, est fourni par les ruines de la chapelle Saint-Léonard de Monédiès, non loin de Conques, presque inaccessible au fond de son ravin, où coule la source indispensable à la vie de l'ermite. Entre la nef et le chœur, s'intercale une muraille massive terminée par une sorte de fronton triangulaire qui supportait autrefois un petit clocher en bâtière. A la base de ce mur de séparation, une porte au tracé «en trou de serrure», de 1 m 70 de largeur seulement, ne mérite en rien l'appellation d'arc triomphal. Au-delà, le chœur, particulièrement exigu, est un carré parfait de 3 m de côté, couvert d'une voûte en berceau. Les procédés de construction sont d'une pauvreté extrême, avec l'emploi exclusif du schiste local brisé au marteau, la pierre de taille n'apparaissant nulle part, pas même aux ouvertures. Le mortier de sable et de chaux a été utilisé pour bâtir l'arc triomphal, compte tenu de la charge que représentait le mur du clocher. Ailleurs, les pierres n'ont d'autre liant que la terre diluée, ce qui explique sans doute l'épaisseur des murs, 1 m 20, considérable pour un si petit édifice. Si le toponyme de Monédiès dérive du latin «monasterium», pris ici dans son sens premier celui de solitude, le vocable de Saint-Léonard, rare en Rouergue, fournit pour sa part un élément précieux de datation. Le culte de cet ermite limousin, fondateur du monastère de Noblat, ne se diffuse guère en dehors du diocèse de Limoges avant le début du XIe siècle.

Par ailleurs, plusieurs testaments du Moyen Age font mention de legs en faveur des «sept ermitages du Rouergue», ce nombre étant probablement à prendre dans un sens symbolique, par référence aux sept monastères de l'antique Thébaïde. Ils se localisent dans des vallées de la région d'Estaing et d'Entraygues, où quatre d'entre eux, au moins, ont livré des traces de leur chapelle préromane.

Devant les ruines de celle de Teyssières dans la commune de Campuac, placée sous le patronage significatif de Saint-Antoine, le père

des ermites, on reconnaît sans peine dans le chœur le même plan carré, les mêmes dimensions et le même matériau qu'à Saint-Léonard de Monédiès. Et les deux sites, entre l'orée des bois au bas du versant et le torrent, sont rigoureusement identiques. Non loin de là, à l'entrée des gorges du Lot, la chapelle du Dol, malgré quelques remaniements conserve intacte sa structure en «double boîte». On ne peut qu'admirer l'équilibre parfait établi entre les volumes quadrangulaires de la nef et du chœur. Et le mur du clocher-pignon répercute dans le ciel le profil des toitures à deux versants. Surplombant le Lot en aval d'Entraygues, la chapelle du Dom de Bilhiès porte dans son nom le souvenir de ses anciens ermites, ou doms. Reconstruite à l'époque romane, elle garde de la construction primitive son chevet plat, percé d'une fenêtre à linteau échancré. Enfin, le chœur fermé reparaît à Combanières. Mais ici le grès rouge de la vallée du Dourdou, facile à travailler, est sans doute responsable du bel appareil de pierres de taille, visible sur les pans de mur encore debout. La chapelle était dédiée à sainte Marie-Madeleine, la recluse légendaire de la grotte de la Sainte-Baume, un vocable qui fait lui aussi référence à la vie érémitique. Mais, comme pour celui de Saint-Léonard, nous savons qu'il ne peut en aucun cas être antérieur au XIe siècle, puisque la croyance selon laquelle l'abbaye de Vézelay détenait les reliques de la pécheresse de l'Évangile, transférées de Provence, ne se répandit pas plus tôt.

Ceci conduit tout naturellement à envisager le problème de la datation de l'ensemble de ces édifices préromans, problème délicat du fait de la permanence de traditions architecturales dont certaines, nous l'avons vu, remonteraient jusqu'aux Wisigoths. On serait souvent tenté, dans bien des cas, de les situer à une haute époque.

Mais il faut tenir compte de ce conservatisme indéniable qui, dans le domaine artistique comme ailleurs, a si souvent marqué les vieux pays rouergats. A cet égard, il est significatif que le premier art roman méridional, né en Italie du Nord, puis largement diffusé au cours de la première moitié du XIe siècle dans le Languedoc méditerranéen, la Catalogne et les Pyrénées, n'ait jamais réussi à pénétrer le Rouergue. Son décor mural caractéristique, fait de petites arcatures en saillie, les «bandes lombardes», retombant sur de minces contreforts, atteignit même l'Albigeois aux confins du Massif central, avec une remontée jusqu'à Notre-Dame de l'Auder à Ambialet et à l'église de Lasplanques sur le Viaur. Au-delà encore, à Castelpers, vieux lieu fortifié mentionné dans le *Livres des miracles de sainte Foy,* la chapelle Notre-Dame du Roc, avec son abside semi-circulaire à «bandes lombardes», demeure le témoin le plus septentrional de ce style méditerranéen, et le seul connu en terre rouergate.

Dans les campagnes du Rouergue, tout le laisse supposer, les maîtres d'œuvre ont donc continué à bâtir durant le XIe siècle selon les procédés immuables légués par leurs ancêtres, jusqu'au moment où les premiers grands modèles romans, comme Sainte-Foy de Conques, sont venus bouleverser les traditions séculaires.

BIBLIOGRAPHIE

A propos du pilier de chancel de la basilique de Conques, on peut consulter :

- J.C. Fau, «La sculpture carolingienne à entrelacs dans le Sud-Ouest et sa survivance au XIe siècle», dans *Actes du 96e Congrès national des Sociétés savantes, Toulouse 1971*, section d'archéologie, t. 2 (1976), p. 9-31.
- M. Vieillard-Troiekouroff, «La cathédrale de Clermont du Ve au XIIe siècle», dans *Cahiers archéologiques*, 11, 1960, p. 199-247.
- M. Durliat et J. Giry, «Chapelles préromanes à chœur quadrangulaire du département de l'Hérault», dans *Actes du 94e Congrès national des Sociétés savantes, Pau, 1969*, section d'archéologie (1971), p. 203-223.

Pour les édifices préromans de Septimanie, voir aussi :

- J. Fontaine, *L'art préroman hispanique : l'art mozarabe*, Zodiaque, coll. «la nuit des temps», p. 416-419 et carte.
- A. Debat, «Églises préromanes du Rouergue occidental à angles arrondis», dans *Revue du Rouergue*, 26, 1972, p. 156-171. Et sur le même sujet :
- L. d'Alauzier, dans *Bulletin de la Société des études du Lot*, t. 104, 2e fasc. 1983, p. 83-102.
- J.C. Fau, «Saint-Léonard de Monédiès et un groupe de chapelles préromanes du Rouergue septentrional», dans *Mémoires de la Société archéologique du Midi de la France*, t. 47, 1987.
- G. Durand, «L'architecture préromane en Rouergue», dans *Annales du Midi*, t. 99, n° 177, janvier-mars 1987, p. 5-33.
- X. Barral i Altet, *L'art pré-romanic a Catalunya. Segles IX-X*, Barcelona, Edicions 62, 1981.

ACCÈS

A quelques kilomètres au Nord de Villefranche-de-Rouergue, au-delà de Farrou, il faut quitter la route de Figeac, à gauche, vers le village de Saint-Rémy. Après l'église, à abside romane, on contournera le château pour prendre sur la gauche une côte raide et étroite qui mène sur le plateau. A 2 km 500 environ, le hameau de Toulongergues, aux maisons dispersées, est installé sur le rebord du causse dominant le vallon du ruisseau de Ginals. Une croix de carrefour en fer marque l'entrée du chemin menant à l'ancienne église, un peu à l'écart, près des ruines de son prieuré.

ÉGLISE SAINT-PIERRE ET SAINT-PAUL DE TOULONGERGUES (COMMUNE DE SAINT-RÉMY, CANTON DE VILLENEUVE)

L'église de Toulongergues, successivement désaffectée, transformée en grange-étable, tombée enfin dans l'abandon le plus complet, eut à subir bien des outrages. Pourtant, l'originalité des formules architecturales utilisées, l'apparition à la fois de la sculpture monumentale et de la figure humaine, l'iconographie exceptionnelle de ses peintures murales confèrent à ce monument un intérêt archéologique de premier plan, compte tenu de son ancienneté.

Histoire

L'existence d'une nécropole du haut Moyen Age, révélée par des fouilles à l'intérieur de l'édifice, témoigne de l'ancienneté d'un lieu de culte à Toulongergues. Mais, faute de documents, nous ignorons tout de l'histoire de l'église jusqu'au XIIIe siècle, époque à laquelle elle se trouvait à la tête d'une paroisse relevant directement de l'évêque de Rodez. En 1281, à la suite d'un litige entre l'évêque Raymond et l'abbé de Moissac dont dépendait déjà le prieuré voisin de Villeneuve, Toulongergues devint une simple annexe de ce dernier et, par conséquent, une possession de la grande abbaye moissagaise.

A l'extrême fin du Moyen Age, Pons, ancien moine de Conques et prieur de Villeneuve, de la riche famille de Cardaillac, s'installa dans le

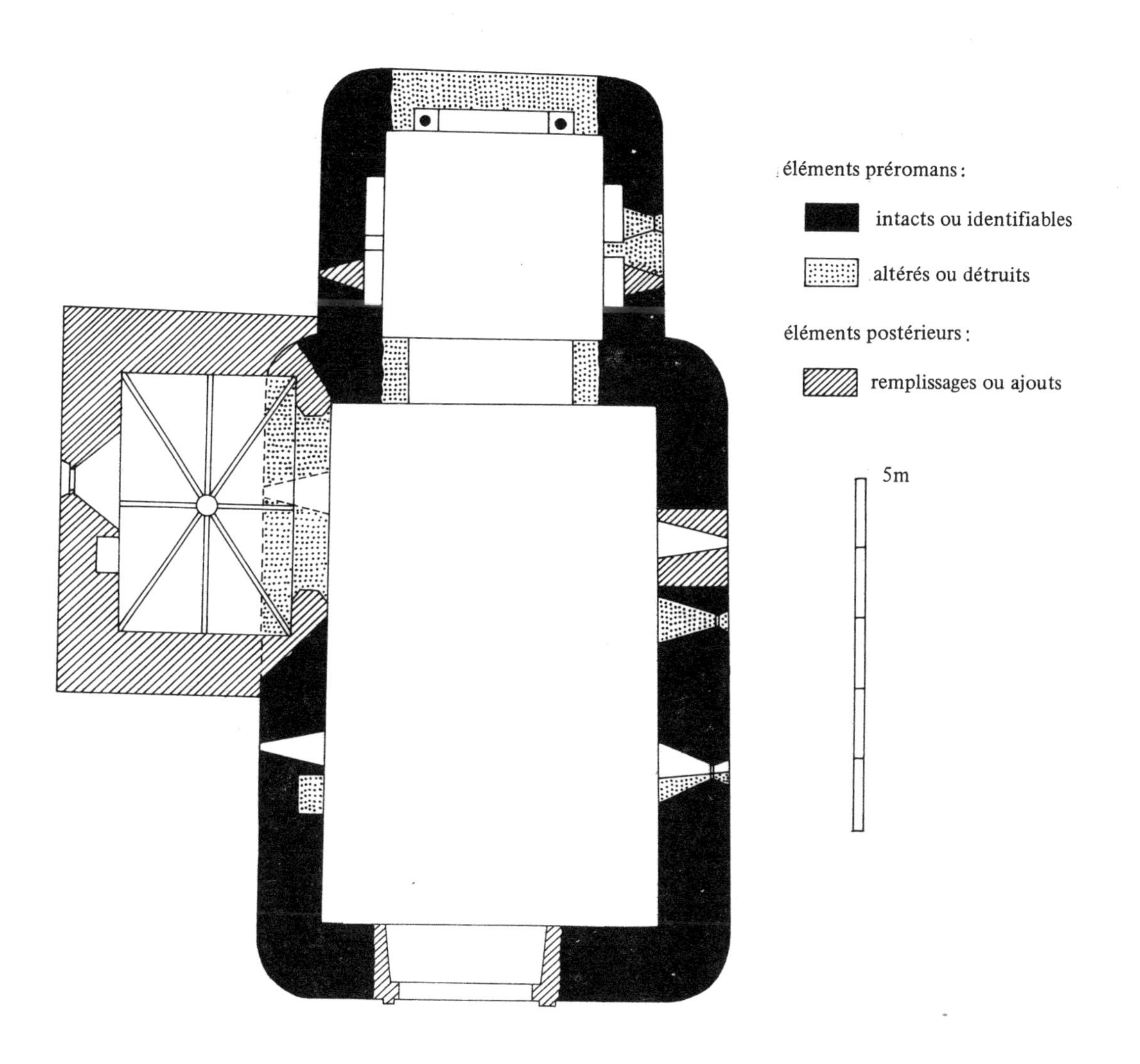

TOULONGERGUES
SAINT-PIERRE ET SAINT-PAUL

manoir, maintenant ruiné, qu'il avait fait construire contre l'église. Celle-ci doit aussi à ce prélat la chapelle gothique accolée au flanc Nord de la nef, et dont la clef de voûte porte les armes des Cardaillac. Les successeurs de Pons firent preuve de beaucoup moins de zèle, semble-t-il, en faveur de leur église. Et à plusieurs reprises durant les siècles suivants, les habitants vont s'émouvoir de son état de délabrement. La paroisse qui ne compte que deux cents habitants environ avant la Révolution, se voit finalement rattachée à celle de Saint-Rémy au moment du Concordat. Le dernier curé de Toulongergues quitte les lieux en 1810 et depuis le milieu du XIXe siècle, les offices funèbres ne sont même plus assurés.

Devenu propriété privée en 1923, le malheureux édifice est impitoyablement mutilé pour mieux l'adapter à un usage agricole. Ainsi, on n'hésite pas à éventrer le chevet afin d'y ouvrir une porte charretière (pl. 1), provoquant ainsi la disparition de la voûte du chœur et celle d'une partie des fresques couvrant les murs. L'arc triomphal est abattu pour dégager l'intérieur.

Fort heureusement, l'église va sans doute échapper à la ruine que l'on pouvait redouter, les services des Monuments historiques envisageant maintenant pour elle une restauration générale. Déjà, l'intérieur a été nettoyé et débarrassé du plancher intermédiaire qui le divisait en deux niveaux. Des fouilles préliminaires, dans le chœur et la nef, ont permis de trouver une série de sépultures, dont deux sarcophages. L'un d'eux avait conservé son couvercle en forme de toit à quatre pentes, caractéristique du haut Moyen Age. Et l'étude des céramiques découvertes semble confirmer cette datation.

L'architecture

Au premier abord, rien ne permet dans sa silhouette de distinguer ici une église (pl. 1). Elle a d'ailleurs été rendue méconnaissable par la démolition, à la fois, du petit clocher prolongeant le mur-pignon de façade et du clocher carré plus tardif, au-dessus du chœur, dont l'existence est révélée par les dessins du XVIe siècle.

Toutefois, l'appareil mural, fait de moellons de calcaire dégrossis au marteau, et disposés en assises horizontales, offre une régularité inhabituelle par rapport aux bâtiments rustiques environnants. Les murs paraissent d'une hauteur surprenante, surtout en l'absence de contreforts. En s'approchant, on reconnaît le plan caractéristique des églises préromanes; un chœur carré en retrait sur la nef, avec la particularité déjà évoquée, c'est-à-dire les six angles externes (deux pour le premier, quatre pour la seconde), de forme arrondie. Un tel procédé, utilisé à toutes les époques dans l'architecture civile et, d'abord, au château voisin du prieur Pons, correspond peut-être au souci de faire l'économie de chaînages d'angle en pierre de taille. Disons aussi que les maçons du causse, habitués à la construction de gariottes, ces cabanes circulaires en pierres sèches qui parsèment la campagne autour de Toulongergues, étaient passés maîtres dans l'art de monter des murs parfaitement arrondis.

Les ouvertures, celle d'origine du moins, étaient rares dans ce grand coffre de pierre. La nef ne s'éclairait que par de minuscules

fenêtres latérales, deux de chaque côté, couvertes d'un arc monolithe en travertin et placées à une grande hauteur, selon la règle. Dans le mur méridional, la «porte des morts», aujourd'hui bouchée, donnait accès au cimetière. Son arc légèrement outrepassé, fait de claveaux minces non taillés, est très en retrait par rapport à ses piédroits courts, et à faible écartement. C'est tout à fait là la disposition, comme l'a montré M. Marcel Durliat, des arcs de Saint-Michel de Sournia, en Roussillon, daté de la fin du Xe siècle. Le portail occidental offrait un tracé identique, ainsi qu'en témoignent les quelques éléments anciens épargnés par le remaniement du XVIIIe siècle. Au-dessus de lui, mais décalée vers la droite, on remarque une porte semblable ouvrant, semble-t-il, sur le vide avant d'être murée. Son rôle demeure assez énigmatique. Faisait-elle communiquer une tribune installée au revers de la façade et, à l'extérieur, une galerie de bois à usage défensif, sorte de hourd contrôlant l'entrée de l'église?

Au-dehors, l'édifice est d'une sobriété et d'un dépouillement poussés à l'extrême. A l'intérieur, la nef a toujours été dépourvue de voûte. Mais elle étonne par sa remarquable élévation : 7 m 60 depuis le niveau du sol primitif jusqu'à la crête des murs. Le chœur, lui, révèle dans son ordonnance et dans sa décoration une recherche assez exceptionnelle pour un édifice de cette époque, autant du moins que les navrantes mutilations dont il fit l'objet, permettent d'en juger. La voûte en berceau s'est écroulée, mais ses amorces subsistent, en retrait sur les murs latéraux.

De part et d'autre du chœur, on retrouve les habituelles arcades géminées, profondes d'une trentaine de centimètres. Curieusement, elles sont ici de largeur et même de hauteur inégales. Elles reposaient sur un soubassement au rebord mouluré par l'intermédiaire de colonnes. En vis-à-vis de l'arc triomphal, maintenant détruit, le mur de fond du sanctuaire s'ornait d'un grand arc de décharge retombant sur deux colonnettes de grès, dans les angles. L'existence de colonnes, surmontées de chapiteaux, est un cas unique parmi les églises préromanes du Rouergue, il faut le souligner. A l'intérieur de cet arc, s'ouvrait un oculus maintenant obturé et, au-dessous, une ou probablement deux fenêtres symétriques éclairant le chœur. Si le percement de la porte de grange a beaucoup altéré cette belle disposition, elle demeure à peu près lisible dans sa partie inférieure où les deux colonnettes restent en place sur une hauteur de 1 m 20 environ.

Les éléments sculptés

Les bases de colonne, d'un profil assez maladroit, présentent une gorge garnie de raînures concentriques. Elles sont posées sur un bandeau continu, faisant office de plinthe, qui possède la même mouluration à triple filet que le soubassement des niches latérales.

Un fragment en grès beige de l'un des chapiteaux qui surmontaient ces colonnettes, a été découvert dans l'église. Comme on pouvait s'y attendre, il reprend les motifs géométriques d'entrelacs qui régnaient en maîtres dans le mobilier d'église, aux IXe et Xe siècles, et que nous avons déjà rencontré sur le pilier de chancel de la basilique d'Étienne Ier

à Conques. Deux rubans parallèles s'y entrecroisent selon un tracé en angles droits ou en courbes.

La sculpture monumentale est présente encore dans le chœur, et de la façon la plus insolite, sur le fût même des colonnes du mur de fond. Celle de droite, du fait de l'éclatement de la pierre, laisse seulement deviner des incisions informes qui n'autorisent aucune identification.

Mais, à gauche, ce n'est pas sans une certaine émotion que l'on découvre une bien étrange figure humaine, à l'aspect caricatural (pl. 4). Elle conserve quelques traces de polychromie : un rouge vif pour la bouche et les mains, le noir pour les vêtements et pour le reste du corps. (Mais ce noir peut résulter d'une altération des couleurs originelles).

Haut de 50 cm à peine, le personnage occupe une moitié de la circonférence du fût. Mais, par suite d'une cassure, il a été amputé d'une partie du visage, ainsi que du bras et de l'épaule gauche. On relève une facture sommaire appartenant à un art encore dans l'enfance, «barbare» à bien des égards. Le relief très plat se détache avec peine de la colonnette, et l'artiste a fait autant appel à la technique de la gravure qu'à celle de la sculpture : les plis du vêtement, comme les doigts, sont rendus par de simples incisions au burin dans la pierre. La maladresse de l'auteur transparaît encore dans maints détails d'exécution. Ainsi la tête et le corps accusent une rigoureuse frontalité, alors que les jambes légèrement infléchies, et les pieds sont représentés de profil. A des membres grêles, presque filiformes, s'oppose une tête démesurément grossie, aussi longue que les jambes. Ce personnage au front bas, au nez volumineux, présente l'étonnante particularité d'être chauve, tout en étant doté d'une moustache tombante et d'une forte barbe à deux pointes. Nous verrons plus loin les conclusions à tirer de ces détails physiques pour l'identification du bas-relief. Mains aux hanches et coudes écartés, cette figure porte, non le vêtement long des clercs, mais la tunique courte, serrée à la taille par une ceinture.

Pour envisager des rapprochements stylistiques, il faudrait se tourner vers l'amont et regarder en direction des premiers essais du haut Moyen Age dans le domaine des arts plastiques. On pense aux reliefs à personnages de l'Italie lombarde du VIIIe siècle, en particulier aux plaques de l'autel de Cividale, dans le Frioul, offertes par le roi Ratchis vers 740; ou encore à ceux de San Pedro de la Nave et de Quintanilla de las Viñas, dans l'Espagne wisigothique. L'air de famille se précise avec la figure d'orant provenant d'une fresque de l'église mozarabe de San Quirce de Pedret, en Catalogne, ainsi qu'avec les deux personnages sculptés sur une dalle de marbre conservée au musée lapidaire de Narbonne.

Venons-en maintenant au problème de l'identification de ces figures, car il ne faut pas oublier la colonne symétrique à droite qui, vraisemblablement, portait un second personnage. L'église était dédiée aux deux apôtres Pierre et Paul que les sculpteurs romans ont souvent rassemblés, ainsi à la porte Miégeville de Saint-Sernin de Toulouse, au portail de Maguelone et, plus près d'ici au tympan de Marcilhac-sur-Célé. A Toulongergues, la localisation même de ces figures sur les colonnes du sanctuaire, tout à fait inhabituelle, peut se justifier si l'on veut bien rechercher l'intention symbolique mise ici par le sculpteur, saint Pierre, l'apôtre des juifs, et saint Paul, l'apôtre des gentils, ne

sont-ils pas considérés dans la tradition chrétienne comme les deux colonnes de l'Église?

Et le personnage correspond assez bien au portrait physique de saint Paul, tel qu'il est connu à travers divers témoignages. Si l'apparence chétive et la taille médiocre peuvent être à la rigueur mises sur le compte de la maladresse, il n'en est plus de même «pour la barbe longue et fournie, le nez grand et aquilin» dont parle Nicéphore. Quant au crâne dénudé, c'est Lucien qui apporte la réponse satisfaisante en déclarant au sujet de Paul : «J'ai rencontré un Galiléen chauve».

Retenons surtout le symbolisme contenu sur les deux fûts sculptés, celui de Pierre et Paul, colonnes de l'Église universelle. Cette trouvaille d'artiste, sans doute inspirée par les clercs, caractérise bien l'époque de recherche intense qui précéda et facilita la grande éclosion de l'art roman. Mais elle surprend d'autant plus qu'elle s'applique à une église rurale. Si elle n'eut aucune suite dans les édifices ultérieurs, c'est sans doute parce que les chapiteaux et les portails n'allaient pas tarder à devenir les lieux d'élection de la sculpture monumentale.

Les fresques du chœur

Mais le chœur réserve une autre surprise avec les restes de peintures murales décrites et analysées par Jacques Bousquet, le véritable «inventeur» de cette église oubliée.

En effet, sur le mur du fond autour de l'oculus, on distingue encore la partie supérieure d'une composition, amputée plus bas par le percement de la porte de grange, et en fort mauvais état. Il s'agit de la seconde vision du Christ d'après l'Apocalypse de saint Jean, un thème de prédilection pour les artistes romans. Mais contrairement à ses représentations habituelles, au tympan de Saint-Pierre de Moissac par exemple, les quatre évangélistes figurés dans le tétramorphe ne sont plus ici que deux. A droite de l'oculus, l'aigle de saint Jean, tenant un livre, est identifiable sans difficulté. En vis-à-vis, par contre, saint Matthieu (mais est-ce bien lui?) serait figuré sous les traits d'un animal des plus extraordinaires, un agneau à visage humain et muni d'une paire d'ailes. Quant aux deux autres bêtes du tétramorphe, elles sont absentes faute de place pour les loger probablement. Immédiatement en dessous, en effet, s'alignent les vieillards de l'Apocalypse. Mais alors que, selon saint Jean et l'iconographie traditionnelle, on s'attendrait à trouver entre leurs mains un instrument de musique et une coupe de parfum, ils tiennent un rouleau de parchemin lié par des cordons. Leurs regards se tournent vers le haut, vers un Christ en majesté, absent lui aussi, peut-être remplacé symboliquement par l'oculus central que venaient traverser les rayons du soleil levant, assimilés à la lumière divine. On peut penser aussi que le Christ était peint sur la voûte en berceau, maintenant ruinée.

Les fresques recouvraient à l'origine l'ensemble des parois du chœur et il subsiste de nombreux vestiges. A droite, on reconnaît un ange, un saint nimbé (pl. 2), un agneau et, surtout, une charmante Ève en bon état de conservation avec, en vis-à-vis, un arbre stylisé, sans doute celui du paradis. Sur le mur Nord, à l'intérieur des arcs en plein cintre des niches géminées, s'inscrivent deux scènes (pl. 3), parfaite-

ment conservées elles aussi : d'une part, le symbole eucharistique des deux colombes se désaltérant dans un calice, de l'autre un aigle en train de dévorer le lapin qu'il tient entre ses serres. Le réalisme de cette scène n'exclut pas pour autant, il faut le noter, une certaine naïveté dans le dessin des animaux.

Partout, la gamme des couleurs utilisées s'avère assez restreinte : ocre rouge, jaune et gris sur un fond blanc. L'impression d'archaïsme qui se dégage de l'iconographie, comme de la facture des fresques de Toulongergues, a permis à Jacques Bousquet, qui les place parmi « les plus anciennes conservées de tout le Midi, avec un faciès préroman authentique », de les situer chronologiquement dans la première moitié du XIe siècle.

D'ailleurs, la présence de colonnes et, plus encore, celle de chapiteaux ornementaux, ne permet pas de vieillir davantage un édifice qui n'en demeure pas moins précieux pour comprendre la genèse de l'art roman, en Rouergue.

Il apparaît aussi comme le chef de file d'un groupe de petites églises à chœur quadrangulaire, mis en évidence pour la première fois par le chanoine A. Debat, dont les angles extérieurs des murs présentent, sur toute leur hauteur, un tracé en quart de cercle. Réparties dans les actuels départements de l'Aveyron, du Lot, et du Tarn-et-Garonne, elles ont été pour la plupart dénaturées par des remaniements ou même des reconstructions partielles; celle de Ginouillac (commune d'Espédaillac, dans le Lot) dont le plan et la structure offrent des ressemblances frappantes avec l'église de Toulongergues, n'est plus aujourd'hui qu'une ruine. Seules deux chapelles du Rouergue tarn-et-garonnais demeurent à peu près intactes : Notre-Dame de Lugan (commune de Puylagarde) et Saint-Martin de Cas (commune d'Espinas).

BIBLIOGRAPHIE

- J. Bousquet, « Les fresques de Toulongergues », dans *Revue du Rouergue,* 1965, n° 74, p. 163-171.
- J. Bousquet, « Pour la datation des peintures murales : deux recherches iconographiques. Les chapelles de Toulongergues et Verdun », dans *Actes du 34e Congrès d'études tenu à Villefranche-de-Rouergue. Juin 1979,* Féd. des Soc. Acad. et Sav. Languedoc-Pyrénées, Gascogne, 1980, p. 37-64.
- J.C. Fau, « Les colonnes sculptées de l'église préromane de Toulongergues », dans *Actes du 34e Congrès d'études tenu à Villefranche-de-Rouergue,* ouv. cit., p. 65-72.
- P. Hocquelet, « Contribution à l'histoire du prieuré de Toulongergues », dans *Revue du Rouergue,* 1978, n° 127, p. 211-222.
- L. d'Alauzier et M. Durliat, « L'église de Ginouillac (Lot) », dans *Bulletin archéologique,* n° 9, 1973 (fasc. A. Antiquités nationales), p. 29-39, qui contient aussi une étude sur l'église de Toulongergues.

ACCÈS

Au voyageur qui veut se rendre de Rodez à Verdun, par Baraqueville et Quins, le Ségala révèlera les contrastes de son double visage : d'abord le plateau ondulé, aux vastes horizons, ensuite le réseau de ses vallées étroites, profondément creusées à l'intérieur de la pénéplaine.

On abandonne, en effet, le plateau à l'entrée du village de Quins (sur la D.524), à droite, pour s'enfoncer dans la verdoyante vallée de la Vayre, un ruisseau qui s'en va rejoindre le Lézert, lui-même affluent du Viaur. En contrebas de la petite route, apparaît bientôt l'église Saint-Clair de Verdun, au milieu d'une clairière ouverte à mi-pente, sur un replat du versant.

SAINT-CLAIR DE VERDUN
(COMMUNE DE QUINS, CANTON DE NAUCELLE)

L'ancienneté de l'occupation humaine est attestée ici par le toponyme authentiquement gaulois de Verdun. Il s'est forgé à partir du celte «dunos», plus tard latinisé en «dunum», qui désignait un site défensif, une hauteur fortifiée (le nom primitif de Rodez, Segodunum, a la même origine), ainsi que du préfixe «ver» ayant valeur de superlatif, et analogue au grec «hyper». Littéralement Verdun aurait donc comme équivalent en français moderne : la «superforteresse». A dire vrai, une telle appellation s'applique plutôt mal au site, un modeste promontoire surplombant le ruisseau, bien trop exigu pour recevoir de vastes constructions. Mais le nom entend sans doute mettre en évidence l'importance stratégique du «castelas» de Verdun qui, depuis l'Antiquité, contrôlait la grande route reliant Toulouse à Rodez par Albi, et pénétrant en Rouergue au Pont-de-Cirou, sur le Viaur.

Siège vraisemblablement de l'une des douze baronnies du comté de Rodez, le château médiéval se trouvait à la tête d'une petite région qualifiée par la tradition de Verdunès, qui englobait cinq paroisses. Le plus ancien document à son sujet ne remonte qu'au XIIIe siècle : en 1265, Brenguier, seigneur de Malemort (aujourd'hui Villelongue, qui possède aussi une église en partie préromane), rendait hommage au comte de Rodez pour le château de Verdun. Sa chapelle, implantée à même le roc, occupe toujours le rebord septentrional du promontoire de schiste, à proximité du seul témoin encore en place de ce passé féodal, une tourelle d'angle qui, d'ailleurs, n'est pas antérieure à la

guerre de Cent ans. En dessous, quelques pans de mur, une maison ruinée parmi les arbres, rappellent aussi l'existence d'un village. A la veille de la Révolution, il ne comptait déjà plus que cinq maisons habitées.

Par ailleurs, le vocable de Saint-Clair fournit un témoignage précieux pour situer à une très haute époque l'installation ici d'un lieu de culte chrétien. Bien que mal connue, l'activité de l'évêque Clair paraît se rattacher à celle des premiers évangélisateurs de la Gaule, tels un saint Martin de Tours et, en Rouergue même, un saint Amans. Venu de Rome, Clair, après avoir fondé l'église d'Albi, aurait traversé cette région du Ségala pour poursuivre ensuite sa mission en Limousin et en Gascogne.

Chapelle de château, modeste église paroissiale, Saint-Clair resta longtemps un lieu de pèlerinage très fréquenté pour la fête de son saint patron, le 1er juin. Complètement à l'abandon depuis une trentaine d'années, l'église désaffectée semblait vouée à une ruine inéluctable. Or, à l'initiative d'un groupe d'habitants de Quins, et grâce à un faisceau de bonnes volontés, sa restauration complète vient d'être menée à terme, de façon exemplaire.

Les quelques transformations dont l'église fit l'objet au XVIIe siècle, comme l'oculus et le portail de la façade, ou bien la porte ouverte dans un massif en saillie sur le mur méridional du chœur, n'ont guère altéré son aspect originel (pl. coul. p. ci-contre). Les moellons de schiste disposés en assises horizontales, d'une belle régularité, règnent en maîtres absolus dans la maçonnerie, y compris aux angles des murs. Et il faut remarquer la curieuse fenêtre-meurtrière de la nef, entièrement évidée dans une dalle de pierre (pl. 5).

Tout en se rattachant incontestablement au groupe des églises préromanes du Rouergue, Saint-Clair s'en écarte par son plan particulier. Le chœur, en effet, de même largeur et de même hauteur que la nef, ne s'individualise pas extérieurement, ce qui confère à l'ensemble de l'édifice l'aspect austère d'un grand coffre de pierre. Si le chœur trace au sol un rectangle régulier, la nef affecte une forme trapézoïdale et sa construction serait peut-être plus tardive.

La séparation entre les deux est marquée seulement par l'arc triomphal, retombant sur des impostes agrémentées de moulures. Les traditionnelles niches géminées, de grande taille ici, garnissent les parois latérales du sanctuaire : les deux premières ont été altérées, à droite par l'ouverture du portail latéral, à gauche par l'aménagement d'un armarium à l'époque gothique.

Mais la grande originalité de Saint-Clair réside dans le nombre et, surtout, dans la distribution des fenêtres percées dans le mur oriental du chœur (pl. 6). A la place de la fenêtre d'axe habituelle, on note la présence de trois ouvertures, deux symétriques dans la partie supérieure, une en dessous surmontant l'autel. A-t-on voulu par cette disposition en triangle renversé symboliser le mystère de la Trinité? Elle reparaît encore dans deux édifices préromans du Sud-Aveyron, à Saint-Martin d'Ayguebonne et à Saint-Pierre de Brocuéjouls, près de Millau, mais il n'en existe pas d'autres exemples en dehors du Rouergue.

Enfin, de part et d'autre de la fenêtre basse du chœur, des restes de peintures murales du XVe siècle ont été découverts sous un enduit, à

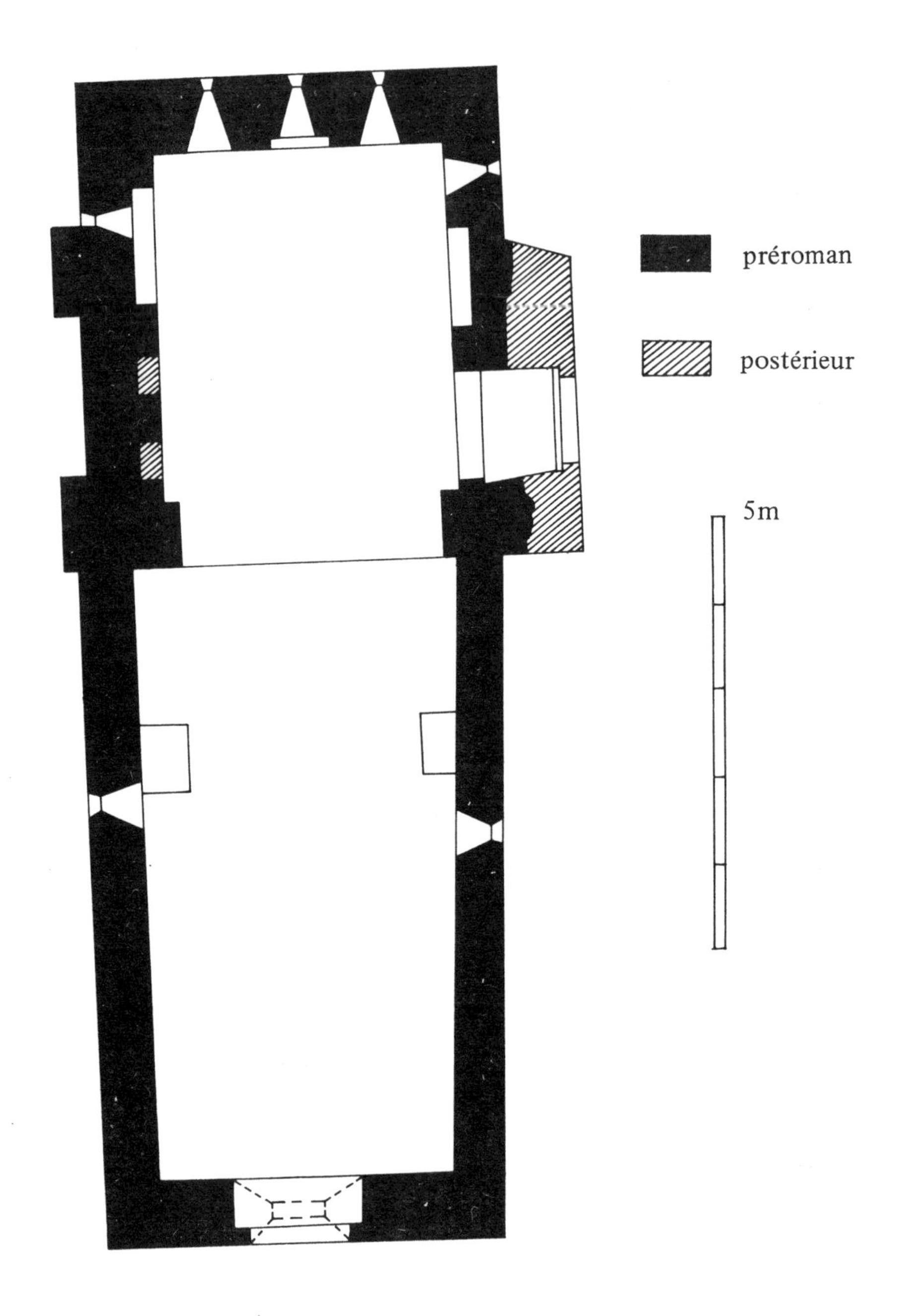

VERDUN
SAINT-CLAIR

l'occasion des travaux de restauration. Il s'agit d'œuvres de grande qualité : à gauche, l'archange saint Michel terrassant le dragon, à droite une belle Vierge à l'Enfant, debout.

BIBLIOGRAPHIE

- J. Delmas, «Le canton de Naucelle», dans la revue *Sauvegarde du Rouergue,* 1984.
- J.C. Fau, «L'église préromane de Saint-Clair de Verdun», dans *Bulletin monumental,* t. 141-I, 1983, p. 67-68.

ACCÈS

A Saint-Amans de Lizertet (commune de Combret, canton de Belmont-sur-Rance).

La seule route, étroite et sinueuse, permettant de se rendre à ce modeste hameau part de Combret (sur la D.91), en direction du Sud. On traverse ici la région du Rougier de Camarès. Ses grès rouges, presque violets parfois, dont les affleurements viennent çà et là colorer le paysage, constituaient un excellent matériau de construction, utilisé dans les églises, comme dans l'habitat rural.

SAINT-AMANS DE LIZERTET
ET LES ÉGLISES ROUERGATES A ARCS OUTREPASSÉS

Le vocable de Saint-Amans, premier évêque de Rodez, évoque une très ancienne implantation du culte chrétien en ce lieu. Et Saint-Amans de Lizertet figure parmi les églises données à l'abbaye bénédictine de Belmont, en 942, par la vicomtesse d'Albi, Diaphronisse, donation confirmée en 1147 par la vicomtesse Cécile. Après la sécularisation du monastère de Belmont, le chanoine-infirmier du chapitre avait la charge de prieur de Saint-Amans et il en percevait les revenus.

L'intérêt archéologique de cette église réside à la fois dans ses arcades intérieures au tracé fortement outrepassé et dans son plan cruciforme tout à fait exceptionnel. La nef et le clocher-porche appartiennent à une époque tardive. Il faut donc s'intéresser seulement aux parties orientales de l'édifice, c'est-à-dire au chœur quadrangulaire et aux deux chapelles de plan carré, plus petites, qui forment de part et d'autre comme les croisillons d'un transept. Dans les trois cas, les fenêtres d'origine, à l'extérieur, sont de simples meurtrières surmontées d'un linteau monolithe échancré par l'arc en plein cintre. Les murs dépourvus de contreforts, contrairement à ceux de la nef, présentent un appareil irrégulier de moellons, à l'exception toutefois des angles, dressés en belles pierres de taille.

Intérieurement, l'ouverture des deux chapelles latérales sur l'espace qui correspondrait à une croisée de transept, se fait par un arc dont l'outrepassement est assez comparable à celui des arcs wisigothiques (pl. 7). L'arc triomphal, maintenant en plein cintre, avait un tracé

identique avant qu'un curé de la fin du siècle dernier, soucieux d'élargir l'entrée du chœur, n'en ait fait retailler les piédroits. Les impostes, fort heureusement, ont été alors conservées.

Le dessin des arcades, mais aussi le plan cruciforme, nous ramène donc à l'architecture wisigothique. On songe en particulier à une église comme Quintanilla de las Viñas, dans la province de Burgos. Or, Paul Mesplé avait découvert un édifice de même type que Saint-Amans de Lizertet, beaucoup moins éloigné dans le temps comme dans l'espace : il s'agit de l'église préromane de Mouchès, dans le Gers (P. Mesplé, «Églises préromanes de Gascogne», dans *Bulletin de la Société archéologique du Gers,* 4e trim. 1974). La description qu'il en donne permet d'établir des rapprochements significatifs. A Mouchès, en effet, il existe «un plan à l'origine cruciforme», un arc (le seul subsistant) de forme outrepassée, et même des fenêtres étroites avec un «arc découpé dans une dalle». La seule différence notable est ici l'utilisation de la brique dans la maçonnerie.

En 1935, lors de la dépose et du remplacement du vieux dallage de l'église, on eut la surprise de découvrir au centre du chœur une table d'autel, tournée à l'envers, mais intacte. Elle a aujourd'hui retrouvé sa place et sa fonction dans le sanctuaire. Sur le dessus, la partie creusée en cuvette est encadrée par une bordure étroite, décorée d'un triple bandeau plat. La tranche porte une mouluration faite de quatre baguettes parallèles et en retrait les unes sur les autres. Le même ornement reparaît sur deux des impostes qui couronnent les pilastres des arcs outrepassés, apportant ainsi la preuve que cet autel est bien le contemporain de l'église. Un autre intérêt de Saint-Amans réside en effet dans le décor sculpté, en faible relief, de ses impostes. Outre les baguettes, on reconnaît des damiers, des denticules et des moulures trapézoïdales appelées encore «cartouches carolingiens», autant de motifs, à dire vrai, utilisés aussi bien au Xe siècle sur les impostes, par exemple au narthex de l'église auvergnate de Chamalières, que sur les tailloirs des chapiteaux romans du XIe siècle.

Si le plan en croix de Saint-Amans de Lizertet n'a pas d'équivalent connu dans la région, le tracé outrepassé des arcs reparaît dans d'autres édifices préromans du Sud-Aveyron : à Saint-Étienne du Causse, avec l'arc triomphal, ainsi qu'à Lapeyre, dans la vallée de la Sorgue (dont le tympan roman de l'église Saint-Caprazy sera étudié plus loin). Le presbytère de Lapeyre avait été aménagé dans les vestiges d'une église de style gothique, probablement dédiée originellement au Saint-Sauveur. Pour construire le mur méridional de la nef, on a partiellement réutilisé, en les murant, deux grandes arcades outrepassées aux claveaux de pierres de taille. A la suite, il existait une troisième arcade, détruite lors de la construction de la tour du clocher, mais dont on devine encore le départ, à droite. La seule imposte qui subsiste, ornée sur la tranche de baguettes parallèles, et d'aspect très archaïque, repose sur une colonne maçonnée.

☆

Traversons maintenant le Rouergue du Sud au Nord, jusqu'à la limite géographique tracée par le cours supérieur du Lot. Là, deux petites églises à chevet plat, malgré une série de remaniements, conservent l'essentiel de leur structure préromane : Saint-Amans de Marnhac, proche de Saint-Geniez d'Olt, et dans le bassin d'Espalion, Saint-Martial de Nadaillac. Ce hameau fournit, en outre, un bon exemple de pérennité d'un site habité, de l'Antiquité au Moyen Age, puisqu'on y a découvert les substructions d'une villa gallo-romaine. A l'intérieur de ces édifices, entre le chœur et la nef, on retrouve le cloisonnement interne établi par le mur de l'arc triomphal. Or, ce dernier présente un outrepassement des plus marqués.

Nous sommes certainement en présence des témoins les plus septentrionaux d'un courant architectural issu des pays catalans, et qui a pu parvenir jusqu'ici, aux confins même de l'Auvergne, grâce à des relais comme celui de Saint-Amans de Lizertet. A dire vrai, ces églises rouergates appartiennent déjà au XIe siècle et il ne s'agit plus là que de survivances.

Les bâtisseurs romans abandonneront totalement les formes outre-passées au profit du plein cintre. Par contre, le chœur à plan quadrangulaire continuera longtemps à être utilisé, mais toujours dans de pauvres églises rurales, et privées désormais de l'arc triomphal.

ꝺ

LES TEMPS ROMANS

Le XIe siècle, «ce siècle de grands progrès» (G. Duby), voit se confirmer l'expansion à la fois économique et démographique timidement amorcée avant l'an mille. Partout dans les campagnes, les défrichements progressent parallèlement au peuplement; et le Rouergue n'échappe pas à ce mouvement général.

Le rôle que joue l'Église dans la croissance devient déterminant, une Église qui pèse de tout le poids de son autorité morale pour faire reculer le fléau des guerres féodales incessantes. Le *Livre des miracles* de sainte Foy de Conques, au début du XIe siècle, est encore rempli de scènes de violence, d'actes de brigandage, de prises d'otage assorties de demandes de rançon, exercés par les seigneurs locaux, sans parler de multiples exactions à l'encontre des moines et, surtout, des paysans. Les campagnes soumises au château rival se voient systématiquement pillées et ravagées. Dans ses interventions miraculeuses, sainte Foy ne manque pas une occasion de châtier les coupables de ces forfaits, c'est-à-dire les châtelains. A travers le récit édifiant, on perçoit clairement le souci de promouvoir la protection des faibles et d'assurer cette «Paix de Dieu» qui a été définie, en 994, au concile du Puy, en présence de nombreux évêques, dont celui de Rodez, Deusdedit. Et l'important synode diocésain tenu avant 1012, à Saint-Félix-sous-Rodez a été probablement un synode de paix, contre les guerres privées. Le mouvement ne fera que se développer au cours du XIe siècle.

Dans le même esprit, les grands monastères surent tirer profit du vieux principe du droit d'asile, réservé jusque-là à l'église et à ses

abords immédiats, comme le cimetière. Ils l'amplifièrent en organisant autour d'eux un territoire sauvegardé, placé sous la protection de la sainte ou du saint local. Ainsi naquirent les bourgs monastiques, véritables pôles d'attraction pour les populations rurales des alentours. Celui de Conques est cité dès le XIe siècle. Il présente déjà un caractère urbain bien marqué avec son marché, avec ses remparts aussi dont la construction remonte à l'époque romane, comme le prouve l'architecture des deux portes d'enceinte encore existantes. Autour de Saint-Amans, le bourg de Rodez a la même origine. Mais la sécurité offerte par les moines peut s'étendre bien au-delà de leur abbaye grâce à la création de sauvetés dont les habitants bénéficient de ce même droit d'asile, accompagné souvent de garanties concédées par les châtelains de la région. Les bénédictins de Conques pratiquent de manière très active cette politique en Rouergue, avec la fondation, par exemple, de la sauveté de Prades-de-Salars vers 1060, et au-delà des limites de la province, dans l'Albigeois, le Toulousain ou le Carcassès. La sécurité, même bien relative, qui s'instaurait ainsi dans les campagnes et sur les routes, fut, sans nul doute, la condition première de la croissance de l'agriculture et du commerce.

A côté des paysans et des marchands, il existait une autre catégorie de gens directement intéressés par la sécurité : les pèlerins. Nés du culte des reliques qui se développa très tôt dans la Chrétienté, les premiers pèlerinages rouergats concernèrent les abbayes qui avaient la chance de posséder des «corps saints». On se dirigeait vers Conques d'abord, mais aussi vers les tombeaux de saint Amans à Rodez et de saint Antonin dans l'antique Noble-Val, ou bien on allait prier devant la statue-reliquaire de saint Marius à Vabres. A partir du milieu du XIe siècle environ, un pèlerinage d'une autre ampleur commence à intéresser le Rouergue septentrional. L'un des quatre grands itinéraires vers Saint-Jacques de Compostelle, décrits par le *Guide du pèlerin*, traverse en effet cette région, d'Est en Ouest. Il s'agit du la *via Podensis,* la route issue du Puy où se rassemblent, précise le guide, les Bourguignons et les Teutons. Et, grâce à la notoriété des miracles de sainte Foy, Conques en devint tout naturellement l'une des étapes majeures avec Cahors et Moissac.

La route de Compostelle empruntait d'abord l'ancienne voie romaine de Lyon à Rodez pour atteindre les monts d'Aubrac dont les solitudes balayées en hiver par les tempêtes de neige étaient particulièrement redoutées. Au début du XIIe siècle, Adalard, sans doute l'un des proches du comte de Flandres, en fit la cruelle expérience : assailli par une bande de brigands, il n'échappe que miraculeusement à la mort. Et, selon un vœu prononcé alors, il décide, à son retour de Galice, de fonder sur le point le plus élevé du trajet, à 1.250 m d'altitude, le monastère-hôpital d'Aubrac. Mais il fallut attendre 1162 pour que s'organise définitivement la dômerie, avec ses moines-chevaliers chargés de la protection et de l'accueil des pèlerins. Désormais, la cloche de l'église romane sonnera sans interruption dans la tourmente pour appeler les égarés. Au-delà, après avoir passé la Boralde sur le pont de Saint-Chély d'Aubrac, le pèlerin descendait à travers la forêt vers les paysages plus riants de la vallée du Lot, le pays d'Olt, jusqu'à Saint-Côme, au faubourg de la Bouysse où l'accueillait la charmante chapelle Saint-Pierre, du XIIe siècle. A partir de là, et sur une douzaine

de kilomètres dans le bassin d'Espalion, le chemin de Saint-Jacques, ou ses abords immédiats, se trouve jalonné d'églises romanes : Lévinhac et Flaujac, puis, sur la rive gauche de la rivière, Perse et Bessuéjouls, Coubisou et Vinnac sur le versant d'en face, plus loin encore Sébrazac au fond d'une vallée adjacente. A Estaing, on pouvait vénérer les reliques de saint Fleuret, cet évêque de Clermont, qui serait mort ici au retour du pèlerinage de Rome. Avant la construction du beau pont gothique par le cardinal François d'Estaing, il fallait traverser le Lot sur une simple passerelle de bois pour entamer la rude montée vers le village de Golinhac. Par Espeyrac et Fonromieu (la fontaine du pèlerin), celui-ci parvenait enfin à Conques, au terme d'une marche d'une trentaine de kilomètres. La porte de Fumouze, aujourd'hui disparue, donnait accès à la ville de sainte Foy. En la quittant, deux itinéraires s'offraient pour rejoindre le Quercy. Le plus court passait sous la porte du Barry et franchissait le Dourdou sur le pont «romain» (c'est-à-dire des roumis, ou pèlerins), reconstruit au XVe siècle. Mais le chemin le plus fréquenté, par la porte de la Vinzelle, se dirigeait sur Grandvabre et, après la traversée du Lot au bac des Péliès, sur le village de la Vinzelle, aux confins du Rouergue. Les abbayes de Figeac, puis de Marcilhac-sur-Célé constituaient les étapes suivantes, avant Cahors et Moissac.

Si la section rouergate de la *via Podensis,* d'Aubrac à la Vinzelle formait l'artère principale, il existait toutes sortes de variantes possibles, et aussi beaucoup de voies adjacentes, notamment vers le pôle d'attraction conquois. Au total, on peut estimer qu'une partie importante du Rouergue a pu bénéficier de l'essor du pèlerinage et des sources d'activités qui en découlaient.

Dans le même temps, la grande réforme morale du clergé entreprise par Rome – ce qu'il est convenu d'appeler la réforme «grégorienne» – jouait en faveur de l'ordre monastique en provoquant un brusque accroissement de son influence, comme de sa richesse. Pour lutter avec efficacité contre les abus dont souffrait le clergé séculier, la simonie en particulier, il fallait obtenir la restitution des églises tombées entre les mains des laïques. Les seigneurs locaux n'avaient plus à disposer du revenu des cures, considérées comme un bien personnel, ni à en choisir les titulaires. Plus que la persuasion sans doute, les dures mesures prises à leur égard ont porté leurs fruits. Les églises, libérées de cette pesante tutelle, sont attribuées alors à un chapitre canonial ou, plus fréquemment, à une abbaye bénédictine, seuls capables de fournir en nombre suffisant des prêtres instruits et conscients de leur mission pastorale. Grâce à ce vaste transfert de propriété, un réseau serré de prieurés, véritables petits monastères, se met en place dans les campagnes. L'abbaye mère y délègue quelques-uns de ses moines pour assurer le service paroissial, souvent aussi elle entreprend la construction ou la reconstruction de l'église. Les donations vont en se multipliant durant le dernier tiers du XIe siècle; le Rouergue, terre d'élection des prieurés, se transforme de la sorte en un gigantesque chantier de construction.

Les vieilles abbayes rouergates, pourtant, ne participèrent pas toujours à ce mouvement. Certaines, incapables sans doute de se régénérer elles-mêmes, se virent imposer leur rattachement à un grand monastère : c'est le cas de Vabres et de Saint-Amans de Rodez.

En fait, la compétition a lieu essentiellement entre les abbayes extérieures à la province et Sainte-Foy de Conques, assez puissante sous les grands abbatiats d'Odolric (1031-1035) d'abord, puis de Bégon III (1087-1107), pour garder son indépendance. De toute évidence, le Rouergue suscite les convoitises. Et il fait l'objet d'une véritable ruée pour s'y assurer des possessions : à partir du Nord, avec Saint-Géraud d'Aurillac, Saint-Martial de Limoges, La Chaise-Dieu et Brantôme en Périgord; du Midi aussi, avec Saint-Guilhem-le-Désert et Aniane. Jacques Bousquet a mis en évidence la création, à cette époque, de «routes de prieurés», chaque abbaye cherchant à contrôler des étapes ou des carrefours sur les axes de communication principaux. Par exemple, Saint-Géraud d'Aurillac, en Auvergne, «a cherché une route vers la basse vallée de l'Aveyron jusqu'à Cayrac (en Bas-Quercy), avec un port sur la rivière. D'où le contrôle de Banhars, Saint-Martin de Bouillac et Capdenac, Montbazens et Lanuéjouls, Vailhourles et Varen».

Contrairement à ce qui s'était produit dans les pays de la Garonne, Cluny, représenté par Saint-Pierre de Moissac, n'a guère pénétré en Rouergue. Et le prieuré de Villeneuve est demeuré ici la seule possession moissagaise de quelque importance. En revanche, cette province, dans sa moitié méridionale surtout, connut une vaste entreprise de «colonisation» monastique menée avec dynamisme et succès par Saint-Victor de Marseille, déjà bien implanté dans l'Albigeois et le Gévaudan. Les ambitions marseillaises ont largement bénéficié du soutien d'un pouvoir politique qui, avec l'effacement relatif des comtes de Toulouse, fut marqué par l'ascension de la famille des vicomtes de Millau. Or, le frère du vicomte Bérenger, Bernard, moine de Saint-Victor, devint abbé de ce monastère en 1062. Il eut lui-même pour successeur son frère Richard (1079-1106), futur archevêque de Narbonne. De tels liens familiaux devaient déclencher une véritable cascade de donations en faveur des victorins. Détenteurs de Saint-Caprazy de Lapeyre, ils reçurent à Millau même le prieuré de Notre-Dame de l'Espinasse en 1070, Castelnau-Pégayrolles l'année suivante, ainsi que Saint-Léons. Surtout, ils réussirent un formidable coup de maître lorsqu'ils se firent céder, en 1082, les abbayes de Vabres et de Saint-Amans de Rodez avec toutes leurs dépendances rouergates. Et en construisant Notre-Dame de l'Espinasse consacrée par le pape Urbain II en 1095, les moines marseillais introduisirent en Rouergue un nouveau type d'églises, très sobres, dépourvues de tout décor sculpté, qui préfigurait l'architecture cistercienne.

Bientôt, en effet, le paysage monastique se transforme avec l'installation de nouveaux ordres religieux dont l'ascension rapide, au cours du XIIe siècle, se fait souvent aux dépens des abbayes bénédictines. Celles-ci semblent répondre moins bien au besoin de renouveau spirituel et elles n'attirent plus guère les donations pieuses, si abondantes au siècle précédent. Dans le cas de Sainte-Foy de Conques par exemple, le reflux paraît commencer très tôt.

Le Rouergue ne compte pas moins de cinq grandes abbayes cisterciennes crées sur son territoire durant le deuxième tiers du XIIe siècle. A l'Ouest, Loc-Dieu – «le lieu de Dieu» – qui appartenait initialement au petit groupe de monastères fondés par Géraud de Sales, un disciple de Robert d'Arbrissel, se rattache officiellement à Cîteaux en

1162. Non loin de là, Beaulieu-en-Rouergue, de la filiation directe de Clairvaux, aurait au lendemain de sa fondation reçu la visite de saint Bernard en voyage dans le Midi de la France, en 1145. Conformément au conseil de ce dernier : «Les arbres t'apprendront ce que tu ne pourrais pas entendre de la bouche des maîtres», c'est au milieu des forêts du Rouergue méridional que Pons de Léras, un seigneur-brigand repenti, avait créé en 1132 l'abbaye de Sylvanès (de *silva*, forêt) et choisi pour elle la Règle de Cîteaux. Sylvanès fut ensuite à l'origine du monastère féminin de Nonenque, dans le voisinage. Enfin, la même recherche de solitude permit de fixer l'emplacement de deux autres abbayes cisterciennes, au nom caractéristique, Bonneval, sur les pentes boisées de l'Aubrac, et Bonnecombe, dans une vallée du Ségala.

Les moines blancs de saint Bernard ont été de grands défricheurs certes, mais non des bâtisseurs, en dehors de leur abbaye ou de leurs granges monastiques. Contrairement aux bénédictins, en effet, ils n'essayèrent jamais d'essaimer autour d'eux en fondant des prieurés ou des centres paroissiaux. Il en fut de même pour l'ordre de Grandmont dont le rigorisme dépassait celui des cisterciens. Le Rouergue du XIIe siècle comptait deux établissements grandmontains : Comberoumal, près de Saint-Beauzély, et Le Sauvage (*Selvaticum :* lieu forestier).

Parallèlement, les ordres militaires, chevaliers de Saint-Jean de Jérusalem et templiers, s'implantèrent solidement dans la région, les premiers dès 1120, lorsque l'évêque de Rodez, Adhémar, leur donna l'église des Canabières sur le Levézou, les seconds, vingt ans plus tard, sur le Larzac à partir de leur commanderie de Sainte-Eulalie.

Devant les réalisations architecturales laissées par ces nouveaux ordres religieux, venus relayer les moines bénédictins comme bâtisseurs, à Sylvanès ou à Comberoumal, nous avons le sentiment d'être parvenus à une période de transition entre deux styles, le roman et le gothique.

☆

Ainsi, durant plus d'un siècle, le Rouergue vit s'ouvrir par dizaines les chantiers d'églises, ceux des plus humbles chapelles rurales comme des grandes abbatiales. Il est temps d'essayer de dresser un bilan de cette extraordinaire floraison à partir des édifices romans parvenus jusqu'à nous.

Il n'existe pas, bien entendu, un art roman spécifiquement rouergat à l'intérieur d'une région qui, loin de vivre dans l'isolement, demeurait largement ouverte aux grands courants artistiques de l'époque. On peut cependant mettre en évidence un certain nombre de tendances ou de caractères propres, non pas à l'ensemble de la province, mais à deux zones géographiques distinctes. Il suffit pour cela de reprendre l'analyse pertinente réalisée, voici près de cinquante ans, par J. Vallery-Radot. C'est en fonction du rayonnement exercé par trois monuments majeurs, Sainte-Foy de Conques, Notre-Dame de l'Espinasse à Millau et, dans une moindre mesure, Saint-Pierre de Nant, que cet auteur était parvenu à définir deux groupes principaux d'églises : «L'un au Sud du pays, suivant l'axe général de la vallée du Tarn, l'autre dont le chef de file est Sainte-Foy de Conques au Nord, suivant l'axe général de la vallée du Lot». Il faut y ajouter un troisième groupe, celui des églises cister-

ciennes ou grandmontaines construites selon un style d'importation, et dispersées à travers tout le Rouergue, d'Aubrac à Sylvanès en passant par Comberoumal.

La puissance et le rayonnement de l'abbaye de Sainte-Foy, le prestige dont elle jouissait, expliquent qu'un grand nombre d'églises romanes se soient réclamées du modèle conquois qui s'offrait à elles dans la seconde moitié du XIe siècle. Certes, il faut franchir les limites du Rouergue pour retrouver à Marcilhac-sur-Célé, en pays quercynois, le plan et l'élévation de Conques dans son intégralité. À l'intérieur de la province, on s'est contenté, pour des édifices de taille plus modeste, d'emprunts partiels à Sainte-Foy.

Son plan spécifique à déambulatoire, avec trois chapelles rayonnantes, a été adopté à Sainte-Eulalie d'Olt, à Saint-Amans de Rodez et, aux confins de la Haute-Auvergne, à Saint-Urcize (Cantal). Le chœur de Sainte-Eulalie d'Olt, en particulier, semble la réplique réduite de celui de l'abbatiale conquoise, à une différence près toutefois : la forme polygonale du chevet. Celle-ci caractérise aussi plusieurs églises de l'Espalionnais, accompagnée d'un détail typique qui, lui non plus, ne doit rien à Conques. Les chapiteaux et les tailloirs de l'arcature intérieure du chœur, pour mieux s'adapter aux pans coupés, s'échancrent en V, comme un livre entrouvert.

En revanche, on peut considérer l'arcature extérieure et les colonnes montées sur des pilastres qui confèrent au chevet de l'église de Perse toute son élégance, comme un emprunt direct à l'architecture de Sainte-Foy. Il en est de même pour les contreforts-colonnes dont les chapiteaux se confondent avec les modillons de la corniche, aux chevets de Lapanouse de Sévérac, de Lavernhe et de Saint-Saturnin de Lenne, œuvres tous trois du même atelier local.

Si l'étage des tribunes n'existe nulle part, la nef à bas-côtés est fréquente, même dans des églises de médiocres dimensions comme Cruéjouls ou Lapanouse. Le plus souvent, les supports latéraux de la nef, à l'imitation de ceux de Conques, sont des piles cruciformes flanquées de quatre colonnes engagées et reposant sur des socles circulaires maçonnés; ainsi à Aubin, au Cambon, à Saint-Amans de Rodez et à Villeneuve d'Aveyron.

Dans l'abbatiale Sainte-Foy, la grande coupole romane sur trompes, avant son effondrement, était garnie de nervures. Elle servit de modèle à celle de Saint-Saturnin de Lenne, montée à la croisée du transept. Et la tour-lanterne de Conques a visiblement inspiré les constructeurs du clocher central de forme octogonale de Salles-la-Source et de bien d'autres églises, Aboul, Aubin, Saint-Saturnin de Lenne. La formule du clocher-porche occidental avec chapelle haute, de tradition carolingienne, s'est perpétuée à Saint-Pierre de Bessuéjouls, à Bozouls et dans l'énorme massif de façade de Saint-Grégoire. Elle avait été utilisée à Conques dans la basilique construite par l'abbé Étienne, au milieu du Xe siècle. Ici, le clocher-porche et sa chapelle Saint-Michel ont été sans doute épargnés assez longtemps après l'ouverture du chantier de l'abbatiale actuelle, la progression des travaux se faisant d'Est en Ouest. Et on a pu s'en inspirer.

Dans le Rouergue méridional, un groupe important d'édifices échappe totalement à l'influence conquoise. Ici, malgré un plan beaucoup moins élaboré que celui de Sainte-Foy, le modèle essentiel a

été fourni par l'église millavoise de Notre-Dame de l'Espinasse élevée durant le dernier quart du XIe siècle par les moines de Saint-Victor de Marseille. Elle associe un large vaisseau unique à une ceinture extérieure d'énormes contreforts réunis par des arcades, qui donne à l'ensemble de la construction une allure de forteresse. La colonne, et par voie de conséquence le chapiteau, n'ont aucune place dans cette architecture toute fonctionnelle. L'absence de sculpture monumentale accroît encore l'impression d'austérité qui se dégage de l'édifice.

Un tel dépouillement constitue la marque essentielle des églises de la vallée du Tarn en amont de Millau, Mostuéjouls, Liaucous, et sur le causse, Saint-Jean de Balmes et Saint-Dalmazy. Ailleurs le décor sculpté, inexistant à l'extérieur, ne fait qu'une timide apparition sur les chapiteaux de l'arcature de l'abside, comme à Verrières, ou encore sur les impostes de la nef à Saint-Michel de Castelnau-Pégayrolles. Au Sud-Ouest de cette zone, en revanche, le tympan sculpté a connu une faveur tout à fait exceptionnelle; citons ceux de Lapeyre, des Canabières, de Plaisance et celui de Massiliergues remployé dans l'église de Coupiac.

Autour de Millau, les contreforts-arcades apparus à Notre-Dame de l'Espinasse pourraient faire, à eux seuls, l'homogénéité d'un groupe d'églises depuis Castelnau-Pégayrolles et Montjaux sur le Levézou, jusqu'à Mostuéjouls dans la vallée du Tarn et Saint-Sauveur du Larzac. Et le chevet de l'église de Canac, proche du Lot, représente le témoin le plus septentrional de cette formule architecturale. Extérieurement, l'air de famille est partout évident.

Mais il ne faut pas imaginer une frontière rigide séparant les deux groupes d'églises rouergates, le cas de Canac dont la nef appartient à l'art roman du pays d'Olt est là pour en apporter la preuve. Il existe en fait bien des exemples d'interpénétration. Ainsi, au vaisseau unique de Notre-Dame de l'Espinasse, on a souvent préféré, dans la partie méridionale, la triple nef terminée par une abside et deux absidioles. Et le chevet à pans coupés, lui, est commun à l'un et l'autre groupe. A Notre-Dame de l'Espinasse, le procédé qui consiste à juxtaposer des niches prises dans le mur du chœur, reparaît seulement à Bozouls et à Palmas, c'est-à-dire dans le Nord-Aveyron.

L'église Saint-Pierre de Nant constitue, à l'extrême Sud-Est de la province, un cas particulier. Elle diffère des autres édifices de la régions des Grands Causses par la présence d'un transept, d'une coupole sur trompes, ainsi que d'un porche occidental avec une chapelle haute. Mais le plus original, à l'intérieur, est l'emploi systématique de colonnes géminées montées sur de hauts pilastres. On a fidèlement reproduit ce type de support à Saint-Michel de Castelnau-Pégayrolles, en même temps d'ailleurs que les fenêtres ouvertes en pénétration à la naissance de la voûte de la nef. Les colonnes jumelles, enfin, reparaissent à l'entrée du chœur des églises de Canac, Liaucous, Mostuéjouls, Pinet et Verrières.

Saint-Pierre de Nant se caractérise aussi par l'abondante décoration sculptée de ses chapiteaux, avec une prépondérance marquée pour l'entrelacs. Le Rouergue en effet fut pour ce style original une véritable terre d'élection.

L'entrelacs n'était pas ici un motif entièrement nouveau, et les éléments de chancel de l'époque précédente, comme le pilier de

l'abbatiale du Xᵉ siècle à Conques, ont pu servir de référence. Dès le début du XIᵉ siècle, on avait fait appel à lui pour les chapiteaux de l'église de Toulongergues. Par la suite, les artistes surent réaliser la synthèse de l'entrelacs et des motifs végétaux stylisés, palmettes ou fleurons. L'arrivée en Rouergue d'œuvres en marbre sorties des ateliers narbonnais qui travaillaient à partir des marbres antiques de récupération, contribua certainement à la diffusion de ce décor, originaire de l'ancienne Septimanie.

Parmi les pièces d'importation, cette province conserve le linteau à entrelacs de Bozouls et, surtout, la table d'autel de l'ancienne cathédrale de Rodez avec ses quatre chapiteaux de marbre datés par Marcel Durliat du milieu du XIᵉ siècle. Ces derniers, dans un remarquable état de conservation, portent un décor fait d'une alternance de palmettes et de nœuds légèrement concaves, qui se développe sur trois registres. Les larges palmettes en éventail naissent de la terminaison de deux rubans divergents. Ces motifs, ciselés avec vigueur, se détachent en relief sur le fond plat de la corbeille. On reconnaît facilement là, à la fois, le modelé et les thèmes caractéristiques des chapiteaux de l'abbatiale de Saint-Pierre de Roda, qui servirent de prototypes.

De telles œuvres allaient imposer jusqu'à la fin du XIᵉ siècle et même au-delà, dans beaucoup d'églises romanes rouergates, l'art déjà élaboré par des générations de sculpteurs septimaniens. Cette inspiration prévalut à la cathédrale romane de Rodez et, surtout à Sainte-Foy de Conques qui, à son tour, devait répercuter le style à entrelacs autour d'elle. Dans certaines églises rurales, on constate un abâtardissement sensible de celui-ci, comme en témoigne la production de l'atelier qui travailla aux portails de Canac, de Lunet et de Verlac, ainsi qu'aux chevets de Lapanouse et de Saint-Saturnin de Lenne. De l'entrelacs, il ne subsiste plus ici qu'un nœud «en boucle de ceinture», lui-même surmonté d'une palmette plate évoquant une coquille Saint-Jacques. Mais dans le Rouergue occidental, aux côtés de réalisations artisanales comme les chapiteaux de Lunac, il existe à Vailhourles et à Varen quelques très beaux spécimens de cet art.

L'évolution de la grande sculpture conquoise, même si tout ne dépend pas d'elle en Rouergue, ne tarda pas à se faire sentir. Les chapiteaux décoratifs dérivés du style corinthien classique, avec notamment les rangs de feuilles lisses à bec, connurent un succès considérable. Il en fut de même pour les thèmes figuratifs, aigles perchés sur l'astragale, anges porteurs de banderoles, etc., et, dans une moindre mesure, pour les scènes à personnages. Cette sorte de dictature exercée par Sainte-Foy peut expliquer combien le Rouergue a été finalement peu touché par la sculpture languedocienne.

Par contre, on ne retrouve guère cette filiation pour les tympans. Ceux de Perse et de Lévinhac ne doivent que fort peu au Jugement dernier de Sainte-Foy, en dehors de la bouche de l'enfer; ceux du Sud-Aveyron ne lui doivent rien. En fait, le Christ de Saint-Georges de Camboulas, fragment d'un tympan disparu et remployé sur le portail de cette église gothique, constitue l'unique réplique connue du beau Christ du tympan de Conques. Mais il s'agit là d'une copie malhabile d'époque tardive et, en aucun cas, d'un modèle.

NOTES SUR

VINGT-QUATRE ÉGLISES ROMANES DU ROUERGUE

1 *ABOUL. COMMUNE ET CANTON DE BOZOULS (I.M.H.). LE MO*deste village d'Aboul sur le causse Comtal, aujourd'hui délaissé par le tracé moderne de la grande route, était traversé par la voie romaine Toulouse-Lyon arrivant de Rodez, ainsi que par la draille de transhumance en direction d'Aubrac : c'est dire toute son importance au Moyen Age. Son prieuré, d'abord possession de l'abbaye de Vabres, passa au XIIe siècle entre les mains des hospitaliers de Saint-Jean de Jérusalem et sous la dépendance de leur commanderie des Canabières.

Les restaurations discrètes réalisées en 1878, remontage de la tour octogonale du clocher à la croisée du transept, surélévation des murs des croisillons et du chevet, ne déparent en rien l'église romane dédiée à saint Jean-Baptiste. Celle-ci séduit d'emblée par la polychromie réalisée sur ses murs grâce à trois matériaux différents : un grès rouge vif et deux variétés de calcaire, l'une jaune foncé, l'autre gris clair, presque blanc. Ainsi, en observant l'arcature du chevet polygonal, on s'aperçoit que les claveaux des arcs sont taillés exclusivement dans le grès; et il en est de même pour les encadrements de fenêtre. Au contraire, le calcaire règne en maître sur les contreforts plats servant de supports.

La façade occidentale, d'une belle élévation, est animée dans sa partie inférieure par le massif en saillie qui abrite le portail. Sous un grand arc de décharge en grès rouge, où l'on attendrait peut-être une croix ou un chrisme, un bas-relief sculpté en méplat présente un motif assez exceptionnel dans l'iconographie romane. Il s'agit de la main bénissante du Christ, qui sort des nuées, et vient se superposer à une croix pattée; l'ensemble s'inscrit dans un cercle, lui-même disposé à l'intérieur d'un cadre carré, selon un symbolisme cher aux sculpteurs de l'époque. Au-dessous, l'arc en plein cintre du portail, à l'archivolte moulurée, repose par l'intermédiaire de tailloirs couverts de rinceaux sur des chapiteaux en calcaire qui, par leur couleur claire, contrastent avec le grès rouge environnant. Sur celui de droite, un réseau d'entrelacs trace une vannerie avant de s'épanouir en palmettes dans le haut. A l'angle, un ruban perlé dessine une arabesque qui rappelle, en plus petit, le motif principal du chapiteau situé en vis-à-vis, à gauche. Ici, tout l'angle de la corbeille voit se déployer un nœud formé de l'enlacement de deux rubans, d'un bel effet décoratif, et terminé de part et d'autre par de larges palmettes. Le motif, associé à la technique de la taille en biseau, se retrouve sur un chapiteau de Saint-Austremoine dans le Vallon.

A l'intérieur de l'église, ce style à entrelacs disparaît complètement sur les chapiteaux qui reçoivent les arcs-doubleaux des voûtes en berceau de la nef et des croisillons. Il y est remplacé par des feuilles lisses et pointues d'inspiration conquoise.

AUBIN. ÉGLISE NOTRE-DAME (H.M.). ELLE FAIT COEXISTER IN- 2
térieurement architecture romane et architecture gothique de manière assez harmonieuse. En 1081, l'évêque de Rodez donnait aux augustins de Montsalvy, en Haute-Auvergne, l'église paroissiale d'Aubin, ainsi que la chapelle du Fort. Très tôt, aux

environs de 1100 peut-être, on décidait d'élever dans la ville basse une grande église, en s'inspirant du modèle offert par Sainte-Foy de Conques, encore en chantier. Pourtant, dès la fin du Moyen Age, l'édifice s'avérait trop petit pour une cité commerçante en pleine expansion. On n'hésita pas alors à l'amputer, pour mieux l'agrandir dans le nouveau style gothique flamboyant.

De l'église romane, ne subsistent plus aujourd'hui que la nef centrale et son bas-côté Nord, la croisée et le bras Nord du transept. Après avoir franchi le portail occidental, refait au XIXe *siècle, le visiteur ne peut qu'être séduit par les proportions harmonieuses et l'élan de la nef, très haute (13 m 21) par rapport à sa largeur (5 m 75). De part et d'autre, des piles cruciformes à colonnes engagées reposent, comme à Conques, sur de gros socles cylindriques.*

Notre-Dame d'Aubin renferme un très riche mobilier. Pour nous limiter à l'époque romane, signalons :

Le Christ roman *(M.H.), dans le chœur, occupait jadis la « poutre de gloire », détruite à la fin du* XIXe *siècle. En bois polychrome, il se rattache étroitement à ce groupe de Christs « auvergnats » de la fin du* XIIe *siècle dont font aussi partie ceux de Saint-Austremoine (pl. 147), Salles-la-Source (pl. 146) et Thérondels, en Rouergue. Comme eux, le Christ d'Aubin se caractérise par la position strictement parallèle des jambes et des pieds, ainsi que par une chevelure retombant en longues mèches sur les épaules. Mais le geste de bénédiction qu'il fait de ses mains aux deux doigts fléchis, apparaît comme tout à fait original.*

L'autel roman, *à l'extrémité du collatéral Sud, fut trouvé en 1867 parmi les décombres. lors de l'agrandissement de la place de l'église. Sa table aux bords moulurés repose sur un massif encadré de deux colonnettes dont les chapiteaux portent un décor de feuilles lancéolées.*

AUBIN

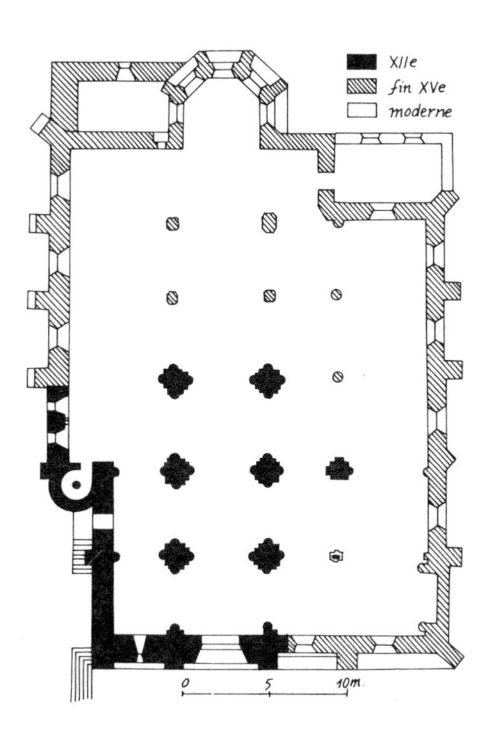

3 AUBRAC. COMMUNE ET CANTON DE SAINT-CHÉLY D'AUBRAC

(M.H.). Planté au point le plus haut de la route qui traverse l'Aubrac, l'hôpital – ou dômerie – chargé de la sauvegarde des pèlerins en marche vers Conques et Saint-Jacques de Compostelle, fut ruiné sous la Révolution après le départ des derniers religieux. De ses sombres bâtisses de basalte et de granit, il ne reste guère aujourd'hui que la tour des Anglais, contemporaine de la guerre de Cent ans et l'église romane Notre-Dame, qui s'intègre parfaitement dans le paysage austère et grandiose du plateau volcanique.

Il s'agit d'un édifice du dernier tiers du XIIe siècle, mis à part son clocher carré daté seulement de la fin du Moyen Age. Pour construire leur église, les doms d'Aubrac, visiblement, ont fait appel aux principes de l'architecture fonctionnelle en honneur chez les cisterciens ou les grandmontains à la même époque. Comme eux aussi, ils en ont banni tout décor sculpté.

Le plan est d'une simplicité extrême : une vaste salle rectangulaire, de 24 m sur 10, couverte d'une voûte en berceau brisé, remarquablement bien appareillée. Ses arcs-doubleaux retombent sur des colonnes engagées, elles-mêmes supportées à mi-hauteur par des culots. Un bandeau continu vient souligner la naissance de la voûte. L'ensemble est d'un dénuement saisissant. Le mur Nord, le plus exposé au mauvais temps, est aveugle; l'éclairage vient du Midi et de l'Ouest, où trois grandes fenêtres surmontées d'un oculus viennent percer le mur de façade. Extérieurement, les murs se renforcent de puissants contreforts à arcades, comme pour mieux résister à la tourmente de neige.

4 AURELLE. COMMUNE D'AURELLE-VERLAC, CANTON DE

Saint-Geniez d'Olt (I.M.H.). accès : *à Saint-Geniez, on doit traverser le Lot et, par la D.503 en direction de Verlac, escalader les premières pentes de l'Aubrac. Au bout de 4 ou 5 km, tourner à gauche vers Saint-Martin de Monbou et Corbières. Un peu avant le hameau des Escoudats, il faut renoncer à la voiture. Une marche d'une demi-heure environ sur un sentier balisé permet d'atteindre le village abandonné d'Aurelle, au milieu d'un paysage grandiose.*

Le silence est tombé définitivement sur les pans de mur et les quelques maisons encore debout, groupées autour de l'église Saint-Pierre. Avant la Seconde Guerre mondiale déjà, l'émigration avait frappé à mort le village. Aujourd'hui, la ville de Pigüe, fondation rouergate dans la Pampa argentine, compte des dizaines de descendants d'habitants d'Aurelle.

Un château établi sur le flanc Nord de l'arête rocheuse qui porte le village, est mentionné dès le XIe *siècle. Il devint par la suite le siège d'une baronnie. Durant la guerre de Cent ans, pour empêcher les routiers à la solde du roi d'Angleterre de s'y retrancher, le seigneur d'Aurelle donne l'ordre, en 1382, de détruire de fond en comble l'église « construite au sommet d'une roche ». Un acte conservé aux Archives départementales de l'Aveyron ordonne deux ans plus tard la reconstruction de l'édifice actuel sur un terrain situé dans le village. Le frère Déodat Lauret, commissaire de l'évêque de Rodez, « après avoir mesuré l'église détruite afin de s'assurer que la nouvelle serait identique, donne son accord... les pierres de l'ancien édifice seront réutilisées pour le nouveau ». Le plus étonnant est que ces prescriptions aient été suivies scrupuleusement. Nous nous trouvons ainsi en présence d'une église incontestablement romane, mais qui a fait l'objet d'un remontage complet sur son nouvel emplacement. Le cas paraît tout à fait exceptionnel. Tout au plus a-t-on profité de la reconstruction de 1384 pour augmenter la nef d'une travée et pour ouvrir le portail ogival à l'Ouest.*

Du toit entièrement tapissé d'herbes folles, émerge un petit clocher-mur établi au-dessus de l'arc triomphal. Le grès jaune, bien taillé, utilisé pour les deux demi-colonnes qui en compartimentent l'arrondi, contraste vivement avec le schiste sombre, équarri au marteau, des murs de la nef. On retrouve le grès aux encadrements des étroites fenêtres latérales, en retrait sous un arc de décharge. Un tel procédé architectural semble correspondre à une construction tardive dans l'époque romane, à la fin du XIIe *siècle sans doute.*

Intérieurement, la nef, couverte d'un berceau brisé, est partagée en trois travées par des arcs-doubleaux retombant sur des demi-colonnes, par l'intermédiaire de chapiteaux simplement épannelés. Leurs tailloirs se prolongent par une corniche à la naissance des voûtes, tout autour de l'édifice. La première travée, ajoutée au XIVe *siècle, un peu plus longue que les deux autres, s'en différencie seulement par la présence de pilastres, sans chapiteau, à la place de ces colonnes engagées. Un banc de pierre ceinture l'hémicycle du chœur où gît sur le sol la table d'autel romane creusée en évier, aujourd'hui cassée en deux morceaux.*

Il reste à souhaiter que l'association des « Amis d'Aurelle », récemment constituée, puisse assurer la sauvegarde de ce monument émouvant.

5 *BROMMES. COMMUNE ET CANTON DE MUR-DE-BARREZ (M.H.).* Si le «Livre des Miracles» de sainte Foy mentionne déjà le village de Brommes, au début du XIe siècle, son église Saint-Martin, bien bâtie en granit et en basalte, est une construction romane assez tardive, de la seconde moitié du XIIe siècle sans doute.

Selon un plan fréquent en Rouergue, le chœur semi-circulaire correspond, extérieurement, non pas à un hémicycle comme on pourrait s'y attendre, mais à un chevet pentagonal. Le clocher à arcades est établi sur l'arc triomphal. La triple archivolte du portail latéral, en plein cintre, porte un simple décor de billettes.

Mais le principal intérêt de cet édifice réside dans la belle série de modillons sculptés du chevet. On y reconnaît des animaux, traités avec un savoureux réalisme, boucs, bovidés, loup découvrant ses crocs, mais aussi des masques barbus, une main tenant un rouleau de parchemin, etc. Les modillons supportent eux-mêmes une corniche ornée d'une suite de croix ou de volutes inscrites dans des cercles.

6 CLAIRVAUX. CANTON DE MARCILLAC. AU CENTRE DE CET ANCIEN *bourg fortifié du vallon, l'église Saint-Blaise doit son origine à la notoriété du pèlerinage de Conques, au* XIIe *siècle. Selon le cartulaire de l'abbaye, en effet, le prince Alboyn, fils du roi d'Angleterre Harold, venu vénérer les reliques de sainte Foy, aurait établi un prieuré lors de son passage à Clairvaux, en 1060. D'abord confié à l'abbaye périgourdine de Brantôme, il fut pris en charge deux ans plus tard par celle de Conques, à la suite d'un échange.*

L'église romane est bâtie en grès rouge, remarquablement appareillé, comme dans beaucoup de constructions du Vallon de Marcillac. En 1698, le clocher s'effondra et entraîna dans sa chute les premières travées de la nef qui occupaient l'actuelle place, précédant l'église. Par la suite, on se contenta de murer sur le devant la partie restée debout. Quant au clocher, il fut reconstruit en 1750.

L'église est un édifice à trois nefs, sans transept, avec des demi-colonnes supportant les arcs-doubleaux des voûtes, reconstruites sans doute au XVIIIe *siècle. Dans le prolongement des nefs, le chœur et ses deux absidioles latérales, couverts d'un cul-de-four, communiquent par un passage.*

Le décor des chapiteaux traduit le plus souvent une inspiration conquoise : grandes feuilles refendues d'une nervure centrale et volutes d'angle, double collerette de feuilles lisses à bec, dans la nef, ou bien entrelacs et palmettes à l'entrée du chœur. Dans ce dernier cas, la composition présente une certaine originalité : des rubans à trois brins s'entrecroisent pour dessiner une grille losangée autour de la corbeille ; dans le haut, ils se rejoignent deux à deux pour donner naissance à une palmette qui vient se loger dans une petite arcade. Un chapiteau du chœur, avec ses deux aigles perchés sur l'astragale et son tailloir à billettes, nous ramène encore à l'abbatiale de Conques. Il existe enfin deux scènes à personnages, bien difficiles à identifier.

7 *COMBEROUMAL. COMMUNE ET CANTON DE SAINT-BEAUZÉLY (I.H.M.).* C'est dans le dernier tiers du XIIe

siècle que les moines de Grandmont, après une première fondation à Aura Ventosa sans doute (voir notice 9), s'installèrent dans cette combe sauvage et broussailleuse («roumal» signifiant roncier) du Levézou pour y exercer, à côté de la prière, leurs talents habituels de défricheurs. Selon la Règle de leur fondateur Étienne de Muret, ils devaient créer en des lieux retirés de petits prieurés (ou «celles») de douze religieux au maximum, pratiquant dans la pauvreté absolue une sorte d'érémitisme communautaire. Les frères de Grandmont occupèrent la «celle» de Camberoumal pendant dix siècles, jusqu'à la suppression de leur ordre en 1772. Vendue comme bien national sous la Révolution, elle fut convertie en bâtiments d'exploitation agricole. Par bonheur, les actuels propriétaires ont su réaliser un beau travail de restauration et rendre toute leur dignité aux vieux bâtiments de grès ocre. Ils apparaissent comme très caractéristiques à la fois de l'art et de la spiritualité des grandmontains, plus exigeants encore que les cisterciens sur le plan de l'austérité et du dépouillement.

Comberoumal offre le plan-type d'une celle : quatre corps de bâtiments disposés en carré autour du cloître intérieur. Ce dernier a disparu, mais nous savons que sa charpente s'appuyait sur des arcades en plein cintre reposant elles-mêmes sur des colonnettes géminées. L'aile Sud qui abritait initialement cuisine et réfectoire, a laissé la place à des bâtiments d'habitation plus récents. L'aile du couchant, celle des hôtes, conserve le conduit cylindrique, en pierre de taille, de sa cheminée romane.

En vis-à-vis, à l'Est, la salle capitulaire, voûtée en croisées d'ogives, ouvre sur l'ancien cloître par une triple arcature en plein cintre, elle-même placée sous un grand arc de décharge surbaissé. Au milieu, l'arc de la porte retombe, de part et d'autre, sur trois colonnettes alignées perpendiculairement à la façade. La même disposition se retrouve à la salle du chapitre de la «celle» du Sauvage (commune de Balsac), le second établissement grandmontain en Rouergue, aujourd'hui en grande partie ruiné.

Un passage donnant accès au cimetière sépare ce corps de bâtiment de l'église, l'une des plus belles réussites sans doute de l'architecture grandmontaine. La nef unique se présente comme un véritable tunnel, aux parois lisses dépourvues de toute fenêtre, et coiffée d'une voûte en berceau légèrement brisé, sans doubleaux, reposant sur un cordon de pierre. L'éclairage est assuré seulement aux deux extrémités, sur le mur de fond par une baie unique, et dans l'hémicycle du chœur, plus large que le vaisseau, par trois grandes fenêtres accolées : c'est le fameux triplet, typique des églises de cet ordre, qui inonde de lumière le sanctuaire. Il faut remarquer la perfection de la taille des claveaux monolithes en haut de ces ouvertures, disposées en pénétration dans la voûte en cul-de-four.

Il est recommandé, enfin, de contourner l'église pour admirer, depuis le Nord-Est, le magnifique ensemble offert par le chevet de l'église, en saillie, scandé de colonnes engagées, et, au-delà, par le long bâtiment de la salle capitulaire avec, à l'étage, l'alignement des fenêtres du dortoir des frères.

• *L'art grandmontain,* «Zodiaque», juillet 1984, pl. 2, 4, 5, 6, 11, 13.

8

LES CUNS. COMMUNE ET CANTON DE NANT (M.H.). A PARTIR DE *Millau, il faut remonter les pittoresques gorges de la Dourbie, jalonnées d'églises romanes sur la rive droite : La Roque Sainte-Marguerite, Notre-Dame des Treilles à Saint-Véran, Cantobre. La vallée commence à s'élargir en approchant de Nant lorsque, dans un tournant, surgit soudain la silhouette de Notre-Dame des Cuns, dominée de très haut par la corniche du Larzac.*

Cette humble église de hameau, désaffectée, ouverte à tous les vents, est peut-être l'une des plus émouvantes du Rouergue.

Les Cuns sont cités en 1135 parmi les possessions de Saint-Pierre de Nant, dans la bulle pontificale qui donnait à cette abbaye sa pleine indépendance.

Sous les toitures de lauzes, les murs dorés par la patine du temps présentent un bel appareil régulier, fait de calcaire compact, et, dans les parties hautes surtout, d'un tuf alvéolé, plus léger.

Le chevet pentagonal a des murs lisses, percés de trois étroites fenêtres en renfoncement sous un arc en plein cintre. Partout ailleurs, les ouvertures ont été refaites à l'époque gothique, en même temps que la chapelle en saillie sur le mur méridional de la nef. Au-dessus, le clocher carré au toit en bâtière, percé de deux baies sur chaque face, a été monté très en avant de l'arc triomphal, contrairement à la règle, et il occupe une position presque centrale dans l'édifice. A l'Ouest, les restes d'une tour de défense, en encorbellement au-dessus du portail latéral, nous rappelle combien la région de Nant eut à souffrir des ravages des routiers, durant la guerre de Cent ans. Un escalier de quatre marches donne accès dans la nef, très en contrebas. Elle a été largement remaniée, et revoûtée sans doute, au XIIIe siècle ou au XIVe siècle. De cette époque datent les petits arcs aveugles, reposant sur des culs-de-lampe, plaqués contre les murs pour mieux soutenir la naissance de la voûte. Des arcs-doubleaux viennent renforcer la voûte de la dernière travée, sous le clocher.

Au-delà, le chœur à pans coupés, orné d'une arcature prenant appui sur le banc presbytéral, est la partie la plus soignée de l'édifice. Ses chapiteaux de facture malhabile portent un décor sommaire de spirales, de feuilles et de masques. On remarquera deux animaux dressés sur les pattes arrière et encadrant l'arbre de Vie. Une seule corbeille, ornée de belles palmettes et d'une tresse d'entrelacs, peut être rapprochée, par la qualité de son style, des chapiteaux de Saint-Pierre de Nant.

9 LES FADARELLES, OU AURA VENTOSA. COMMUNE DE CASTELNAU-Pégayrolles, canton de Saint-Beauzély. *Accès :* à 4 km à l'Est de Castelnau-Pégayrolles sur la D.515 en direction de Saint-Beauzély, il faut s'arrêter dans un grand virage à hauteur des maisons à toiture de tuiles rouges, en contrebas de la route (en face, de l'autre côté de la vallée de la Muse, on aperçoit le village de Castelmus sur un éperon). La voiture doit être abandonnée là. A gauche, un sentier monte en lacets sur 800 m environ, à travers un bois de petits chênes, vers le rocher qui abrite l'église ruinée.

Il s'agit d'une construction troglodyte accrochée sur le versant d'une vallée du Levézou. Un creux de la falaise calcaire, véritable abri sous roche, a été fermé par un mur au-devant. Pour les gens du pays, cet édifice insolite, loin de tout village, était «Lo gleiso de los fadarellos» (l'église des fées). Il aurait aussi porté le nom d'Aura Ventosa (la demeure des vents).

On y pénètre par une porte de plein cintre percée dans l'étroite façade latérale, au mur bien appareillé, sous l'encorbellement du rocher. Il existait intérieurement deux niveaux : l'étage, qui servait sans doute de chapelle, a gardé deux fenêtres en plein cintre, avec un arc monolithe. De simples meurtrières éclairent le rez-de-chaussée, assez vaste pour loger une petite communauté monastique.

Nous ne savons rien de cette église, mais elle est vraisemblablement à rapprocher du monastère grandmontain de Comberoumal (voir notice 7) qui est distant seulement de 6 km à vol d'oiseau. Aura Ventosa, on peut le supposer, aurait constitué la première «cella» utilisée au XIIe siècle jusqu'à l'achèvement des travaux de Comberoumal par les frères de l'ordre de Grandmont. Par la suite, elle put servir aussi, pour eux, d'ermitage temporaire.

- *L'art grandmontain,* «Zodiaque», juillet 1964, p. 18, pl. 14-15.

10 LUNAC. CANTON DE NAJAC (I.M.H.). LE BASSIN DE LA SÉ*rène, entre Viaur et Aveyron, constitua à l'époque gallo-romaine un important foyer de peuplement rural, comme en témoignent ici les nombreux toponymes en «ac». Parmi eux, Lunac devint au* XIe *siècle le siège d'un prieuré dépendant de la grande abbaye de La Chaise-Dieu.*

L'église Saint-Jean possède un beau chevet roman. Une suite de modillons ornés de personnages, de têtes de bovidés ou d'entrelacs supporte la corniche des toitures de l'abside et des absidioles. Cette corniche biseautée est elle-même couverte de billettes, à l'exception de celle de l'absidiole Sud qui possède un décor de volutes.

A l'intérieur, l'influence conquoise transparaît sur un remarquable ensemble de chapiteaux à entrelacs et à palmettes. A côté du décor abstrait de torsades, de cercles noués ou de vanneries, la figure humaine fait son apparition sous la forme de masques. Ainsi, à chaque angle d'une corbeille, une tête d'homme au nez proéminent crache deux rubans d'entrelacs qui vont s'enrouler en bouclettes inscrites dans un cercle, avant de tracer une torsade sur les faces latérales. On remarquera encore, sur une corbeille du chœur, un personnage d'angle émergeant à mi-corps au-dessus de feuilles pointues. Le visiteur n'aura aucun mal à distinguer ces chapiteaux romans des très mauvaises copies exécutées dans la nef à l'époque contemporaine.

L'église conserve aussi un autel de pierre, roman, avec de petits chapiteaux à entrelacs, aux angles, pour supporter la table.

MILLAU : NOTRE-DAME DE L'ESPINASSE. LE VICOMTE DE **11** Millau, Bérenger, dont les deux frères, Bernard et Richard, furent tour à tour abbés de Saint-Victor de Marseille, donna Notre-Dame de l'Espinasse, en 1070, à cette abbaye lointaine. Reconstruite par l'abbé Richard, l'église sera consacrée en 1095 par le pape Urbain II, en voyage dans le Midi avant d'aller prêcher la croisade au concile de Clermont. Partiellement ruinée lors des guerres de Religion, elle fait l'objet, au XVIIe siècle, de divers travaux de réparation comme le remontage des voûtes, mais sans altérer la disposition d'origine. Le haut clocher octogonal a été refait en 1646.

MILLAU

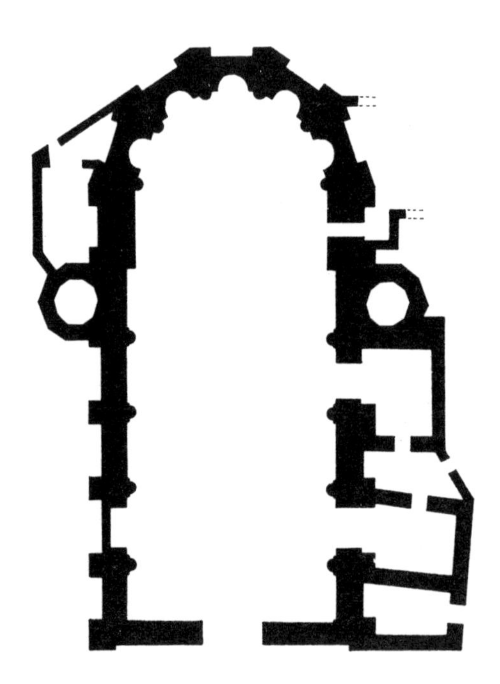

Les moines marseillais, en utilisant à la fin du XIe siècle des formules architecturales originales, firent de leur église millavoise un véritable prototype pour toute une série d'édifices romans du Rouergue. Plutôt que de compartimenter l'espace intérieur d'un vaisseau central, de collatéraux ou d'un transept, ils ont préféré, dans une église urbaine destinée à accueillir une nombreuse assistance, construire une vaste nef unique, longue de 36 m, large de plus de 14 m. En prolongement, le chœur est à cinq pans, chacun se creusant d'une petite absidiole, prise dans l'épaisseur du mur, et séparée de ses voisines par des colonnes engagées. Ces niches juxtaposées viennent animer et décorer le mur de fond, en dessous des fenêtres. Aujourd'hui, la proportion des absidioles est faussée par une surélévation malencontreuse du niveau du chœur. Un tel procédé, largement utilisé dans le monde méditerranéen, de la Catalogne à la Lombardie, reparaît en Rouergue dans les églises de Palmas, de Bozouls et à Millau même, à Saint-Martin, comme l'ont révélé les fouilles exécutées en 1958.

A l'extérieur, la portée exceptionnelle des voûtes a exigé un système de contrebutement renforcé. Une suite de contreforts massifs, reliés entre eux par des arcs de décharge, ceinture le pourtour de l'édifice, lui conférant son aspect de forteresse. Un tel procédé, là encore, fera école dans toute la région, au XIIe siècle et même au-delà. Les murs sont montés en petit appareil régulier de moellons calcaires gris, à l'exception des arcades du chevet, en pierres de taille jaune.

Cette architecture, toute fonctionnelle, laisse bien peu de place à la colonne, et par conséquent au chapiteau, ce qui explique sans doute, avec la dureté du calcaire du causse, l'absence de la sculpture monumentale.

12 MONTJAUX. CANTON DE SAINT-BEAUZÉLY (M.H.). SUR LES *flancs de l'antique « Mont Jovis » (Mont de Jupiter) qui lui conféra son nom, Montjaux occupe un site grandiose au-dessus de la vallée de la Muse. L'église dédiée à la fois à Saint-Cyr et à Sainte-Juliette, tout en bas du village, appartenait à un prieuré bénédictin relevant de l'abbaye de La Chaise-Dieu. Sa façade occidentale, avec le clocher, a été entièrement reconstruite dans le style néoroman au milieu du XIXe siècle. Et une toiture en dôme assez disgracieuse est venue coiffer la tour-lanterne centrale, jadis surmontée d'une flèche de pierre.*

Au bout du croisillon septentrional, sous une profonde arcade, s'ouvre le portail primitif, surmonté d'une corniche à modillons sculptés. Avec ses deux voussures moulurées reposant sur des colonnettes, il rappelle beaucoup celui de Saint-Amans du Ram. Et c'est probablement le même sculpteur qui a façonné ici le premier chapiteau de gauche, orné de palmettes perlées, et celui, presque identique, du portail de l'église du Ram. On devine un chrisme, très effacé, au centre du tympan monolithe.

MONTJAUX

Le porche occidental et ses deux chapelles latérales sont un ajout moderne. La nef, de deux travées seulement, et les collatéraux ouvrent sur un transept saillant dont la croisée est couverte d'une belle coupole sur trompes, renforcée de nervures rectangulaires.

Une chapelle, depuis la fin du XVe siècle, prolonge le croisillon Sud. Le chœur polygonal, décoré d'arcatures, est flanqué de deux absidioles semi-circulaires. Il communique avec elles par un passage, selon une disposition fréquente en Rouergue.

Les chapiteaux des demi-colonnes de la nef et du transept diffèrent totalement, par leur style, de ceux du portail. A côté de motifs végétaux stylisés, ils présentent des scènes de combat, entre animaux : aigle terrassant un taureau, oiseau de proie saisissant un lapin dans ses serres, etc. Ailleurs, la gueule de l'enfer, doublée pour des raisons de symétrie, avale de minuscules damnés. Visiblement, le sculpteur, à l'imagination morbide, a puisé son inspiration dans le vieux fond barbare, très antérieur au XIIe siècle. Il n'existe qu'un seul chapiteau à personnages, dont un orant, de facture médiocre.

POUJOL (LE). COMMUNE ET CANTON DE PONT-DE-SALARS **13** (M.H.). L'église Notre-Dame au hameau du Poujol, dans la vallée du Viaur, est aussi l'église paroissiale du village de Camboulas situé un peu plus loin, en contrebas. Pour l'essentiel, l'édifice appartient à l'époque romane, sa construction ayant suivi de près, sans doute, une donation à Saint-Victor de Marseille en 1079. Il surprend d'emblée, par sa taille et par son élévation, témoignant ainsi d'un peuplement dense dans une région mortellement touchée, de nos jours, par l'exode rural.

L'extérieur, recouvert d'un mauvais crépi, fit l'objet de certains remaniements : la façade occidentale a été modifiée au XIXe siècle, et le lourd clocher-peigne coiffé d'une toiture à quatre pans date seulement du début du XVIe siècle. Le chevet roman, pour sa part, comprend deux absidioles et une abside pentagonale renforcée par des arcs de décharge. On remarque sur l'un des deux chapiteaux surmontant les colonnettes de la fenêtre d'axe, un aigle accroché par ses serres à l'astragale, motif de prédilection des sculpteurs rouergats.

Intérieurement, il est plus aisé de lire le plan en croix latine : une nef unique de trois travées et un transept sur lequel viennent s'ouvrir deux chapelles encadrant le chœur, décoré lui-même d'une suite d'arcs en plein cintre. La nef, simplement charpentée, était initialement appelée à recevoir une voûte, comme l'attestent les pilastres plats destinés à supporter les arcs-doubleaux du berceau. Mais le plus surprenant, dans cette église de campagne, est certainement la présence d'une grande coupole sur trompes, à la croisée du transept. De plan octogonal assez irrégulier, elle est renforcée par deux arcs qui se recoupent en son centre pour dessiner une croix. De l'ensemble se dégage une impression d'austérité, accentuée encore par le décapage des murs intérieurs qui laisse apparaître l'appareil de moellons équarris au marteau, ou de grès rouge pour les pierres de taille.

On peut admirer, dans la chapelle du croisillon Sud, une pietà du XVe siècle.

14 RODEZ : ÉGLISE SAINT-AMANS (I.M.H.), QUARTIER DU BOURG.

Près du tombeau du premier évêque de Rodez, saint Amans, s'éleva très tôt l'une des deux églises majeures de la ville, avec la cathédrale Notre-Dame. Un monastère en effet s'installa ici dès l'époque mérovingienne. Et c'est après confirmation de sa donation à Saint-Victor de Marseille, en 1120, que l'église romane a été édifiée. Enfin, Saint-Amans connut une dernière reconstruction par le père capucin Cassagnes, architecte, entre 1753 et 1764. Respectueux de l'œuvre de ses lointains prédécesseurs, les bénédictins de Marseille, il conserva presque intégralement les anciennes structures et le plan intérieur, poussant le scrupule jusqu'à remployer la plupart des matériaux et des éléments de sculpture, en grès rose. Ainsi sous une enveloppe extérieure assez banale, et derrière une façade du XVIIIe siècle siècle, Saint-Amans dissimule un bel intérieur roman.

On y reconnaît sans peine une réplique, partielle et réduite, du plan de l'abbatiale de Conques : un chevet à déambulatoire et chapelles rayonnantes, une nef séparée de ses bas-côtés par de grandes arcades dont les piles reposent sur des socles circulaires.

Une importante série de chapiteaux se répartit sur le pourtour du déambulatoire – avec un exemple de survivance du style à entrelacs – et sur les arcades de la nef. Là, le sculpteur semble avoir affectionné tout particulièrement un décor de tiges nouées, traçant comme un filet autour de la corbeille, selon un schéma qui se retrouve à la tribune Nord de Conques. A travers les mailles apparaissent des palmettes, des têtes d'hommes ou d'animaux, des personnages.

L'influence conquoise a pu jouer aussi pour le thème des serpents dévorant des têtes humaines. En revanche, celui des centaures fauconniers est plus original : les deux êtres hybrides, répartis aux angles de la corbeille, s'agrippent d'une main à l'arbre qui occupe la face principale, et, de l'autre main, ils portent un faucon. On retrouve les animaux fantastiques, avec les griffons, à deux reprises.

Il existe enfin deux chapiteaux historiés. L'un, consacré à la faute originelle, contient à la fois la scène de la tentation d'Adam et Ève par le serpent et celle de l'expulsion du paradis. Sur l'autre, saint Amans, en vêtement sacerdotal, est en train de distribuer des aumônes aux deux pauvres qui l'encadrent.

15 *ROQUELAURE. COMMUNE DE LASSOUTS, CANTON D'ESPA-*

lion. Le chateau féodal de Roquelaure, remanié au XVIIe siècle, partage avec sa chapelle l'étroite plate-forme qui, entre deux pitons volcaniques, domine de haut la vallée du Lot et le bourg de Saint-Côme. Le site est magnifique.

L'ancienne chapelle seigneuriale, dédiée au Saint Sauveur, a été bâtie dans le premier tiers du XIIe siècle par la puissante famille de Calmont d'Olt, propriétaire du château.

C'est un petit édifice roman à nef unique et à chevet polygonal épaulé par des colonnes engagées. Le portail originel au Nord a été muré et remplacé en face par une simple porte, ouvrant sur le village.

Il renferme, dans une niche au-dessus de l'autel, une très belle mise au tombeau de la fin du XVe siècle.

16 SAINT-AMANS DU RAM. COMMUNE ET CANTON DE VEZINS

de Lévezou (M.H.). Église de cimetière dépendant du chapitre de Rodez, elle est mentionnée en 1256 sous le nom de Saint-Amans de Liqueira.

Il s'agit d'un édifice roman très simple : une nef unique voûtée en berceau et terminée par une abside semi-circulaire. A l'époque gothique, on l'agrandit en logeant une série de chapelles, cinq au total, entre les épais contreforts. La partie occidentale, avec le clocher et son escalier à vis, a été fortement remaniée aux XVe et XVIe siècles.

La nef possède des chapiteaux de style naïf, mais, pour deux d'entre eux, dignes d'intérêt : des aigles perchés aux angles de la corbeille, sous des palmes, d'une part, et un personnage couronné à la barbe bifide, assis entre des orants, de l'autre. Les thèmes choisis, comme la facture, ont leur équivalent sur deux chapiteaux intérieurs de l'église du Cambon, en pays d'Olt; ils sont très probablement de la même main que ceux-ci.

Mais c'est le beau portail latéral, percé dans la dernière travée de la nef, au Midi, qui concentre l'essentiel du décor sculpté de Saint-Amans. Il se compose d'une archivolte extérieure couverte de bil-

lettes, et de deux voussures à rouleau retombant sur des colonnettes par l'intermédiaire de chapiteaux. Au centre, le tympan resté lisse était peut-être appelé à recevoir des motifs peints. Sous des tailloirs à billettes, les quatre chapiteaux surprennent par un manque total d'unité, aussi bien dans leur forme que dans leur ornementation. Les deux corbeilles de l'intérieur ont un épannelage cubique dans la moitié supérieure, avec des arêtes vives aux angles comme à Saint-Pierre de Nant. Le décor d'entrelacs et de palmettes est tracé en méplat. Au contraire, le chapiteau extérieur de gauche offre un épannelage corinthien tout à fait classique, ainsi qu'un décor de qualité fait de grappes de raisin en saillie et, à la base, de palmettes à lobes perlés. Ces dernières, les « palmettes moissagaises » définies par Jacques Bousquet, traduisent une influence languedocienne très nette. Faut-il voir là l'œuvre d'un sculpteur itinérant, réalisée lors d'un bref passage sur le chantier de Saint-Amans?

Enfin, la figure humaine fait son apparition sur le chapiteau extérieur de droite : un personnage coiffé d'une sorte de bonnet phrygien émerge à mi-corps au-dessus d'une banderole. Il a son homologue exact, non loin d'ici, sur un chapiteau du portail roman de l'église de Saint-Agnan de Ségur.

17 *SAINT-AUSTREMOINE. COMMUNE DE SALLES-LA-SOURCE,* canton de Marcillac (M.H.). cette église du vallon, la seule en Rouergue placée sous le vocable de saint Austremoine, patron de l'Auvergne, dépendait de Saint-Amans de Rodez et fut donnée avec ce monastère aux victorins de Marseille.

Du XIIe siècle, datent les deux absidioles des croisillons, voûtées en cul-de-four, de plan semi-circulaire, mais prises extérieurement dans un mur plat, ainsi que la croisée en dessous du lourd clocher carré. La nef et le chœur, eux, ont été rebâtis au XVIe siècle.

Une série de chapiteaux sculptés se répartit à l'entrée des chapelles et aux quatre angles de la croisée du transept. Pour leur décor, on a surtout fait appel à de larges palmettes en éventail ou bien à des combinaisons d'entrelacs à trois brins. Mais la facture, comme la composition, restent dans l'ensemble fort médiocres. On y reconnaît l'un des thèmes de prédilection des sculpteurs romans de la région : le masque cracheur d'entrelacs. Au centre de la corbeille, une tête humaine vomit deux rubans qui s'enroulent en torsade avant de rejoindre les pommes de pin suspendues aux angles. Sur une autre corbeille, des atlantes accrochés des deux mains à une baguette ont la naïveté d'un dessin d'enfant.

Enfin, à l'angle Nord-Est de la croisée, un chapiteau à palmettes porte, gravé sous le tailloir, le nom énigmatique de UGO ENGELBERT; signature ou bien simples graffiti?

Cette église renferme un beau Christ roman, étudié plus loin dans ce volume (p. 421 et pl. 147).

Il faut signaler enfin, à la tribune, et bien qu'appartenant au XVe siècle, la croix de pierre à personnages connue sous le nom de « croix des vignerons », du fait de son décor de feuilles de vigne et de raisins.

SAINT-JEAN DE BALMES. CANTON DE PEYRELEAU (M.H.). LES **18** *ruines de Saint-Jean de Balmes, au milieu des solitudes du causse Noir, fournissent un excellent témoignage sur l'évolution du peuplement de la région.*

Depuis l'Antiquité, il existait ici une importante industrie de la poix et de la résine à partir des forêts de pins sylvestres qui couvraient alors le plateau. La découverte, à proximité de l'église, de nombreuses urnes de terre cuite contenant des restes de résine en apportent la preuve.

L'abbaye bénédictine d'Aniane, en Languedoc, reçut Saint-Jean de Balmes en 1075, en même temps que le Rozier, et la construction de l'église suivit de très près, probablement, cette donation. L'édifice vit, en 1230, la célébration du mariage du comte de Rodez, Hugues, et d'Isabeau de Roquefeuil. Au XVe siècle encore, il est agrandi de deux chapelles gothiques, au Sud-Est. Mais, les déboisements aidant, les populations du causse vont progressivement s'installer dans les vallées environnantes, celles de la Dourbie et du Tarn. En 1630, à cause de l'isolement de l'église, et à la suite de l'assassinat de son curé par des brigands, le siège paroissial est transféré à l'église du village de Veyreau, jusqu'alors simple annexe de Saint-Jean.

A l'Ouest, la tour massive du clocher, dont la salle basse fait office de narthex, est postérieure à l'époque romane. Malgré son aspect ruiné et ses voûtes effondrées, celle-ci mérite de retenir l'attention du fait de l'emploi d'un procédé architectural assez exceptionnel. En effet, les gros contreforts-arcades qui caractérisent Notre-Dame de l'Espinasse à Millau, et maintes églises du Rouergue méridional, s'alignent ici, non pas à l'extérieur, mais bien à l'intérieur de la nef, ménageant de part et d'autre une suite de niches profondes. Cette arcature interne a l'avantage de réduire sensiblement (de 3 m environ) la portée de la voûte en berceau, soulagée par des doubleaux.

Ici, le maître d'œuvre roman, confronté au problème du voûtement, a donc choisi une solution originale, certes, mais qui restera sans lendemain.

SAINT-SATURNIN DE LENNE. CANTON DE CAMPAGNAC **19** (M.H.). Nous savons que Saint-Saturnin fut donné à Sainte-Foy de Conques sous l'abbatiat de Bégon, c'est-à-dire au plus tard en 1107, année de la mort de ce grand prélat. Mais il est impossible de préciser si la mise en chantier de l'église a suivi de près, ou non, cette donation.

Vu de la place du village, l'édifice apparaît quelque peu déparé, il faut l'avouer, par l'énorme clocher à lanternon dont on l'affubla en 1895, ainsi que par le mur droit venu remplacer le pignon du croisillon Sud.

De la fin du siècle dernier datent aussi les deux premières travées de la nef, avec le portail

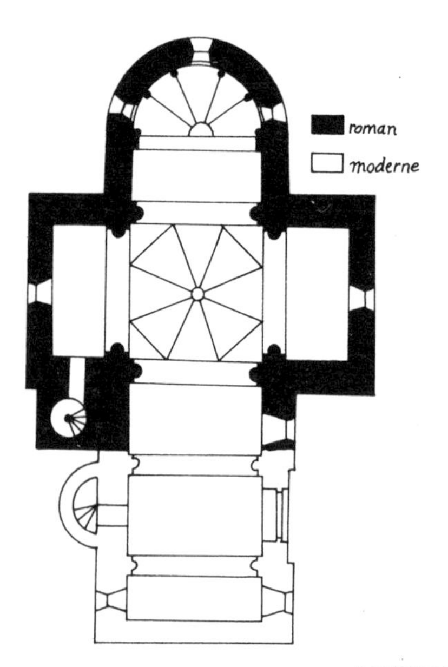

SAINT-SATURNIN

latéral.

Le chevet en hémicycle, de proportions harmonieuses, appartient à un style assez répandu dans la région. Il présente d'étroites analogies, par exemple, avec ceux des églises de Lapanouse de Séverac, de Lavernhe ou de Verlac. Entre les arcades en plein cintre des fenêtres, les contreforts-colonnes reposent sur un soubassement en gradins, et leurs chapiteaux viennent se confondre avec les corbeaux sculptés de la corniche du toit.

Sur la façade du croisillon Sud, deux arcades aveugles encadrent une fenêtre qui offre la même ordonnance qu'un portail : trois voussures moulurées retombent sur des colonnettes par l'intermédiaire de chapiteaux ornés de rinceaux et de têtes d'animaux. Un autre, à gauche, porte les deux colombes eucharistiques buvant dans un calice. On remarquera encore, au niveau des corbeaux, une série de plaques sculptées : combats de cavaliers et de fantassins, dragon poursuivant un chien.

A l'intérieur, voûtes et murs, décapés, permettent d'admirer l'impeccable appareil de grès rouge qui, ici, est au service d'une architecture de qualité. Sur la croisée du transept, une coupole octogonale à nervures repose sur quatre trompes d'angle. Les mêmes nervures reparaissent au cul-de-four du chœur.

20

SYLVANÈS. CANTON DE CAMARÈS (M.H.). L'ABBAYE A POUR *origine le repentir de Pons de Léras, un seigneur brigand du diocèse de Lodève. Touché par la grâce après une vie de rapines et de débauche, il vend tous ses biens, distribue l'argent aux pauvres, et part avec six compagnons accomplir force pèlerinages avant de se fixer dans un endroit solitaire et boisé du Rouergue méridional, du nom de « Silvanium » (de « silva » : forêt). C'était en 1132. La chronique du monastère, rédigée une trentaine d'années plus tard, nous apprend que Pons hésita longuement pour sa petite communauté entre la Règle des chartreux et celle des cisterciens. Mais l'ordre de saint Bernard l'emporta finalement. Et à partir de 1154, grâce à de multiples donations, le monastère de Notre-Dame de Sylvanès commença à sortir de terre au fond du vallon du ruisseau du Cabot.*

Par la suite, il eut à souffrir des guerres de Religion, mais d'importants travaux de réaménagement furent réalisés aux XVIIe et XVIIIe siècles par les abbés commendataires.

Il ne restait plus que six religieux à la Révolution lorsque les bâtiments, vendus comme biens nationaux, se virent transformés en granges et bergeries. A partir de 1801 cependant, l'abbatiale devint église parois-

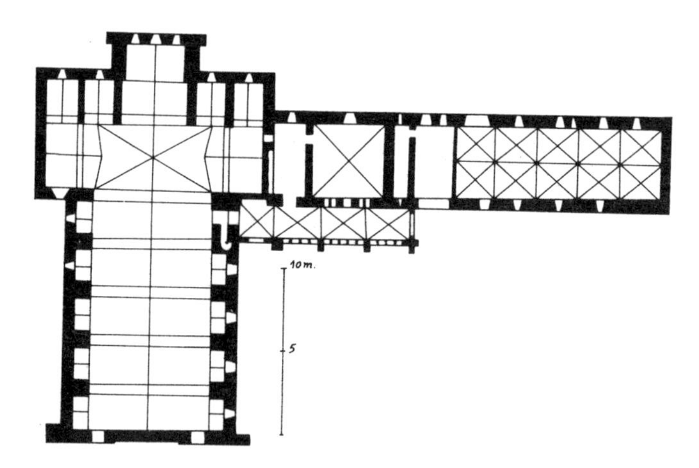

SYLVANÈS

siale, ce qui assura sa sauvegarde.

Depuis une dizaine d'années, sous l'impulsion de l'Association des amis de Sylvanès animée par le père Gouze, dominicain, la réhabilitation de cet ensemble monastique, consacré maintenant à la musique sacrée, a pu être menée à bien.

De tous côtés, la vaste abbatiale évoque la rigueur cistercienne : les hauts murs de grès sombre, l'austérité de la façade, les volumes cubiques du chevet percé de rosaces et, en dessous, de trois fenêtres garnies de belles grilles de fer forgé.

A l'intérieur, l'église doit toute sa beauté à la perfection des formes architecturales, en particulier de l'immense voûte en berceau brisé lancée sur une nef exceptionnellement large – 14 m – pour une longueur de 44 m et une hauteur de 18 m. Seule la voûte de la croisée du transept a reçu des nervures qui préfigurent les croisées d'ogives.

Les bâtiments monastiques subsistants sont disposés dans l'alignement du transept Sud de l'église : la sacristie, la salle capitulaire ouvrant sur le cloître par une porte encadrée de deux baies géminées, enfin la magnifique salle des moines, réservée à la lecture ou à la copie des manuscrits, dont les croisées d'ogives de la voûte retombent en palmier sur quatre colonnes médianes.

Du grand cloître, enfin, il ne subsiste que quatre travées de sa galerie orientale, dont les arcades brisées reposent sur des colonnettes doubles.

• A. Dimier, *L'art cistercien en France,* Zodiaque, 1962, p. 94-99 et pl. 43-50.

• G. Durand, *L'abbaye de Sylvanès,* 1983, 32 p.

• R. Aussibal, A. Gouzes, *Sylvanès,* Millau, 1989.

21 *VAILHOURLES. CANTON DE VILLEFRANCHE-DE-ROUER*gue.

L'église néogothique Saint-Géraud, élevée en 1884-1886, ne mériterait aucune attention particulière si ses constructeurs n'avaient eu l'heureuse initiative d'y remployer les beaux chapiteaux romans en provenance de l'édifice précédent. Sous la dépendance de Saint-Géraud d'Aurillac, Vailhourles avait hérité de l'abbaye mère non seulement de son vocable, mais aussi du décor à entrelacs de ses chapiteaux, tout comme le prieuré de Varen, l'étape suivante sur la route contrôlée par le grand monastère auvergnat en direction des pays de la Garonne.

Aux retombées de l'arc triomphal, en particulier, deux grosses corbeilles cubiques allient une excellente facture à une composition savante. Chaque angle, souligné par de minuscules volutes, est garni par deux palmettes en éventail issues d'un motif d'entrelacs «en boucle de ceinture». Le lobe extérieur de la palmette se retourne pour se prolonger en un ruban qui va rejoindre les réseaux d'entrelacs disposés sur les faces latérales. Ce détail caractérise à la fois les chapiteaux du portail Nord de Conques (pl. 37) et certains de Saint-Géraud d'Aurillac.

Pourtant le sculpteur de Vailhourles a su réaliser une œuvre originale, de très grande qualité. Chaque corbeille est surmontée d'un tailloir extrêmement soigné, avec des pommes de pin proéminentes en alternance avec des motifs d'entrelacs.

Sur deux autres chapiteaux, dans la chapelle méridionale, l'épannelage cubique est masqué par la profusion de nœuds concaves d'entrelacs, répartis symétriquement autour de la corbeille.

Les deux chapiteaux à décor animalier, lion et griffon inscrits dans des cercles, sont de plus médiocre qualité, semble-t-il.

22 VERLAC. COMMUNE D'AURELLE-VERLAC, CANTON DE *Saint-Geniez d'Olt (M.H.).*

L'église romane Saint-Blaise de Verlac, sur les pentes méridionales de l'Aubrac, appartenait à la célèbre abbaye de La Chaise-Dieu. Il ne faut pas confondre avec celle d'Aurelle, étudiée précédemment; l'une et l'autre se situent en effet sur le territoire de la même commune, dénommée Aurelle-Verlac.

Nous sommes en présence d'un édifice bien construit, dans un excellent état de conservation et d'entretien. Son plan en croix latine résulte de l'adjonction, postérieure à l'époque romane, de deux chapelles latérales formant transept.

Extérieurement, des colonnes engagées reposant sur un soubassement marquent la jonction des pans coupés du chevet, tandis que de grands arcs de décharge viennent épauler les murs de la nef. Le chœur pentagonal est décoré d'une arcature intérieure et coiffé d'une fort belle voûte en cul-de-four nervée. Selon une disposition assez fréquente dans la région, à Saint-Saturnin de Lenne par exemple, les grosses nervures en boudin rayonnent à partir d'une clef en demi-cercle appuyée contre l'arc-doubleau de la travée droite du chœur. Les doubleaux des voûtes de la nef, en berceau brisé, retombent sur des chapiteaux ornés seulement de feuilles lisses et de volutes d'angle.

A l'Ouest, un porche abrite le portail d'entrée, à triple voussure. Sur deux de ses chapiteaux, un ruban d'entrelacs dessine un motif en forme de cœur, avant de s'épanouir en larges palmettes. D'autres palmettes, mais de forme triangulaire, garnissent les angles en biseau de la corbeille. On reconnaît là les œuvres d'un sculpteur qui a travaillé aussi aux églises de Canac et de Lunet. Une autre corbeille, à droite, présente dans un style naïf, mais plein de saveur, un combat d'animaux. Deux d'entre eux, des lions peut-être, à tête ronde avec des yeux percés au trépan, semblent se disputer leur victime, un cerf couché sur le dos, en train de mourir, langue pendante.

23 *VERRIÈRES. CANTON DE SAINT-BEAUZÉLY. SAINT-SAU*veur de Verrières,

dans la vallée du Lumensonesque, un modeste affluent du Tarn, appartenait au chapitre de la cathédrale de Rodez. Au siècle dernier, entre 1875 et 1877, l'église eut à subir une série de restaurations : surélévation

de la voûte du vaisseau central, ouverture des fenêtres dans chaque travée, reconstruction de la façade et du clocher. Elle n'en demeure pas moins très représentative d'une architecture romane propre à la vallée du Tarn en amont de Millau. Elle est en effet la plus vaste d'un groupe d'églises, comme celles du Rozier, de Liancous ou de Mostuéjouls, dont le plan comporte une nef avec bas-côtés terminés par un chevet pentagonal et des absidioles, mais sans transept.

Comme à Notre-Dame de l'Espinasse, à Millau, une lourde arcature, faisant office de contreforts autour du chevet et le long des bas-côtés, repose sur des pilastres de plan pentagonal. Les murs sont faits de petits moellons calcaires.

A l'intérieur, on remarque la présence caractéristique de grosses piles cylindriques couronnées par une simple moulure et portant les arcades en plein cintre qui séparent la nef des bas-côtés.

Par ailleurs, les deux paires de colonnes géminées marquant l'entrée du chœur, ainsi que ce type étrange de chapiteaux simplement épannelés et «creusés en coquille», mis en évidence par Jacques Bousquet, sur les colonnes de l'arcature du chœur, témoignent sans doute de l'influence exercée ici par Saint-Pierre de Nant.

24 VILLENEUVE D'AVEYRON (M.H.). L'ORIGINE DE CETTE SAUVETÉ

et de son église est peu banale. Un demi-siècle environ avant la première croisade, un seigneur de la région, Odile de Morlhon, décide d'entreprendre le périlleux voyage en Terre sainte, encore entre les mains des infidèles. Parvenu au terme de son pèlerinage, en 1053, il ordonne depuis Jérusalem d'élever sur ses terres rouergates un monastère en l'honneur du Saint-Sépulcre. La donation est faite au patriarche de Jérusalem.

De plus, un messager portera tous les ans, depuis Villeneuve, un besant d'or à Jérusalem pour l'encens à brûler sur le tombeau du Christ.

Ce vœu fut-il jamais réalisé? Et Odile de Morlhon retourna-t-il un jour en Rouergue? Les documents demeurent muets là-dessus.

Mais il n'en reste pas moins qu'un prieuré, repris vers 1070 par la puissante abbaye de Moissac, fut édifié ici.

Par son plan en rotonde, avec quatre chapelles tournées vers les quatre points cardinaux, l'église du Saint-Sépulcre de Villeneuve s'inspirait directement du célèbre sanctuaire de Jérusalem, tel que le seigneur de Morlhon avait pu l'admirer.

Mais au XIV*e siècle, elle se vit amputer de son abside orientale pour construire, dans le prolongement, une nouvelle et vaste église composée d'une nef accotée de chapelle et d'un chevet polygonal, sur le modèle de la collégiale de Villefranche-de-Rouergue. En fait, nous nous trouvons en présence de deux édifices ajoutés l'un à l'autre.*

Deux grands arcs de décharge viennent doubler le mur Nord du bras occidental. Sous celui de droite, le portail d'entrée, très simple, est surmonté d'une fenêtre à colonnettes dont les chapiteaux présentent l'un un dragon, l'autre la tentation d'Ève par le serpent. De là, on pénètre dans une sorte de narthex rectangulaire et voûté en berceau. Au-dessus, une chapelle haute, desservie par un escalier à vis logé dans une tourelle ronde, joue le rôle de tribune. Au centre de l'édifice, quatre piles cruciformes à colonnes engagées, assises comme à Conques sur des socles circulaires, supportent une coupole de plan carré. Sur le couloir circulaire, tout autour, ne s'ouvrent plus, depuis la démolition du chœur, que deux absidioles latérales dont l'hémicycle est garni d'arcatures.

L'abside septentrionale conserve des peintures murales du XIII*e siècle : Christ en majesté entouré des symboles des évangélistes et pèlerins de Saint-Jacques de Compostelle.*

Enfin, le clocher central a été remanié et surélevé en 1882.

• J. Bousquet, «La fondation de Villeneuve d'Aveyron (1053)», dans *Annales du Midi,* t. 75, n° 64, oct. 1963, p. 517-542.

VILLENEUVE D'AVEYRON

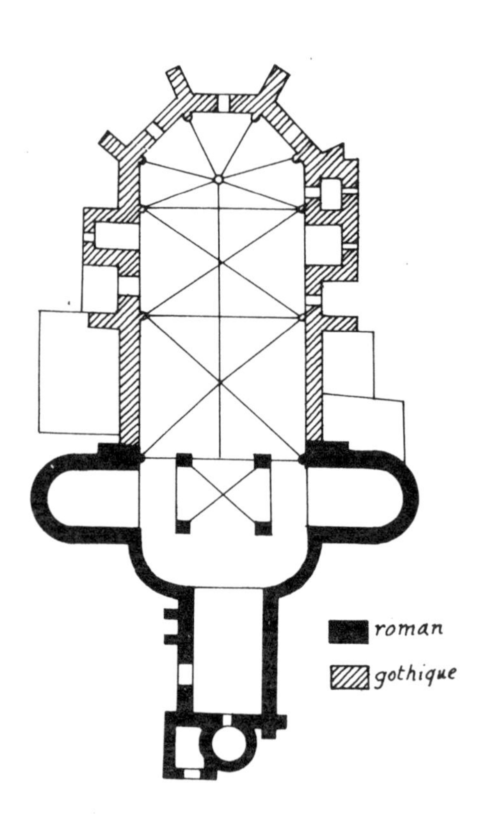

SAINTE

-FOY DE CONQUES

1 HISTOIRE DE L'ABBAYE DE CONQUES

Le site

> «Autrefois asile des bêtes fauves
> et des oiseaux mélodieux, ce lieu
> était resté inconnu de l'homme
> que rebutait son aspect sauvage».

C'est en ces termes qu'Ermold le Noir (Ermoldus Nigellus) dans un poème latin à la gloire de l'empereur Louis le Pieux, évoque l'endroit où allait naître Conques. Il s'appela d'abord Vallis Lapidosa (Vallée pierreuse) ou encore Teulamen («Teule» = tuile), deux noms qui mettent en évidence l'aspect rocheux du paysage. Le schiste local, en effet, se prête particulièrement bien à la confection de «teules», ces lauzes argentées qui confèrent aux toits leur éclat particulier. Le nom même de Conques aurait été donné plus tard par Louis le Pieux à cause du site en forme de coquille («concha», en latin). Ici les gorges creusées par le torrent de l'Ouche, sur le point de rejoindre la vallée perpendiculaire du Dourdou, s'élargissent quelque peu et ouvrent une sorte de cirque dont la concavité – la conque – vient échancrer le plateau. Cette région du Rouergue septentrional est occupée, de Sénergues à Noaillac, par un plateau schisteux à l'intérieur duquel le réseau hydrographique a pu s'enfoncer profondément et façonner un véritable relief en creux.

Tous les voyageurs, jusqu'à Prosper Mérimée qui avouait, en 1837, qu'il n'était «nullement préparé à trouver tant de richesses dans un

pareil désert», furent frappés par «l'aspect sauvage» du site de Conques. En venant de Rodez, après la traversée des riches et riants vallons de Marcillac ou Saint-Cyprien, le décor change brutalement à partir du moulin de Sagnes qui marque l'entrée de la vallée encaissée du Dourdou. Pentes escarpées, affleurements de rochers et taches sombres des bois engendrent, dès lors, un paysage à la fois grandiose et austère, oppressant même à la tombée de la nuit ou par temps d'orage.

Un tel site convint parfaitement à l'ermite Dadon qui «vint fixer sa demeure dans la solitude de Conques».

L'ermite Dadon, fondateur du monastère

La fondation de Conques apparaît comme une conséquence indirecte des invasions «arabes» qui déferlèrent sur le Rouergue entre 725 et 732. Quelques chrétiens fuyant devant les Sarrasins auraient trouvé refuge ici pour y élever un premier lieu de culte, d'après le cartulaire de l'abbaye. Mais ils furent bientôt rejoints par les envahisseurs qui y exercèrent leur ravage, laissant derrière eux un pays désert.

C'est dans le même contexte historique que va intervenir, dans un deuxième temps, le personnage appelé tantôt Dadon, tantôt Datus (abréviation de Déodatus), un nom qui fait sans doute allusion à la vocation religieuse de celui qui «s'est donné à Dieu». Il semble avoir appartenu à l'aristocratie guerrière du Rouergue et tenté, avec elle, de s'opposer aux raids destructeurs des Sarrasins. Si l'on en croit Ermold le Noir, c'est parce que ceux-ci avaient torturé et mis à mort sa mère, sous ses yeux, qu'il prit la résolution de se retirer du monde. Face à la violence, cette «fuite au désert», il faut le souligner, s'inscrit tout à fait dans le droit fil de la spiritualité de l'époque. L'existence de l'ermite, comme celle du moine, étant conçue comme une anticipation ici-bas du royaume de Dieu, seule la paix de l'ermitage ou du cloître garantit la tranquillité nécessaire à la méditation et à la prière.

Dadon choisit de s'installer sur le versant ensoleillé de la conque, bien abrité des vents du Nord, assez haut pour échapper à l'humidité comme aux brouillards des fonds de vallée. Il est même possible de déterminer l'emplacement de son ermitage. Nul doute en effet que la fontaine du Plô qui coule au pied de l'abbatiale, en contrebas de la place, n'ait été l'élément déterminant dans le choix du solitaire. Même au plus fort de l'été, cette source étonne par l'abondance et par la régularité de son débit. Et l'auteur du *Guide du pèlerin de Saint-Jacques de Compostelle,* au XIIe siècle, saura l'apprécier : «Devant la basilique, coule une source excellente dont les vertus sont plus admirables encore qu'on ne peut le dire». En outre, pour édifier sa demeure, l'ermite bénéficia ici de la seule surface plane disponible sur le versant, le nom de Plô (planum) désignant un palier sur une pente, un replat.

Mais s'il convenait parfaitement à l'installation d'un simple ermitage, ce site devait par la suite se révéler fort peu propice au développement d'une grande abbaye, et moins encore à celui du bourg de Conques. Les mêmes inconvénients d'ordre topographique se retrouvent à Rocamadour, fondation de l'ermite saint Amadour. Selon une charte de 819, Dadon «se livra à un pénible travail des mains et employa tous ses soins et tous ses efforts à défricher cette terre et à y

disposer d'un séjour plus convenable pour la vie contemplative». Le même document ajoute : «Peu après, un homme plein de piété nommé Medraldus, vint se retirer dans le même lieu et vécut avec Dadon. La renommée de leur sainteté se répandit dans les pays voisins. Alors plusieurs autres, se sentant attirés par la même vie contemplative, résolurent de l'embrasser à leur tour. La troupe pieuse s'accrut peu à peu et ils élevèrent dans ce lieu une église dédiée au Saint-Sauveur». Ainsi Dadon n'a-t-il pas refusé son destin de fondateur de monastère. Ce qui se produisit à Conques au VIIIe siècle apparaît bien comme le processus habituel, le monachisme succédant à la brève étape de la vie érémitique. Deux siècles plus tôt en Italie, Benoît de Nursie fut d'abord un ermite parmi tant d'autres. Puis, devant l'afflux de disciples que suscitait le renom de sa vie ascétique, il organisa le monastère du Mont-Cassin et élabora pour lui la fameuse Règle bénédictine qui finit par s'imposer à la plupart des monastères de la Chrétienté occidentale. Nous savons que celui de Conques l'avait adoptée dès l'an 801.

Mais Dadon, estimant sans doute sa mission accomplie et fidèle jusqu'au bout à son idéal de solitude, avait pour la seconde fois choisi le «désert». «Recherchant le calme et la solitude, dit la chronique de Conques, il fonda le lieu de Grandvabre qui était propice à son dessein, et y releva un antique oratoire». Autour de son tombeau allait effectivement naître le village de Grandvabre, à 7 km en aval de Conques dans la vallée du Dourdou. Auparavant Dadon avait confié la direction du monastère à son premier disciple Medraldus, qui est mentionné à deux reprises, en 801 et en 819, comme abbé de Saint-Sauveur de Conques.

Les débuts du monastère et les faveurs des souverains carolingiens

C'est l'époque où les souverains de la dynastie carolingienne, pour des motifs autant politiques que religieux, favorisent par tous les moyens les communautés monastiques, suscitant de nouvelles fondations ou comblant de bienfaits celles qui existent déjà. Dans un empire où subsistent encore de larges taches de paganisme et de barbarie, les monastères sont autant de piliers sur lesquels le pouvoir peut s'appuyer. Ils deviennent des foyers de vie spirituelle, mais aussi des centres d'activité intellectuelle, artistique et économique.

A vrai dire, sans ces faveurs royales, l'essor de l'abbaye conquoise aurait été entravé ou même irrémédiablement compromis par la pauvreté du lieu, bien incapable de faire vivre une population nombreuse de moines. Louis le Pieux, roi d'Aquitaine du vivant de son père Charlemagne, aurait à plusieurs reprises rendu visite au monastère de Medraldus, le plaçant sous sa sauvegarde et lui conférant, nous l'avons vu, le nom même de Conques. Exempté d'impôts, il appartint désormais au domaine royal. Au spirituel, les papes le rendirent indépendant de l'évêque de Rodez et le prirent sous leur protection spéciale. Pour Conques, la condition première de la prospérité était la rupture de son isolement géographique : on le comprit en haut lieu : «Le roi Louis, rapporte Ermold le Noir, fit tailler le roc à force de travail et de bras, et ouvrir le chemin qui a rendu ce lieu accessible». Le même roi, en 819, ne fait pas moins de dix donations en sa faveur, dont

les terres de Sénergues et de Montignac. Les riches particuliers suivent l'exemple et, très tôt, l'abbaye possède autour d'elle la contrée qui correspond à peu près au canton actuel de Conques.

Sur ces terroirs, souvent complémentaires, les bénédictins entreprennent un patient et obscur travail de conquête des sols, profitant, à partir du xe siècle, des progrès réalisés par les techniques agricoles. A Conques même, la vigne occupe les terrasses bordées de murettes de pierres sèches qu'ils ont aménagées au-dessus de leur monastère (pl. coul. p. 000). Les versants moins bien exposés sont réservés aux châtaigniers, tandis que la prairie recouvre les fonds de vallée. En faisant sauter le verrou rocheux qui fermait le lit du Dourdou à hauteur de Sagnes (de Sanha = terrains marécageux), ils drainent toute la plaine de Saint-Cyprien jusqu'alors occupée par des étangs et des marais. Sur le plateau de Lunel, les défrichements autorisent la conquête de terres à blé; et l'abbaye possédera là un château, véritable grenier fortifié.

Le rayon des possessions de Conques ne cesse de s'accroître. En 839, poursuivant la politique de son aïeul Louis, le roi d'Aquitaine Pépin II dote à son tour le monastère Saint-Sauveur. Il lui octroie notamment le lieu où s'élève aujourd'hui la ville de Figeac, en Quercy, et qui devait s'appeler la «Nouvelle Conques». De nombreux moines conquois y émigrent alors et édifient un monastère dédié lui aussi au Saint-Sauveur. En réalité, il s'agissait d'un cadeau empoisonné, remettant en cause l'existence même de Conques. Au centre d'un bassin fertile de la vallée du Célé, Figeac prospéra rapidement et ses religieux supportèrent de plus en plus mal la tutelle de l'abbaye mère. Vers le milieu du xe siècle, ils réussirent à faire élire un des leurs, nommé Géraud, comme abbé de Conques. Et ce dernier préférant résider à Figeac, plaça un simple prieur à la tête du monastère rouergat. La rivalité éclate alors au grand jour, accompagné parfois de violents affrontements entre moines des deux camps. Pour obtenir gain de cause, ceux de Figeac n'hésitent pas à fabriquer un faux document, une prétendue charte de Pépin le Bref, datée de l'an 755, selon laquelle Conques leur était soumis. Une intervention du pape Grégoire VII en personne ne réussit pas à apaiser l'interminable querelle. Finalement en 1096, le concile de Nîmes prononça la séparation complète des deux monastères, chacun sous l'autorité de son abbé.

Les faveurs des carolingiens ne se limitèrent pas à des donations de terres. Ils y ajoutèrent l'or et l'argent, les tissus précieux, les fabuleuses intailles et les camées qui sont à l'origine du trésor de Conques. Ces largesses royales ou impériales eurent ici de profondes résonances. Mais la mémoire collective ne retiendra que le nom de Charlemagne, le bienfaiteur par excellence, qui éclipsa tous les autres membres de sa famille. Et il aura tout naturellement sa place dans le cortège des élus sur le grand tympan du jugement dernier.

L'arrivée des reliques de sainte Foy

Les faveurs d'un empereur, fut-il Charlemagne, n'étaient rien par rapport à celles, d'une tout autre dimension, qu'une sainte devait bientôt répandre à profusion sur le monastère, associant à jamais son

nom à celui de Conques. Curieusement, le destin de Conques paraît avoir été scellé au temps de l'empereur romain Dioclétien lorsque bien loin d'ici, une jeune chrétienne de la cité d'Agen, refusant de sacrifier aux dieux du paganisme, endura le martyre. Convertie par l'évêque de la ville, saint Caprais, Foy (*Fides,* en latin) appartenait à une riche famille gallo-romaine et était âgée de douze ans à peine, ce qui rendait son supplice particulièrement émouvant. A cette époque, le proconsul Dacien, gouverneur de la région, arriva à Agen pour y faire appliquer l'édit impérial qui allait déclencher la dernière et la plus terrible des persécutions contre les chrétiens. C'était, d'après la tradition, le 6 octobre de l'an 303, jour où est célébrée depuis la fête de sainte Foy. C'est là du moins ce que nous narre la *Chanson de sainte Foy,* un poème occitan du XIIe siècle. Les récits hagiographiques de ce genre sont aujourd'hui très discutés par l'historien et il est vrai que la première mention de l'Église d'Agen, avec son siège épiscopal, n'apparaît de façon certaine qu'en 346. Mais qu'importe! La légende de sainte Foy et de saint Caprais, même forgée pendant le haut Moyen Age, reste l'écho véridique de l'œuvre d'évangélisation qui se développa dans les villes de la province d'Aquitaine à partir du IVe siècle.

Cinq siècles s'écoulèrent avant que ne soient associés le nom de sainte Foy et celui de Conques. A une époque où le culte des reliques prenait de plus en plus d'ampleur, l'église Saint-Sauveur de Conques se trouvait en ce domaine fort démunie. Pourtant, dans toute la Chrétienté, les lieux de pèlerinage fréquentés étaient ceux qui avaient la chance de détenir des corps saints, auteurs de miracles, signes tangibles de la présence divine ici-bas. Aussi, comme le raconte en détail le récit de la *Translation de sainte Foy,* les bénédictins conquois vont-ils se mettre en quête de reliques. Leurs premières tentatives s'avèrent totalement infructueuses. D'abord le moine Audaldus part pour l'Espagne dans le but avoué de rapporter le corps de saint Vincent déposé à Valence. Il parvient à s'en emparer, mais, à Saragosse, sur le chemin du retour, il est dénoncé à l'évêque. Relâché finalement, mais sans le précieux contenu de son sac, personne à Conques ne voulut croire à sa mésaventure.

Non découragés, les moines de Conques, ayant appris entre-temps l'existence des reliques d'un autre saint Vincent à Pompéjac, diocèse d'Agen, réussirent à y mettre la main dessus. Hélas! le second saint Vincent n'avait pas une notoriété suffisante pour susciter un pèlerinage important. C'est en allant le quérir, sans doute, que les émissaires de Conques avaient eu connaissance des merveilles opérées dans une église d'un faubourg d'Agen par sainte Foy. On conçoit alors le projet de se procurer les reliques de la jeune martyre agenaise.

Un moine au-dessus de tout soupçon, nommé Aronisde, reçoit mission de partir à Agen sous prétexte de pèlerinage, puis de s'y fixer et de gagner la confiance des religieux de sainte Foy. Bientôt la vie exemplaire d'Aronisde à Agen lui vaut l'estime générale, et les moines acceptent de le recevoir dans leur communauté, allant jusqu'à lui confier les fonctions de gardien du tombeau de la sainte. «Il demeura ainsi dix ans à Agen et jamais, dans aucune circonstance, il ne laissa soupçonner le secret enseveli au fond de son cœur». L'occasion se présenta à lui un jour d'Épiphanie où tous les religieux, après avoir célébré l'office, se trouvent assemblés au réfectoire. «Aronisde se dirige

sans bruit vers le tombeau de la martyre et, ne pouvant réussir à soulever la dalle de marbre qui le couvrait, il le brise du côté des pieds, recueille avec soin par cette ouverture le corps de la sainte et le renferme dans un sac précieux, en remerciant Dieu avec allégresse du succès de son entreprise. Le lendemain, dès l'aube, les clercs cherchent en vain le gardien disparu...». Le récit des péripéties du retour d'Aronisde à Conques mêle, avec le plus grand talent, le merveilleux et le réel, selon les goûts de l'homme du Moyen Age. Avertis de l'arrivée des reliques, moines et fidèles se rendent au-devant d'elles en procession. «Le corps très saint de l'illustre vierge fut transporté dans l'église du monastère et déposé au lieu le plus honorable». C'était le 14 janvier de l'an 866.

Une fois encore, il semble bien difficile de faire la part de l'histoire et celle de la littérature romancée à travers le récit médiéval qui relate, sans vergogne aucune, cette translation «furtive» de sainte Foy à Conques. Certes, le vol de reliques, assez scandaleux pour nos mentalités actuelles, ne paraît nullement invraisemblable, et on en connaît d'autres exemples. Mais le plus surprenant dans cette affaire est l'absence de toute réaction de la part des religieux d'Agen, dépossédés, mais qui ne tentèrent jamais rien, semble-t-il, pour récupérer leur sainte patronne. Une explication serait possible en replaçant le rapt dans son contexte historique, c'est-à-dire, vers 866, au plus fort des invasions normandes. Après le siège de Toulouse de 862, la vallée de la Garonne, particulièrement vulnérable, vit encore reparaître les Vikings à plusieurs reprises, en 864 notamment. L'intense terreur qu'ils inspirent, déclenche l'exode des populations vers les régions montagneuses, hors d'atteinte des barques normandes. Devant la menace sans cesse renouvelée, on peut croire que les moines agenais aient songé à mettre en lieu sûr leurs précieuses reliques. S'ils choisissent Conques, ce fut peut-être sur les conseils, non dépourvus d'arrière-pensée de l'un des leurs, originaire de l'abbaye rouergate. Puis le temps passa. La persistance du danger normand pendant de longues décennies, ou même la ruine du monastère d'Agen, expliqueraient que le corps de la sainte ne soit jamais retourné à ses légitimes propriétaires.

Ainsi, si l'on veut bien retenir cette hypothèse, il apparaît que l'existence même de Sainte-Foy et de ses richesses artistiques est une conséquence indirecte des deux grandes invasions qui ont ravagé la France du haut Moyen Age : celles des Sarrasins, puis des Normands. Les raids vikings, responsables de la perte d'immenses trésors d'art sacré, nous ont valu par contre deux des plus prestigieuses basiliques romanes : Sainte-Foy de Conques et Saint-Philibert de Tournus, édifié en pays bourguignon par des bénédictins, successeurs de ceux qui, deux siècles auparavant, avaient fui l'île de Noirmoutier devant le péril normand.

Les miracles de sainte Foy et l'essor du monastère

L'arrivée des reliques de la sainte agenaise dans sa nouvelle patrie équivaut presque à une seconde fondation pour l'abbaye, connue, dès 883, sous le vocable nouveau de Sainte-Foy. Son essor se poursuivra

désormais sans interruption pendant plus de deux siècles et demi grâce à la notoriété et à la force d'attraction des miraculeux bienfaits dispensés. La prospérité qu'ils engendrèrent sur place, permit l'éclosion, dès le Xe siècle, d'une première génération de réalisations artistiques, la célèbre statue-reliquaire d'or (pl. coul. p. 181) et, pour l'abriter, la basilique de l'abbé Étienne.

Le culte de sainte Foy, d'abord limité au Rouergue et aux provinces voisines, se diffuse au loin, porté par la dévotion populaire et amplifié par une très grande œuvre littéraire le *Liber miraculorum sancte Fidis*. Le trésor I renferme un exemplaire du manuscrit, un second très richement orné est conservé à la bibliothèque de Sélestat en Alsace, dont l'église romane Sainte-Foy dépendait de Conques. L'auteur Bernard, directeur de l'école épiscopale d'Angers et disciple de l'évêque lettré Fulbert de Chartres, séjourne à plusieurs reprises à Conques dans les premières années du XIe siècle. Séduit par le récit des prodiges accomplis par les reliques de la jeune martyre, il écrit alors un ouvrage dont le texte, sans doute raconté oralement aux pèlerins de passage, allait constituer un extraordinaire outil de propagande en faveur de sainte Foy et de son abbaye. Il trouvera même sur place un continuateur à son œuvre, le moine conquois anonyme, auteur des deux derniers livres des *Miracles,* dans le troisième quart du XIe siècle.

Peu avant l'an mille sans doute, le pèlerinage de Conques prend toute son ampleur à la suite du miracle de Guibert, dit *l'Illuminé*. Et c'est lui qui déterminera Bernard d'Angers à entreprendre son premier voyage à Conques : « Ces prodiges étaient célébrés avec un tel enthousiasme par la renommée populaire, ils étaient tellement extraordinaires que je les regardais comme des fables et que je ne pouvais y ajouter foi. Mais, voyant que l'Europe presque entière s'entretenait de ces miracles et leur accordait créance, je conçus au fond de mon cœur le désir de plus en plus vif de visiter la basilique de la sainte martyre dans le désir de m'informer ». Et Bernard place en tête de son livre le récit de la guérison de l'aveugle Guibert « dont les yeux violemment arrachés de leur orbite ont été merveilleusement reformés et restitués ».

Rendre ainsi la vue aux aveugles devient une sorte de spécialité pour sainte Foy. Mais elle guérit aussi d'autres infirmes, tel cet enfant à la fois aveugle, sourd et muet, boiteux de naissance que ses parents avaient déposé au pied de la statue d'or. Et, puisqu'il est écrit : « Seigneur, vous répandez vos bienfaits sur les hommes et sur les bêtes », elle ne dédaigne pas, à l'occasion, de rendre la vie à un mulet qui était mort à proximité de Conques, but de pèlerinage de son maître, un chevalier toulousain. D'une manière générale, sainte Foy s'efforce par ses interventions miraculeuses de réparer les injustices et de redresser les torts, surtout en faveur des humbles et des déshérités. Elle a pris sous sa protection toute spéciale le monastère et la ville de Conques. Et gare à qui leur voudrait du mal ! Beaucoup l'apprendront à leurs dépens, tel ce Rainon, seigneur du château d'Aubin, « celui qui, en se précipitant sur un moine de sainte Foy, fit une chute où il trouva la mort », ou encore le chevalier Hugues, de Cassagnes-Comtaux qui tentait de dérober le vin des moines. Exactions de toutes sortes, pillages, tortures et assassinats constituent la toile de fond de ces récits qui mettent parfaitement en relief l'extraordinaire brutalité des mœurs, la cruauté et la barbarie de l'époque. On s'aperçoit alors que le rôle

attribué à sainte Foy n'est finalement que le reflet des tentatives faites par l'Église pour y porter remède.

Une autre grande spécialité de la sainte, dans ce domaine, était la délivrance des captifs. Vingt-trois de ses miracles sur quatre-vingt-dix-sept au total concernent des prisonniers libérés. Bernard d'Angers, d'ailleurs, se désole que les religieux ne puissent mieux le renseigner sur ces miracles, mais, dit-il, «ils étaient familiarisés à tel point à ces sortes de prodiges renouvelés tous les jours qu'ils n'y prêtaient pas attention». En leur rendant la liberté, la sainte demandait toujours aux captifs «d'emporter leurs lourdes chaînes» et de les offrir en ex-voto à l'église de Conques, «pour être, aux yeux des pèlerins, comme un mémorial de ces grands prodiges».

Les interventions de sainte Foy en faveur des aveugles et des prisonniers apparaissent chargées d'un symbolisme bien conforme à la mentalité de l'époque. La foi ouvre les yeux de celui qui vivait dans les ténèbres du péché, elle libère l'homme prisonnier du mal. Par contre, des motifs beaucoup plus réalistes semblent à l'origine de la dernière spécialité de la sainte : la collecte des métaux précieux et des joyaux au profit de son abbaye de Conques.

Ce goût presque immodéré pour l'or et les bijoux, Bernard l'explique ingénument par le jeune âge de la sainte martyre. Quoi de plus naturel que la coquetterie pour une adolescente de douze ans? A la comtesse du Rouergue Richarde, elle réclame avec insistance une épingle d'or finement travaillée, «comme si elle était encore charmée par ces objets qui séduisent les jeunes filles de son âge et piquent leur convoitise». Le procédé le plus utilisé pour parvenir à ses fins consiste à apparaître en songe à la riche dame propriétaire du bijou. De tels enfantillages (on parlait à ce propos de «badinages»), mais aussi la publicité savamment organisée par le *Livre des miracles* lui-même, permettent aux moines de Conques d'accumuler d'inestimables trésors. Il faudrait citer encore les deux colombes d'or ornées de pierreries appartenant à un abbé de Beaulieu, une bague «dans laquelle est enchâssé un magnifique jaspe», un collier d'or, les vingt et un vases d'argent «ornés de fines ciselures en relief, et dorés dans les principales parties», offerts par Raymond, comte du Rouergue, avant de partir pour Jérusalem. A côté des bijoux, il y a aussi des lingots : nous apprenons que les habitants de Vich, en Catalogne, après s'être placés sous le patronage de sainte Foy, envoyaient tous les ans à Conques un certain poids d'or comme redevance. Ainsi toutes les conditions semblaient ici réunies : l'or en abondance, le talent des moines orfèvres, la ferveur entourant les reliques, pour donner naissance au trésor de sainte Foy.

Conques, centre de pèlerinage

Les reliques créèrent les pèlerinages qui, à leur tour, firent surgir les églises et les trésors d'art sacré. A l'époque romane, ils furent des centaines de milliers à prendre le bâton de pèlerin et à se mettre en route. «Les hommes du XIIe siècle ont aimé passionnément ces grands voyages; il leur semblait que la vie du pèlerin était la vie même du chrétien. Car qu'est-ce le chrétien? sinon un éternel voyageur qui ne se

sent nulle part chez lui, un passant en marche vers une Jérusalem éternelle» (Émile Mâle). Il existe un certain nombre de lieux privilégiés, Jérusalem et Rome d'abord, mais aussi les églises qui détiennent les précieuses reliques. A partir du XIe siècle, celles de Saint-Jacques le Majeur, à Compostelle, commencent à prendre la première place. L'Église, en encourageant le pèlerinage sur le tombeau de l'apôtre, veut favoriser la croisade entreprise contre l'Islam en Espagne. A la suite des chevaliers partis de France, les moines viennent occuper les monastères et les évêchés nouvellement fondés.

Aux côtés de Cluny et d'autres abbayes, celle de Conques joue un rôle actif dans cette Reconquête. L'un de ses moines, Pierre d'Andouque devient évêque de Pampelune en 1077. Après la donation à Sainte-Foy de la principale mosquée de Barbastro, un autre Conquois, Pons, monte sur le siège épiscopal de cette ville. Le culte de sainte Foy (santa Fé) se répand en terre espagnole. Roncevaux lui appartient un moment et elle a même sa chapelle dans la cathédrale de Compostelle.

En effet, grâce à la notoriété des miracles de sainte Foy, Conques fut tout naturellement choisi comme ville-étape sur l'un des quatre grands chemins français, la *via Podensis,* issus du Puy-en-Velay. Le célèbre *Guide* du pèlerin de Saint-Jacques de Compostelle rédigé sans doute vers 1140 par Aymeri Picaud, originaire de Parthenay-le-Vieux en pays poitevin, nous renseigne : «Les Bourguignons et les Teutons qui vont à Saint-Jacques par la roule du Puy, doivent vénérer les reliques de sainte Foy, vierge et martyre, dont l'âme très sainte, après que les bourreaux lui eurent tranché la tête, fut emportée au ciel par le chœur des anges... Le très précieux corps de la bienheureuse Foy fut enseveli avec honneur par les chrétiens dans une vallée appelée vulgairement Conques. On bâtit au-dessus une basilique dans laquelle, pour la gloire de Dieu, jusqu'à aujourd'hui, la Règle de saint Benoît est observée avec le plus grand soin».

Un vœu était souvent à l'origine du grand voyage. Le cas de ce paralytique de Reims qui entreprend de visiter, à cheval, les lieux de pèlerinage les plus réputés de la Chrétienté paraît assez exceptionnel. Il parcourt ainsi la France, la Germanie, l'Italie et l'Espagne. De retour de Saint-Jacques, il passe par Toulouse pour se rendre à Limoges vénérer saint Martial. Et c'est finalement à Conques qu'il trouvera la guérison, après quatre années de souffrances. Mais tous n'allaient pas jusqu'à Compostelle. Pour certains, venus du Rouergue, mais aussi du Languedoc, d'Auvergne ou du Limousin, de plus loin encore sainte Foy était le seul but du pèlerinage. Le *Livre des miracles* cite même ce seigneur du château de Salignac-en-Périgord qui avait l'habitude de se rendre à Conques une fois par an.

Sur place, la journée du pèlerin était bien remplie. Prières et cérémonies religieuses se succédaient dans l'église, de jour comme de nuit. «Les pèlerins, arrivés dans la basilique, adressèrent à Dieu leurs remerciements et, prosternés aux pieds de la glorieuse sainte, lui offrirent les présents d'usage. Puis ils se rendirent à l'hôtellerie. Et lorsque la nuit fut venue, ils se dirigèrent, munis de flambeaux, vers l'église pour y célébrer la pieuse veille devant la sainte... Pendant ce temps, les clercs et les hommes lettrés chantent les psaumes et les offices de la vigile. Les personnes illettrées, de leur côté, chantent des lais rustiques et d'autres frivolités de ce genre pour tromper la fatigue et la

longueur des nuits». Les moines avaient d'ailleurs beaucoup de mal à contenir le tumulte, «les cris sauvages et aigus des paysans», ou à interdire ces «complaintes chantées avec une naïve simplicité».

Car le pèlerinage, c'est aussi la fête, le spectacle permanent. Musiciens, jongleurs et acrobates trouvaient ici une clientèle de choix. Nous savons que Guibert «l'Illuminé», après la perte de la vue, prit le métier de jongleur et qu'il gagnait fort bien sa vie. Et les sculpteurs romans du cloître prendront pour modèles ces amuseurs publics. Le pèlerinage suscite aussi toutes sortes de petits métiers, en particulier le commerce de la cire et des cierges aux portes de l'abbatiale. Bernard d'Angers mentionne l'un de ces «marchands du temple», un Auvergnat cupide installé à Conques. Quant aux mendiants, ils sont légion, tel cet enfant aveugle dressé à demander l'aumône, ou cette jeune fille paralysée tendant la main, étendue sur un grabat devant le monastère.

Mais les premiers bénéficiaires du pèlerinage sont bien les moines bénédictins.

Apogée et déclin de l'abbaye

Sous l'impulsion de l'abbé Bégon III (1087-1107), en particulier, le monastère de Sainte-Foy parvient à son apogée au début du XIIe siècle. Assez puissant pour échapper à l'emprise de Cluny qui s'exerçait alors sur la plupart des grandes abbayes bénédictines, comme Saint-Géraud d'Aurillac ou Saint-Pierre de Moissac, il se trouve lui-même, grâce à d'innombrables donations, à la tête d'un véritable empire monastique. Les prieurés qui en dépendent, se répartissent maintenant à travers tout l'Occident chrétien, de Sainte-Foy de Cavagnolo au Piémont à Horsham en Angleterre, de Sélestat ou même de Bamberg dans le monde germanique jusqu'à la Catalogne et la Navarre.

La puissance et la richesse sont les supports d'un intense rayonnement spirituel et artistique. L'existence à Conques d'une école monastique, avec sa bibliothèque et son atelier de manuscrits, est attestée à l'époque. L'abbé Bégon, d'après le cartulaire, «fit placer dans l'or de nombreuses reliques», et quelques-unes des plus belles pièces du trésor sortirent de son atelier d'orfèvrerie et d'émaillerie. Mais Bégon III fut d'abord un grand bâtisseur : tout en poursuivant les travaux commencés par ses prédécesseurs, Odolric (1030-1065), et Étienne II (1065-1087), dans la nouvelle abbatiale, il entreprend la reconstruction des bâtiments monastiques et du cloître. L'augmentation du nombre des moines la rendait sans doute indispensable.

Après Bégon III, pourtant, allaient commencer la stagnation et même le déclin, entrecoupés de quelques brèves périodes de prospérité et de reprise de l'activité artistique. En effet, le prestige dont jouissaient jusqu'alors les moines bénédictins, recule devant la montée d'ordres religieux nouveaux. Celui des cisterciens de saint Bernard s'implante très solidement en Rouergue, à Sylvanès, à Bonneval et à Bonnecombe, à Locdieu et à Beaulieu. Les moines blancs s'attirent par l'austérité et la sainteté de leur vie, les faveurs des grands seigneurs; et ils captent à leur profit les donations. En 1155, par exemple, on voit Sainte-Foy de Conques abandonner des terres à Bonneval fondé huit ans plus tôt seulement, et qui deviendra la plus riche abbaye du pays. Vers le même

temps, d'autres concurrents apparaissent : templiers et chevaliers de Saint-Jean de Jérusalem couvrent le Rouergue de leurs commanderies.

Donc, après une longue phase d'expansion, le monastère conquois doit se contenter désormais de défendre, avec de plus en plus de difficultés, ses possessions contre les convoitises des puissances ecclésiastiques ou même féodales. Au XIIIe siècle cependant, la situation n'est pas encore catastrophique puisque le trésor (cet excellent baromètre de la prospérité) peut s'enrichir de quelques pièces de qualité, comme la Vierge à l'Enfant ou le bras de saint Georges, en argent. Le climat s'assombrit beaucoup au siècle suivant avec le ralentissement du pèlerinage, avec la terrible peste noire de 1348, avec surtout la guerre de Cent ans et son cortège de misères. Les bandes de routiers solidement retranchées à l'intérieur des forteresses, surtout dans les vallées du Lot et de la Truyère, rançonnent et pillent la région. A Conques pourtant, le pire semble avoir été évité, et le trésor échappa aux convoitises des routiers. Les moines, selon une pratique courante, achetèrent-ils à prix d'or la «protection» des Grandes Compagnies? Ou bien, les remparts de la ville furent-ils une dissuasion suffisante?

A Conques, comme dans tout le Rouergue, la période de paix qui s'intercale entre la fin de la guerre de Cent ans et les premières guerres de Religion (du milieu du XVe à celui du XVIe siècle environ) s'avère particulièrement faste. Avec le redressement de la situation économique, de grands chantiers peuvent s'ouvrir à nouveau. Les moines entreprennent le remontage de la coupole de l'église, ainsi que la reconstruction des bâtiments monastiques. En 1497, ils passent commande à l'orfèvre villefranchois Pierre Frechrieu de la statuette en argent de sainte Foy et de la grande croix de procession.

Mais les dures exigences de la Règle de saint Benoît étaient de plus en plus mal supportées au monastère. En 1514, un scandale éclate même, lorsque l'évêque de Rodez, François d'Estaing, se rend à Conques pour tenter de ramener la discipline parmi les moines. Ceux-ci refusèrent d'abord de le recevoir. Puis le lendemain, ils n'hésitent pas à molester le prélat qui était en prière devant la majesté d'or de sainte Foy. Finalement, en 1537, une bulle du pape Paul III affranchira les vingt-neuf moines conquois de la Règle bénédictine. La communauté fondée par Dadon, maintenant dissoute, cède la place à un chapitre de chanoines dont le supérieur conserve le titre d'abbé. L'église abbatiale devient collégiale.

BIBLIOGRAPHIE

Principales sources documentaires concernant l'histoire de l'abbaye de Conques :

- *Chronicon Monasterii Conchensis,* Martene et Durand, dans *Thesaurus novus anecdotorum,* 1717, t. 3, col. 1390.
- *Cartulaire de l'abbaye de Conques,* publ. par Gustave Desjardins, Paris, 1879.

• *Liber miraculorum sancte Fidis,* publ. par l'abbé A. Bouillet, Paris, 1897.
• Voir aussi : A. Bouillet et L. Servières, *Sainte Foy vierge et martyre,* Rodez, 1900.
• A. Fabre, *La chanson de sainte Foy de Conques, poème occitan du XIIe siècle,* Rodez, 1940.
• *Sainte-Foy de Conques,* Zodiaque, coll. « les points cardinaux ». (Extraits de la *Chanson de sainte Foy* et du *Livre des miracles*, traduction E. de Solms).
• J. Vielliard, *Le guide du pèlerin de Saint-Jacques de Compostelle,* Mâcon, 1938.

2 HISTORIQUE DE L'ABBATIALE

L'afflux sans cesse croissant de pèlerins à Conques décida l'abbé Odolric (1030-1065) à entreprendre, sur le même emplacement que la basilique du Xe siècle, la construction d'une église abbatiale plus vaste et mieux adaptée au culte des reliques.

Les étapes de la construction

La chronique du monastère affirme qu'Odolric éleva «une grande partie» de l'édifice – mais il peut s'agir seulement du sanctuaire – et qu'il y transféra les reliques de sainte Foy. Par ailleurs, une bulle d'indulgences en faveur de l'église, concédée par le pape Alexandre II (1061-1073), fait allusion à la cérémonie de consécration qui avait déjà eu lieu, en présence de nombreux évêques de la région. Grâce aux dates limites fournies par les noms de ces prélats, Jacques Bousquet a pu démontrer que cette consécration se situait entre 1042 et 1051. Ces dates sont à considérer seulement comme un point de départ; plusieurs exemples sont là, en effet, pour prouver que la dédicace d'un autel ne signifiait pas pour autant l'achèvement des travaux.

On peut supposer qu'à la mort d'Odolric, en 1065, l'extrémité orientale de la nouvelle abbatiale se trouvait terminée, c'est-à-dire le chœur, ou tout au moins son rez-de-chaussée couvert d'une toiture provisoire, ainsi que les grandes chapelles du transept. Au-delà, les parties occidentales de l'église du Xe siècle avaient été probablement

épargnées par la pioche des démolisseurs, de façon à ne pas gêner la célébration des offices. Que reste-t-il aujourd'hui de l'œuvre réalisée par l'abbé Odolric? La réponse n'est pas facile à fournir, compte tenu de l'extrême complexité archéologique du chevet actuel de Sainte-Foy. Mais il semblerait qu'il n'en subsiste guère que les deux grandes absidioles des bras du transept, les seules, parmi toutes les chapelles du chevet, à posséder intérieurement des arcatures plaquées contre les murs et des chapiteaux décorés d'entrelacs. Quant au chœur et au déambulatoire, une série d'indices prouvent qu'ils ont fait l'objet d'une reconstruction, à la suite de dommages considérables survenus dans les maçonneries et auxquels fait allusion un passage du quatrième livre des *Miracles* de sainte Foy. Le moine conquois qui avait pris la suite de Bernard d'Angers, y relate l'accident dont avait été victime un certain Hugues lors du transport des blocs de pierre destinés au chantier de l'église, et sa guérison miraculeuse par sainte Foy. L'événement se serait produit il y a un certain temps et, précise l'auteur, les voûtes où ont été employées les pierres transportées, se fendent et menacent ruine. Il n'en a pas parlé plus tôt parce que «cette partie de l'église est construite sur un emplacement d'où l'on a retiré les corps saints». C'est donc le chœur qui nécessitait des réparations urgentes à l'époque où était rédigé le dernier livre des *Miracles,* entre 1065 et 1080 semble-t-il.

Si la colonnade du chœur, refaite à la fin du siècle dernier, ne peut nous fournir aucune indication valable, le déambulatoire et ses trois chapelles rayonnantes offrent une série d'anomalies qui plaident en faveur d'un remaniement complet. La présence d'éléments sculptés en remploi, et appartenant visiblement à la construction du milieu du XIe siècle, permet de parler ici de remontage. Il s'agit d'abord de fragments de corniche dont la tranche porte soit une simple mouluration, soit un décor de billettes ou même de palmettes et de pommes de pin logées dans des lobes. Ces éléments, tous de forme rectiligne, ont servi de fondements aux demi-colonnes qui portent la voûte du déambulatoire ou bien les arcs d'entrée des chapelles. C'est dire qu'ils ne sont nullement adaptés à la structure arrondie de cette partie de l'édifice. Mais nous ignorons tout de leur emplacement dans l'église d'Odolric.

A l'extérieur, examinons, au-dessus des demi-colonnes des contreforts des chapelles rayonnantes, ces colonnettes grêles et leurs chapiteaux à entrelacs et palmettes, de même style que ceux des absidioles (pl. 9). Les unes et les autres, ne serait-ce que par leurs proportions, s'adaptent fort mal à l'ordonnance générale : nous voici à nouveau en présence de remplois. Enfin, un tailloir renversé, orné d'un cartouche dit «carolingien», a été réutilisé comme socle de l'une des colonnes engagées. Or ce type de tailloir se retrouve constamment dans ces mêmes absidioles.

Le plan du chevet présente une série d'irrégularités : la plus surprenante est le rapprochement excessif, au Nord comme au Sud, de la chapelle rayonnante et de la grande absidiole du transept, littéralement coincées l'une contre l'autre. Et pour tenter de camoufler une telle anomalie, on a même élevé un mur en biais reliant la chapelle septentrionale à l'absidiole voisine, au-devant du mur extérieur du déambulatoire. De la sorte, il existe un espace vide, et inaccessible, entre ces deux murs, percés chacun d'une fenêtre. Ces trois chapelles

rayonnantes, non prévues dans le plan initial, sont venues se greffer sur le déambulatoire à la faveur de sa reconstruction, c'est-à-dire peu de temps après la rédaction du quatrième livre des *Miracles* entre 1065 et 1080. C'est justement là l'époque de la mise en chantier des grandes églises à reliques, Saint-Sernin de Toulouse, Saint-Jacques de Compostelle, où triomphait la formule du déambulatoire à chapelles rayonnantes.

Autrement dit, à Conques, non content de réparer les dégâts survenus dans le chœur d'Odolric, on saisit l'occasion pour le transformer et le mettre au goût du jour. Et ce même souci «d'actualiser» le monument aura entraîné l'adjonction, en bout de transept, des minuscules absidioles prises à l'extérieur dans un mur plat. Le manque de place, là aussi, a empêché le développement d'un hémicycle normal. Il ne semble donc pas qu'il y ait eu au départ, comme on a pu le prétendre, la volonté de réunir le plan dit «bénédictin», avec les chapelles en échelon ouvrant sur le transept, et le plan à déambulatoire et chapelles rayonnantes. La construction d'Odolric, quelque vingt-cinq ans plus tôt, comprenait seulement, entre les deux absidioles des croisillons, un chœur entouré d'un déambulatoire, mais dépourvu de chapelles rayonnantes. Les colonnettes et les petits chapiteaux en remploi au chevet appartenaient, on peut le supposer, à l'arcature intérieure plaquée contre le mur de ce déambulatoire, à l'image de ce qui existe dans les grandes absidioles.

Des sondages effectués autour du chœur et du transept de l'abbatiale de Marcilhac-sur-Célé (Lot), à l'occasion de travaux d'assainissement, ont permis à M. Marcel Durliat de démontrer la «parenté extrême» qui existait entre le chevet de cette église, dont la construction se situerait dans le troisième quart du XIe siècle, et celui de Conques : mêmes dimensions, même nombre de chapelles rayonnantes et même disparité entre les deux chapelles des croisillons.

Au chevet de Sainte-Foy, ces travaux se déroulèrent sous l'abbatiat du successeur d'Odolric, Étienne II (1065-1087). Il en assura vraisemblablement la poursuite dans le transept et, peut-être, la nef. Mais nous restons très mal renseigné sur le rôle qu'il a pu jouer dans la construction. Son époque, néanmoins, a été marquée par un changement radical du matériau employé. Un grès argileux de couleur rougeâtre, extrait des carrières de Combret dans la vallée du Dourdou, individualise nettement toute l'extrémité orientale de l'église. Mais, pour une raison inconnue, ce grès fut abandonné au niveau du transept. A partir de là, on voit se généraliser le «rousset», un calcaire jaune provenant du plateau de Lunel, à une dizaine de kilomètres de Conques. Sa chaude tonalité s'harmonise parfaitement avec le schiste gris d'origine locale qui, dans la maçonnerie, assure le remplissage partout où la présence de pierres de taille ne s'imposait pas.

A la tête du monastère durant vingt années (1087-1107), le grand abbé Bégon III déploya une intense activité de bâtisseur, faisant monter l'étage des tribunes et, sur le flanc Sud de l'église, le cloître (pl. 10). Par la suite, aucun document ne permet de préciser quelle a pu être l'action de l'abbé Boniface, successeur de Bégon III, dans le premier tiers du XIIe siècle. Mais il faut probablement lui attribuer le voûtement de la basilique et la construction de la façade occidentale. Cette incertitude dans la chronologie pose en particulier le problème de la datation du

tympan du Jugement dernier, objet de controverse entre archéologues. Pourtant, il ne peut se placer très longtemps après la mort de Bégon III. En effet, si la prospérité du monastère avait pu atteindre un sommet sous son abbatiat, le déclin s'avère rapide par la suite. Cet essoufflement de l'œuvre entreprise se traduit tout particulièrement par la décadence de la sculpture monumentale. Il n'y a qu'à considérer à ce sujet l'affligeante médiocrité des chapiteaux des voûtes de la nef ou des tribunes du narthex, médiocrité à laquelle les sculpteurs ne nous avaient guère habitué jusque-là. Disons dans ces conditions que le maître du tympan a pu achever son œuvre, tout au plus, sous l'abbatiat de Boniface (1107-1125), mais certainement pas au-delà.

Ruines et restaurations

Les travaux de consolidation de la tour-lanterne, actuellement réalisés par les Monuments historiques, donnent une meilleure connaissance de cette partie de l'édifice, de ses vicissitudes et de ses transformations depuis le XIIe siècle.

Tour d'abord, des traces d'arrachement permettent d'affirmer que la coupole romane lancée trop hardiment au-dessus du tambour octogonal, à la croisée du transept, s'est effondré, à une date inconnue. D'après M. Causse, architecte des Bâtiments de France, la faiblesse des trompes d'angle, destinées à assurer le passage du carré à l'octogone, serait responsable de ce désastre. Épaisses de 70 cm seulement à leur centre, les trompes auraient lâché sous les poussées de la coupole. Nous savons encore que celle-ci était renforcée par des nervures retombant sur des culs-de-lampe garnis de masques. On en a retrouvé trois dont un, magnifique, avec une tête de vieillard à la grande barbe ondulée (au musée lapidaire du trésor II) (pl. 47). La coupole fut remontée à la fin du XVe siècle, entre 1460 et 1490, en utilisant les techniques de l'architecture gothique.

Un siècle plus tard, au plus fort des guerres de Religion, les calvinistes s'emparent de la ville et de son abbaye. Une charte du roi Charles IX, datée de 1571, précise : «Il fut faict grand pillage, brullerie et saccagement tant de ladite église Sainte-Foy au dit Conques, que des édifices et maisons d'icelle».

Si le tympan et le trésor échappèrent au «saccagement», l'abbatiale, elle, faillit bien s'écrouler à la suite de l'éclatement des grandes colonnes du chœur sous l'effet des flammes. Il fallut ensuite les cercler de fer et les noyer dans un massif de maçonnerie pour éviter une catastrophe. Les protestants incendièrent aussi les toitures dans leur ensemble. Les tours de façade furent rasées, ainsi que le clocher central. Les chanoines conquois le réparèrent alors, ajoutant un second étage à l'octogone de la tour-lanterne et élevant au-dessus la flèche charpentée actuelle. Il est remarquable que cet exhaussement n'ait en rien déparé l'ensemble existant; et l'utilisation du plein cintre pour les fenêtres témoigne du souci, fort méritoire en ce temps-là, de respecter le style roman initial.

La Révolution française de 1789 supprime le chapitre et disperse les chanoines qui, jusque-là, assuraient à leurs frais l'entretien de leur collégiale. La municipalité de Conques, faute de moyens financiers suffisants, se contente de déplorer désormais le triste état d'abandon de

l'édifice. En 1825, le conseil de fabrique lance un véritable S.O.S. au préfet de l'Aveyron à propos du clocher central : «Si vous ne prenez de promptes mesures, le peuple et ses ministres du culte risquent d'être écrasés par la ruine très prochaine de sa masse énorme».

Par bonheur, l'intervention de Prosper Mérimée devait sauver l'abbatiale Sainte-Foy. A partir de 1834, le grand écrivain devenu inspecteur général des Monuments historiques parcourt inlassablement la France à la recherche d'églises ou de châteaux à protéger. Sous l'impulsion du mouvement romantique qui remet à l'honneur l'art du Moyen Age, on commence en effet à s'intéresser au patrimoine national et à sa conservation. Victor Hugo vient d'écrire dans la *Revue des deux mondes* son article intitulé «Guerre aux démolisseurs!», et Montalembert, dans la même revue, publie : «Du vandalisme en France». Après l'Auvergne, Prosper Mérimée arrive en Rouergue où il visite Villefranche et Rodez. Il y apprend l'existence de l'église et du trésor de Conques, tombés dans le plus profond oubli, et décide de gagner «ce bourg presque inaccessible, en raison de la difficulté des chemins». Les 30 juin et 1er juillet 1837 c'est avec stupeur qu'il découvre toutes les richesses dont il va laisser une minutieuse description dans ses «Notes sur un voyage en Auvergne,» un rapport de dix-huit pages avec plans et coupes, la première des innombrables études archéologiques consacrées à Conques. Mais Mérimée sait aussi être efficace. Le long mémoire qu'il adresse au ministre de l'Intérieur, lui permet d'obtenir le classement de l'abbatiale et du trésor de Sainte-Foy, assorti d'une première subvention. La restauration est confiée à Boissonnade, l'architecte du département qui entreprend les travaux les plus urgents : drainage des abords de l'église, rétablissement des charpentes et couvertures, etc.

En 1873, le cardinal Bourret, évêque de Rodez, après avoir fait appel en vain aux bénédictins de Solesmes, installe à Conques une communauté de pères prémontrés venus de Saint-Michel de Frigolet en Provence. Une impulsion nouvelle est donnée alors à l'œuvre entreprise par Mérimée. La même année, le ministre des Beaux-Arts commande à un jeune architecte des Monuments historiques, Jean-Camille Formigé, un projet complet de restauration. Comme à l'époque romane, Conques se transforme en un vaste chantier, où travaille la main-d'œuvre locale d'artisans et de manœuvres. On commence par rouvrir la carrière du Salès à proximité de Lunel pour en extraire le beau calcaire jaune utilisé huit cents ans auparavant. Pour en faciliter le transport, un chemin d'accès est créé jusqu'à la place de l'église. L'œuvre réalisée alors est considérable : reconstitution de la colonnade du rond-point dans le chœur, reconstruction des voûtes de la nef, réfection du dallage, etc. Le célèbre tympan déposé en 1883 ne sera remonté que trois ans plus tard. Et c'est à partir de 1881 que commence la surélévation des deux tours de façade, suivie de la mise en place des lourdes et critiquables pyramides de pierre qui les coiffent depuis lors.

BIBLIOGRAPHIE

• M. Causse, «Conques : chronique d'une restauration», dans *Vivre en Rouergue,* printemps 1987, p. 11-19.

• M. Durliat, «Le chevet roman de l'église abbatiale de Marcilhac», dans *Bulletin monumental,* t. 134-IV, 1976, p. 277-287.

• P. Mérimée, *Notes de voyages,* édition du Centenaire, Paris, 1971, p. 534-544.

TABLE DES PLANCHES

2

3

5

SAINT-CLAIR DE VERDUN

CONQUE

SAINT-AMANS
DE LIZERTET

CLAVI
LVNA

STAT XPISTO IVDICE
CARITAS
VMILITAS
OPECCATORES TRANSMVTETIS NISI MORES

13

VR ELE
ADCELI GAVD
IFICI MITES:PIETATIS

MVNT PERPETVO

20

24

23

25

26

27

28

29

31

32

36

37

39

3 LE PLAN ET LA STRUCTURE

En dépit des tâtonnements que nous avons pu constater dans la première phase des travaux, le plan de l'abbatiale présente une unité indéniable. Sainte-Foy de Conques, un des meilleurs témoins du génie roman, appartient avec Saint-Sernin de Toulouse et Saint-Jacques de Compostelle à ce groupe d'églises qui «représente une synthèse des recherches poursuivies dans l'Europe entière aux XIe et XIIe siècles» (M. Durliat).

Cette architecture éminemment fonctionnelle ne peut que satisfaire l'esprit. Dans sa conception, elle répondait en effet à un double impératif : recevoir la masse des pèlerins qui affluaient à Conques, et permettre à une communauté monastique dont l'effectif n'avait probablement pas cessé de grossir, de s'assembler pour les offices divins sept fois par jour. Ainsi, Sainte-Foy a-t-elle été pensée à la fois comme un sanctuaire de pèlerinage et comme une abbatiale. Pour les habitants de Conques, on avait élevé une église paroissiale distincte, dédiée à Saint-Thomas de Contorbéry, dont il ne subsiste plus que quelques contreforts engagés dans le mur de soutènement de la place Chirac.

En premier lieu, c'est l'accueil et la circulation des foules qui ont déterminé la structure de l'abbatiale. L'accès se fait par les deux portes de la façade occidentale et, accessoirement, par celles de chaque croisillon. A l'intérieur, les bas-côtés qui encadrent la nef, canalisent les pèlerins en direction du déambulatoire dont le demi-cercle entoure le chœur, lieu d'exposition de la «majesté» de sainte Foy et des divers

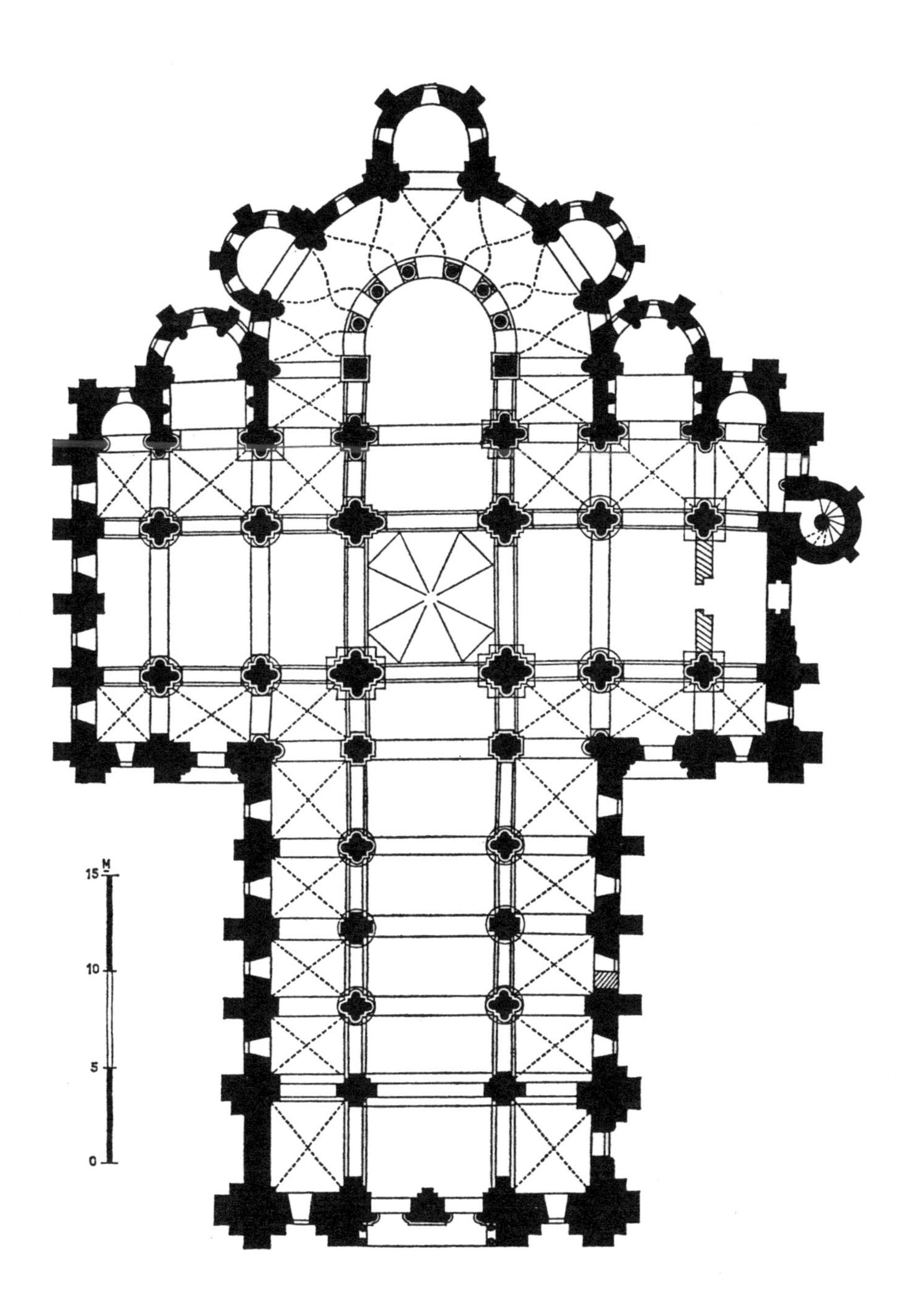

CONQUES

reliquaires. La nef et les deux bras du transept, aux dimensions généreuses, sont capables de contenir des centaines de fidèles et permettent à tous de voir le prêtre en train d'officier au maître-autel, alors implanté à l'intersection des deux axes perpendiculaires, sous la coupole. En cas d'affluence exceptionnelle, on pouvait encore utiliser les vastes tribunes ajourées d'arcades géminées. A l'Est, les sept chapelles ouvertes sur le déambulatoire et sur le transept multipliaient le nombre des autels secondaires et autorisaient la célébration simultanée de la messe par les moines prêtres.

Ce plan cruciforme à chapelles rayonnantes ne présente rien de bien original puisque, dans ses grandes lignes, il est celui de plusieurs «églises à reliques», le long des routes de pèlerinage. A l'intérieur de ce groupe, Sainte-Foy conserve néanmoins sa personnalité. Sur place, on s'aperçoit que ses caractères spécifiques sont, pour une grande part, le résultat des conditions naturelles auxquelles les maîtres d'œuvre durent impérativement se plier. Car l'emplacement choisi à l'origine par Dadon, s'il convenait à un ermitage, ne se prêta par la suite que très mal à l'édification d'une abbaye et d'une église de l'importance de celle-ci. Le versant schisteux surplombant l'Ouche offre ici une forte déclivité et la création d'une vaste plate-forme artificielle, pour recevoir l'église et le cloître, constituait déjà une entreprise peu commune. Creuser ici des fondations ne fut pas non plus une tâche aisée, certainement ; et pour la même raison, on renonça à ouvrir une crypte. Il fallut encore bâtir d'énormes murs de soutènement, au Nord, pour empêcher les glissements de terrain, au midi pour supporter le terre-plein du cloître et du cimetière actuel (pl. coul. p. 115). De ce fait, vue de la place Chirac ou de la route, l'abbatiale paraît enfouie au fond d'une fosse, tandis qu'à l'opposé elle domine de sa masse imposante le cloître (pl. 10), lui-même accroché au-dessus du ravin. La surface disponible pour la construction, de forme sensiblement carrée, ne pouvait être que fort limitée. De plus, la présence de la fontaine du Plô et de son réservoir souterrain sous la place actuelle, à l'Ouest, empêchait toute expansion de l'église dans cette direction.

Ces divers impératifs, dictés par la topographie du site de Conques expliquent le plan extrêmement ramassé, l'abside d'assez faible profondeur avec trois chapelles au lieu des cinq habituelles, la nef très courte (20 m 70) par rapport au transept d'une ampleur inusitée (35 m). Et comme pour compenser la modestie de ses dimensions au sol, l'édifice se développa en hauteur : c'est probablement là sa grande originalité. Songeons que Saint-Sernin de Toulouse, pour une longueur totale d'environ le double, a une hauteur sous les voûtes de la nef légèrement inférieure à celle de Sainte-Foy (21 m 10 contre 22 m 10).

Le même élancement se retrouve à l'extérieur, sur la haute façade d'abord dont l'austérité de forteresse n'est égayée que par les rosaces de pierres polychromes qui tranchent sur l'ocre jaune du calcaire de Lunel, au niveau des fenêtres (pl. 11). Latéralement, rien ne vient interrompre la verticalité des contreforts de la nef et du transept, montant d'un seul jet jusqu'aux toitures (pl. 10). En contournant l'édifice, on découvre soudain le chevet et la somptuosité de son élévation pyramidale (pl. 9). Ici, le triple étagement des volumes semi-cylindriques, magnifiquement appareillés, reflète la structure intérieure de l'église. Au rez-de-chaussée, la couronne de chapelles rayonnantes flanque le mur du

déambulatoire, surmonté lui-même par la rotonde des arcades aveugles du sanctuaire. Et le tout est dominé par la masse de la tour-lanterne.

4 VISITE INTÉRIEURE

Une fois franchi le narthex couvert d'une voûte basse, un peu écrasante, le visiteur ressent d'emblée jusqu'au fond de lui-même, cet élan audacieux, ce véritable jaillissement du vaisseau central qu'accentue encore son étroitesse (pl. 19). La nef en effet paraît d'autant plus haute qu'elle est étroite (6 m 80). Puis en analysant cette architecture admirable si propice à la prière, il découvre vite qu'elle s'exprime dans les formes les plus simples possibles : le plein cintre pour les arcs, des verticales à arêtes vives pour les supports, sans aucun ornement pour en atténuer la rigueur et la sévérité.

L'ensemble de l'élévation révèle un sens aigu du rythme qui procède, il faut bien l'admettre, de cette «science des nombres», propre à toutes les branches du savoir médiéval, de la théologie jusqu'à l'astronomie et à la musique. Ici, selon un système bien ordonné, tout a été conçu en fonction de la haute voûte en berceau dont le demi-cylindre est scandé par six arcs-doubleaux surbaissés. Tout en jouant leur rôle de soutien, ces derniers évitent l'impression de monotonie et individualisent les six travées de la nef, de largeur très inégale d'ailleurs. Mais peu importe! Ces témoignages de repentir ou même d'interruptions en cours de travaux, visibles sur un plan, ne se perçoivent guère sur place et ne dérangent en rien l'harmonie générale. Latéralement, la travée s'articule selon un double étagement d'ouvertures où la notion même de mur plein tend à disparaître. D'une part, les grandes arcades du rez-de-chaussée assurent la communication avec les collatéraux, d'autre part les baies géminées sous un arc de décharge, ouvrant sur les

tribunes, permettent l'éclairage indirect de la nef. Les doubleaux de la voûte retombent sur des demi-colonnes partant, soit directement du sol, soit à la hauteur des tribunes seulement, et délimitent ainsi les travées. Mais la grande trouvaille du maître d'œuvre a été de faire alterner sur les piles cruciformes de la nef quatre colonnes engagées et quatre pilastres plats, de manière à rompre l'uniformité. Ce parti pris que ne justifie aucune raison strictement architecturale, prouve une recherche d'ordre esthétique assez rare dans l'art roman. D'une belle netteté de lignes, les piliers prennent solidement appui à leur base sur de gros tambours circulaires, un procédé maintes fois imité dans les églises romanes du Rouergue septentrional.

La même alternance s'observe dans les collatéraux de la nef, couverts de voûtes d'arêtes séparées par des doubleaux, et éclairés par quatre larges fenêtres en plein cintre. A leur extrémité, ils se raccordent à la première travée du bas-côté Ouest du transept. Mais, pour une cause inconnue, ce collatéral a été brusquement interrompu au fond de chacun des croisillons et, à l'étage, une simple coursière assure le passage d'une tribune à l'autre.

A la croisée du transept, quatre forts piliers montent d'un seul jet jusqu'aux arcs à double rouleau qui soutiennent au-dessus du vide le tambour octogonal de la coupole, remplacée au XVe siècle par une voûte gothique (pl. 20). La technique utilisée ici est d'une extrême habileté. Les huit nervures qui rayonnent à partir de la clef centrale, retombent très bas sur des corbeaux armoriés, à un niveau où les voûtes de la nef et du transept peuvent assurer une contrebutée. Et, entre ces nervures, on a respecté les fenêtres romanes primitives qui peuvent diffuser la lumière en abondance. Le passage du carré à l'octogone se réalise dans les angles par l'intermédiaire de trompes dont les petits arcs permettent d'amortir le porte-à-faux du tambour. A ce procédé, connu depuis l'Antiquité, une note d'originalité a été introduite avec les belles figures d'anges logées sous les trompes orientales, et avec les masques de saint Pierre et de saint Paul au bas des deux autres.

Au-delà, le sanctuaire proprement dit comprend une travée droite prolongeant en élévation la disposition de la nef, puis le fer à cheval du chœur coiffé d'une voûte en cul-de-four allongé. En dessous, trois registres d'arcatures superposées délimitent l'hémicycle; d'abord, deux étages de sept arcades alternativement aveugles et percées de baies, ensuite, sous un cordon denticulé, les arcs très fortement surhaussés que portent les colonnes du chœur. On retrouve là, comme dans la nef, cette impression de légèreté donnée à la fois par l'ajourement de la construction et par son élan ascensionnel.

Il faut noter encore la division du déambulatoire en sept travées. Ce chiffre chargé de tout un symbolisme, déjà rencontré à propos des chapelles orientales et des arcatures du rond-point, semble donc caractériser l'extrémité de l'abbatiale. Faut-il y voir une simple coïncidence? Quoi qu'il en soit, au déambulatoire, la construction de la voûte en berceau annulaire, pénétrée d'un côté par les fenêtres du chevet et par les arcs d'entrée des chapelles rayonnantes, de l'autre par les grandes arcades du chœur, a dû poser ici un problème technique assez ardu (pl. 21). Et celui-ci avait sans doute été mal résolu par les premiers constructeurs, ce qui expliquerait la menace d'une ruine prochaine évoquée dans le livre des *Miracles*. Pour en venir à bout, sous l'abbé

Étienne II, les maçons ont utilisé des coffrages cintrés en bois sur lesquels ils montaient la voûte en disposant sur chant de minces lames de schiste noyées dans le mortier. Après le temps nécessaire pour le séchage, commençaient les opérations délicates du décoffrage et de la dépose des échafaudages : « Il y avait alors un instant de suspens atroce et délicieux, où les travailleurs, bras ballants, attendaient le signe du Dieu invisible auquel ils avaient dédié leur peine » (R. Oursel, *Invention de l'architecture romane*). Ce procédé apparaît parfaitement au-dessus du déambulatoire dans le passage tournant où, du fait ici de l'absence de crépi, chaque planche du coffrage primitif a laissé sa trace. Disons que la fenêtre d'axe de ce passage en quart de cercle ouvre sur une perspective grandiose : au-delà de la couronne de lumière de la coupole, les doubleaux du vaisseau central et leurs supports dessinent une suite d'arcs triomphaux qui conduisent le regard jusqu'au mur de fond de la nef, éclairé par deux grandes baies surmontées d'un oculus.

Les tribunes offrent elles aussi des vues plongeantes d'un effet saisissant (pl. 22). En augmentant sensiblement la capacité de la nef et du transept, elles permettaient de loger de nombreux fidèles lors des cérémonies solennelles. Malgré tout, leur fonction est beaucoup plus architecturale qu'utilitaire puisqu'elles assurent, en fait, la stabilité de l'ensemble de l'édifice. Au-dessus des collatéraux, leurs voûtes en quart de cercle viennent s'appliquer à la naissance même du grand berceau de la nef et des croisillons, de chaque côté, à l'endroit où les poussées sont les plus fortes. Elles l'épaulent sur toute sa longueur, jouant le même rôle que les arcs-boutants gothiques, mais de manière continue. Le dispositif est complété par les arcs-doubleaux qui, tendus entre les piliers de la nef et les contreforts extérieurs, maintiennent l'écartement. Dans les intervalles, on a pu percer sans risque les fenêtres qui répartissent la lumière au niveau de ces tribunes. Ce système cohérent, apparu presque simultanément sans doute à Conques, à Saint-Sernin de Toulouse et à Saint-Jacques de Compostelle, favorise à la fois le développement de la nef en hauteur et l'évidement de ses murs latéraux. En effet, les tribunes s'ouvrent largement par une série de baies groupées par paire ; le principe de l'alternance, cher aux constructeurs de cette abbatiale, reparaît dans les supports de ces baies : des colonnettes jumelles au centre, une forte demi-colonne sur les côtés.

Le travail de la pierre a atteint ici une maîtrise remarquable. Le calcaire jaune, taillé avec un soin extrême, forme l'ossature (colonnes, claveaux des arcs, chaînages d'angle), alors que le schiste cassé au marteau est utilisé dans la maçonnerie comme remplissage. Le sable du Dourdou qui entre dans la confection du mortier, donne aux joints rubanés une délicate couleur rose, très caractéristique.

Il faut signaler, à l'intérieur de Sainte-Foy, deux adjonctions postérieures à l'époque romane : d'une part, la sacristie qui, au XVe siècle, est venue se loger au fond du croisillon Sud, de l'autre, les deux escaliers latéraux faisant communiquer les bas-côtés de la nef et la tribune de l'orgue, une construction de la fin du XIXe siècle.

ꝺ

5 LE MOBILIER ET LE PAVEMENT ROMANS

Les grilles du chœur

Le trésor de Sainte-Foy, conservé dans le sanctuaire, était protégé par des grilles de fer forgé disposées entre les piliers et les colonnes du chœur.

Dans la basilique du Xe siècle déjà, nous le savons par le *Livre des miracles* de sainte Foy, « toutes les issues, tous les passages étaient fermés aux moyens de portes de fer dont les chaînes des prisonniers ont fourni la matière ». En effet, les captifs délivrés par l'intervention miraculeuse de sainte Foy avaient l'habitude de ramener à Conques leurs entraves, en guise d'ex-voto. Et à une époque où le fer était rare, elles ont servi tout naturellement à forger ces portes. On fit de même à l'époque romane, puisque le sculpteur du tympan a représenté avec beaucoup de minutie les bracelets des captifs suspendus aux voûtes de l'église (pl. 16). Une telle pratique n'avait d'ailleurs rien d'exceptionnel, elle se retrouve à Notre-Dame d'Orcival en Auvergne, par exemple.

Voici donc l'origine de ces magnifiques grilles romanes, au moins pour les quatre qui viennent, en vis-à-vis, fermer les deux travées droites du chœur sur près de 3 m de hauteur. Les sept autres ont disparu à la fin du XVIe siècle lorsqu'il fallut élever un mur pour consolider la colonnade du chœur, très endommagée par l'incendie qu'y allumèrent les protestants. L'une d'elles, sans doute, a été transportée alors dans la petite église de Montarnal, près de Conques. Les grilles actuelles de l'hémicycle ont été refaites, dans le même style,

après la démolition de ce mur, en 1876. Il manque encore les panneaux barrant le sanctuaire, du côté de la nef.

Une porte à un battant s'ouvre dans chacune des grilles situées à l'Ouest pour donner accès au chœur. En haut, la partie dormante fixée sur une traverse en bois est hérissée de piques acérées et de pointes barbelées rendant toute escalade impossible. Elle présente aussi à ce niveau un alignement de palmettes antithétiques en fer plat et, en avant, des tiges terminées alternativement par une tête de dragon et par un fleuron d'où s'échappe un petit fruit rond, d'un très beau travail.

Partout les enroulements de fer plat offrent une variété de combinaisons, d'un dessin savant : spirales et losanges, volutes accolées ou affrontées, motifs en forme de cœur, etc. (pl. 38).

Les quatre grilles en place représentent, avec celles de l'église de Billon (Puy-de-Dôme), le plus bel ensemble de ferronnerie romane conservé en France. Par leur technique, comme par les motifs utilisés, elles s'apparentent étroitement aux grilles des églises d'Auvergne, ainsi qu'à celles de la cathédrale espagnole de Pampelune. Elles peuvent être datées sans doute de la fin du XIIe siècle.

Les tables d'autel

L'église a le privilège de conserver au total sept tables d'autel d'époque romane.

Cinq d'entre elles, appartenant à des autels secondaires, se répartissent à l'intérieur des deux petites chapelles du transept et des trois absidioles rayonnantes où elles constituent une série particulièrement homogène, de même époque. Ce sont des dalles de forme rectangulaire taillée dans un bloc de «rousset», le calcaire jaune largement utilisé par les bâtisseurs de l'abbatiale, et dont la face supérieure se creuse en évier suivant l'usage roman. Si la plus grande, dans la chapelle d'axe, a 1 m 62 de long, les quatre autres présentent des dimensions identiques : 1 m 16 × 0 m 98. Leur sobriété décorative n'a d'égale que la qualité de leur facture, et la taille est toujours d'une netteté remarquable. Sur les tables de l'absidiole Nord et de la petite chapelle du croisillon méridional, un rebord plat en faible saillie ceinture la surface creusée. Sur les autres, ce cadre se dédouble et un étroit bandeau succède au rebord; la dénivellation par rapport au centre devient alors plus accusée. Leur tranche, épaisse d'une vingtaine de centimètres, se termine soit par un cavet soit par un simple biseau avant de se raccorder au massif maçonné qui sert de support.

Ces socles cubiques, bâtis en pierre de taille, ont été visiblement montés à une époque récente, sans doute lors de l'aménagement du chœur et des chapelles de l'abbatiale à la fin du siècle dernier. On peut même penser que, dans tous les cas, l'autel a été alors déplacé et repoussé contre le mur de fond de l'hémicycle. Le pavage de l'absidiole Nord, le seul à n'avoir pas subi de restauration, conserve la trace fort nette de l'implantation du socle primitif, une soixantaine de centimètres en avant de l'actuel, ce qui conférait à l'autel une position à peu près centrale à l'intérieur de la chapelle. Et dans les absidioles Nord et Sud, les tables se trouvent maintenant engagées sous des retables provenant de l'ancienne église paroissiale Saint-Thomas et transportés ici après la

démolition de cet édifice. Quant à l'aspect originel de ces supports d'autel, il nous est probablement révélé par le chapiteau du Sacrifice d'Isaac dans la travée droite du chœur, côté Sud (pl. 28) : la table du sacrifice, aux bords biseautés, repose ici sur un massif, non pas de forme cubique mais trapézoïdale, et évasé vers le haut.

Lorsqu'on connaît le soin apporté par le sculpteur de cette corbeille à reproduire le moindre détail vestimentaire par exemple, nul doute qu'il n'ait représenté avec autant d'exactitude le type d'autel en service dans l'église, à la fin du XIe siècle.

Il existe une sixième table en « rousset », de la même série, mais de dimensions plus importantes (1 m 84 × 1 m 04). Une triple bordure faite de bandeaux plats disposés en gradins entoure la partie déprimée. Actuellement désaffectée, cette table d'autel est déposée contre le mur de fond du croisillon septentrional. Selon le témoignage digne de foi de Louis Servières, le premier historien de Conques, elle n'appartenait pas à l'abbatiale Sainte-Foy, mais à l'église Saint-Thomas.

La dernière table, dans la grande chapelle du croisillon Nord, s'avère totalement différente des précédentes, aussi bien par sa forme et par sa mouluration que par le matériau utilisé. Il s'agit d'une dalle en marbre blanc, d'origine pyrénéenne sans doute.

Disons tout d'abord que l'ensemble de l'autel, sous son aspect actuel, est le produit d'un montage fantaisiste réalisé au XIXe siècle à partir de cette dalle et d'éléments récupérés dans le cloître de Conques, après sa destruction. Les supports, c'est-à-dire les quatre colonnettes avec leurs chapiteaux en calcaire gris du causse, en proviennent incontestablement, tout comme l'entablement au beau décor floral posé sur la partie postérieure de la table pour recevoir le tabernacle. Il serait d'ailleurs souhaitable que ces éléments trouvent place dans le musée lapidaire où sont rassemblés les vestiges du cloître disparu.

La table elle même se présente comme une dalle légèrement creusée en cuvette sur le dessus, longue et étroite (1 m 98 × 0 m 98), épaisse seulement de 13 cm. La forme est tout à fait insolite et, à notre connaissance sans équivalent dans l'art roman. Chacun des quatre côtés offre une très faible concavité, de telle sorte que les angles, d'une mesure inférieure à 90 degrés, ont un tracé curviligne. L'un d'entre eux a été cassé. Par ailleurs, à l'époque de la remise en service de l'autel, on crut bon de graver de petites croix de consécration et d'encastrer un carreau de marbre blanc de tonalité plus claire que celui de la table. La bordure s'est vue altérée aussi par une série de trous forés au trépan et destinés à assurer la fixation de la nappe d'autel.

La décoration est d'une extrême discrétion et, contrairement à l'usage, la tranche ne possède ni cavet, ni chanfrein. Seule, la face supérieure s'enrichit d'un triple encadrement composé d'une plate-bande unie et d'une gorge séparées entre elles par une rainure. En dehors de cette mouluration, l'ornement n'est représenté ici que par quatre petites nervures en relief, sorte de feuilles de laurier biseautées, qui viennent interrompre la gorge à chaque angle interne.

Ce motif peut s'interpréter, semble-t-il, comme une marque de fabrique, une véritable signature capable de révéler l'origine de la table d'autel. Et il ne peut s'agir que d'une pièce d'importation du fait de l'absence de carrière de marbre dans la région conquoise. La même feuille biseautée reparaît en effet, aux mêmes emplacements, sur la

plupart des tables de marbre façonnées par les ateliers de Narbonne ou du Roussillon : sur celles de Quarante et de Corneillan (Hérault), de Montolieu (Aude), de Gérone ou de la Seu d'Urgell en Catalogne, et, en Rouergue même, sur celle de l'ancienne cathédrale de Rodez. Ainsi, en dépit de l'absence des lobes et des fleurons caractéristiques, la table de Conques est à ranger, croyons-nous, parmi l'abondante production des marbriers septimaniens, étudiée par M. Marcel Durliat.

Cette production s'étant étalée du Xe siècle à la seconde moitié du XIe, l'œuvre qui nous intéresse pourrait aussi bien avoir été commandée à Narbonne par l'abbé Étienne, le constructeur de la première abbatiale, que par Odolric ou même l'un de ses successeurs pour l'église romane actuelle. A dire vrai, la seconde hypothèse présente l'avantage d'expliquer à la fois l'indigence ornementale et la forme «baroque» de la table en question. Et il faudrait sans doute voir en elle une pièce d'époque tardive, l'une des toutes dernières œuvres d'un atelier frappé de décadence, dévitalisé en quelque sorte par le départ du maître Bernard Guilduin pour Saint-Sernin de Toulouse à la fin du XIe siècle.

Reste le problème de son emplacement originel dans l'abbatiale. A côté des autels secondaires en calcaire, quelle pouvait être la place réservée à une table taillée dans le marbre? Ses dimensions relativement modestes (la table de Rodez, elle, mesure 2 m 30 sur 1 m 40) interdisent sans doute de l'attribuer au maître-autel, surtout dans une église aussi vaste que Sainte-Foy. S'agit-il, dès lors, d'un ancien autel matutinal placé au-devant du chœur pour célébrer la messe basse du matin? Ou bien cette table a-t-elle simplement conservé son emplacement initial dans la grande chapelle du croisillon septentrional dédiée à la Vierge?

De toute façon, la présence de cette pièce de mobilier liturgique en marbre confirme la préoccupation, de la part des bénédictins de Conques, de faire le plus possible appel à des matériaux nobles et précieux pour l'enrichissement intérieur de leur basilique. Cette préoccupation se retrouve à propos du beau pavement de marbre et de porphyre étudié par M. Xavier Barral i Altet.

Le pavement roman

Lorsque Alfred Darcel se rendit à Conques en 1859 pour y étudier le trésor d'orfèvrerie, il put remarquer, dans le chœur, «des fragments de dallage incrustés de disques en porphyre et en vert antique». Mais dès 1874, les quelques vestiges subsistants du pavement roman sont enlevés à l'occasion des travaux de réfection réalisés dans le sanctuaire par les prémontrés. Par chance, trois de ces fragments seront conservés; ils se trouvent aujourd'hui déposés dans le musée lapidaire du trésor II.

Il s'agit de dalles de grès gris, d'une soixantaine de centimètres de côté, où se trouvent incrustés des plaquettes de pierre de diverses couleurs, vert, rouge, blanc et noir, et reproduisant des formes géométriques, cercle, carré, rectangle ou triangle (pl. 48). L'une d'elles présente un alignement de motifs circulaires évoquant des fleurs : un disque de marbre ou de porphyre formant le cœur s'entoure de petits triangles ou de disques, en guise de pétales. Une autre est décorée de rectangles et de losanges séparés par une suite de disques de marbre

noir, blanc et vert. Sur la dernière enfin, les incrustations se répartissent sans aucun ordre apparent. Parmi les pierres incrustées, seule la serpentine noire du Puy de Voll, près de Firmy (Aveyron), qui a servi à construire le grand bassin du cloître, a une origine locale. On trouve du marbre noir d'Aquitaine, ainsi que du marbre blanc, peut-être venu des Pyrénées. Par contre la serpentine verte, veinée de calcite, proche du vert antique, est un matériau d'importation, tout comme le porphyre rouge foncé, identique à celui de la plaque de l'autel portatif de Bégon, au trésor. Nous savons que l'exploitation de cette variété de porphyre dans le désert oriental d'Égypte avait définitivement cessé au Ve siècle. Très apprécié au Moyen Age où il symbolisait, du fait de sa couleur, le sang des martyrs, le porphyre ne provient plus que des objets fabriqués dans l'Antiquité, ou bien des blocs déjà extraits, mais non travaillés. De Constantinople ou de Rome, où il constitue le principal élément des pavements cosmatesques, on l'expédie dans toute la Chrétienté occidentale. Nous avons là la preuve de l'existence d'échanges commerciaux et artistiques entre l'abbaye de Conques et l'Italie.

L'autel portatif de Bégon III (pl. 62) porte une inscription selon laquelle sa consécration eut lieu en l'an 1100, ce qui, pour Xavier Barral i Altet, «nous fournit une donnée chronologique approximative pour la pose du pavement». Celle-ci d'ailleurs, s'inscrit fort bien dans la période d'intense activité que déploya le grand abbé conquois.

Ce pavement du chœur, dont il est impossible de restituer le dessin d'ensemble à partir de trois fragments isolés, «reste par sa technique très isolé dans le Midi de la France». Ailleurs, il est à rapprocher par exemple d'un panneau de pavement de Saint-Bertin à Saint-Omer, daté du premier tiers du XIIe siècle, ou encore des dalles à incrustations de Cluny que conserve le musée lapidaire de l'abbaye.

6 LA SCULPTURE

Alors que dans les sanctuaires carolingiens ou préromans la sculpture sur pierre concernait surtout le mobilier d'église, chancel, ciborium, devant d'autel, l'époque romane vit le triomphe de la grande sculpture monumentale, totalement soumise à l'architecture de l'édifice où elle était appelée à s'intégrer.

LES CHAPITEAUX

A Sainte-Foy de Conques, si les hauts-reliefs du Jugement dernier, et, peut-être, de l'Annonciation trouvaient au portail leur place naturelle, les structures internes de l'abbatiale multipliaient comme à plaisir le nombre de chapiteaux. Ceux-ci offrent un champ immense à la décoration sur les faces des corbeilles ou sur les tailloirs, tout en jouant leur rôle architectonique de support, partout où règne l'arcade. L'église recèle intérieurement plus de deux cent cinquante chapiteaux qui, outre ceux des chapelles orientales, se répartissent essentiellement selon trois niveaux : à la retombée des grandes arcades du déambulatoire, des croisillons et de la nef, puis aux tribunes où chaque baie géminée possède une corbeille double au centre et deux demi-corbeilles latérales, enfin à la naissance des voûtes. A l'extérieur, l'austérité a prévalu et les corbeilles ornementales, au nombre d'une trentaine, n'ont pu se loger que sous les voussures des portes et surtout au chevet, qui présente aussi une très belle série de corbeaux sculptés.

La mise en place des chapiteaux, subordonnée à la marche des travaux, s'est échelonnée dans le temps depuis le milieu du XIe siècle jusqu'au premier quart du XIIe siècle. Les ateliers qui se succédèrent sur le chantier, soumis à des influences diverses, ont apporté leurs marques propres, discernables dans la facture et dans le choix des thèmes ou des motifs. Leur étude permettra de préciser aussi les grandes étapes de la construction de l'abbatiale. Disons que cette sculpture prise dans son ensemble donne l'impression d'une certaine homogénéité, à l'exception toutefois des chapiteaux les plus anciens.

Les chapiteaux à entrelacs

Sainte-Foy possède le plus important ensemble connu de chapiteaux à entrelacs, avec celui de Saint-Pierre de Roda en Catalogne. Au nombre d'une trentaine au total, ils se rencontrent à l'intérieur des absidioles du transept et autour du chevet, ainsi qu'au portail septentrional. Tous, sans exception, sont taillés dans le grès rose qui caractérise les premières campagnes de construction.

L'entrelacs est un motif composé de rubans plats le plus souvent à trois brins, qui se croisent ou bien se nouent en passant alternativement l'un au-dessus de l'autre à la manière d'un travail de vannerie. A la fin du monde antique et en liaison avec le recul du classicisme, tous les arts décoratifs firent plus ou moins appel à lui : la mosaïque, puis l'orfèvrerie et l'enluminure, la sculpture enfin. L'entrelacs devait y régner en maître aux IXe et Xe siècles, surtout dans le mobilier d'église. C'était le cas à Conques, comme en témoigne le pilier de chancel en provenance de la basilique du Xe siècle, récemment découvert (pl. 8). Par son existence même, il semble vouloir attester la survivance et la continuité de ce décor dans le nouvel édifice. A l'époque romane, certains sculpteurs ne réussirent jamais à se dégager des modèles fournis par leurs prédécesseurs, et ils se bornèrent à recopier inlassablement ces motifs géométriques d'entrelacs à perpétuel retour. Plus souvent, refusant l'immobilisme, les artistes surent s'adapter à l'évolution artistique générale en y introduisant des motifs végétaux stylisés, palmettes, fleurons ou pommes de pin que le style roman remettait à l'honneur. Cet enrichissement du décor préroman apparut dans la sculpture monumentale au cours de la première moitié du XIe siècle sans doute à Saint-Pierre de Roda. De là, il se diffusa vers le Nord en direction des hautes terres du Rouergue, du Quercy et de l'Auvergne, à l'intérieur d'une vaste aire géographique étirée de la Catalogne au Massif central, en passant par l'ancienne Septimanie.

Le Rouergue roman fit un accueil des plus favorables au nouveau style. Ainsi la cathédrale romane de Rodez a livré plusieurs chapiteaux, conservés au musée Fenaille, ornés de rubans d'entrelacs épanouis en palmettes. L'importation en Rouergue d'œuvres réalisées par les marbriers narbonnais, en particulier les quatre magnifiques chapiteaux à entrelacs de la table d'autel de cette même cathédrale de Rodez (pl. 143-144), allait fort à propos offrir les modèles qui manquaient sur place à la veille de la grande fièvre de construction romane.

A Conques, l'existence de plusieurs groupes distincts parmi les corbeilles à entrelacs correspond à une évolution stylistique. Le

premier groupe concerne la série des petits chapiteaux qui supportent les arcatures des grandes absidioles du transept (pl. 27) ou bien qui, à l'extérieur, prolongent les colonnettes du chevet. Toutes ces corbeilles, presque aussi larges que hautes, à l'aspect trapu, offre ce type d'épannelage dit cubique qui est intimement lié au décor d'entrelacs. Au-dessus de l'astragale, la corbeille cylindrique s'évase progressivement, puis se transforme soudain en un cube régulier. Elle se divise ainsi en deux registres superposés et individualisés soit par une saillie du décor, soit par une baguette médiane lisse ou garnie d'une tresse. Elles sont surmontées de volumineux tailloir ornés le plus souvent de cartouches. L'entrelacs employé isolément n'apparaît que sur un seul de ces chapiteaux avec le motif traditionnel des nœuds en éventail répartis sur les deux registres. Le sculpteur s'est donc contenté de reprendre sans rien y changer, le décor géométrique que lui offrait le pilier de chancel du Xe siècle. Partout ailleurs, au contraire, le ruban à trois brins, métamorphosé en rinceau végétal, s'épanouit en palmette. Souvent, les entrelacs se cantonnent dans le bas de la corbeille, les motifs végétaux garnissant la partie supérieure (pl. 27). Sur deux chapiteaux de l'absidiole Nord, des volutes d'angle marquées par un enroulement du ruban font leur apparition. On remarque encore des alignements de petites feuilles concaves en forme de cœur. Sur trois corbeilles, celles-ci occupent même toute la place aux dépens de l'entrelacs.

Dans l'ensemble, le modelé reste peu vigoureux, malgré un emploi fréquent du trépan. Ceci, joint à une certaine maladresse dans la composition, comme dans l'exécution, contribue à faire ressortir l'aspect archaïque de ces œuvres, à tel point que certains auteurs anciens voulaient y voir des remplois de l'église du Xe siècle. Sans aller jusque-là, bien entendu, disons qu'elles correspondent tout à fait à la période de mise en chantier de l'abbatiale vers le milieu du XIe siècle.

En revanche la remarquable évolution stylistique qui se constate sur les deux chapiteaux à entrelacs de la petite chapelle du croisillon Nord, vient renforcer l'hypothèse de l'ajout des petites absidioles au plan initial sous l'abbatiat d'Étienne II. A ces deux corbeilles il faut joindre les quatre du portail Nord (pl. 37), visiblement de la même main, pour constituer un deuxième groupe. La sûreté de leur facture, aussi bien que leur richesse décorative, les classent parmi les plus belles réussites de la sculpture ornementale de l'époque. Ils apportent la preuve que sous le ciseau d'un artiste de talent, le motif de l'entrelacs égayé par la palmette romane pouvait fournir des chefs-d'œuvre pour le moins comparables à ceux du style corinthien classique.

Notons tout d'abord un habile procédé technique : les intervalles entre les galons, profondément recreusés, viennent scander la composition d'une série de trous d'ombre qui s'opposent au fort relief des palmettes. Issues de l'épanouissement du ruban, elles se caractérisent à la fois par leur cambrure et par leur profil légèrement incurvé. Parfois, le lobe terminal s'enroule en crosse. Lorsque deux tiges s'entrecroisent, elles donnent naissance à deux palmettes symétriques, soudées entre elles par leur extrémité. Pour rompre la monotonie, elles alternent avec des combinaisons d'entrelacs, soit un motif de vannerie, soit des nœuds à becs opposés. Au milieu, les entrelacs serpentent avec une apparente désinvolture et constituent le fond du décor. En fait, la composition

s'avère extrêmement rigoureuse. Si l'on tente un rapprochement, ces œuvres conquoises évoquent beaucoup plus, à l'intérieur de la même famille stylistique, certains chapiteaux de Saint-Pierre de Roda, que ceux de Saint-Géraud d'Aurillac ou de la table d'autel de Rodez avec lesquels on a pu les comparer. Dans les deux cas, il existe des éléments communs : la palmette en crosse tournée vers l'intérieur de la corbeille et, surtout, en dessous du tailloir, les deux feuilles symétriques encadrant une minuscule pomme de pin.

Malgré tout, il manquait à ce style uniquement ornemental une dimension que seule pouvait lui apporter l'intégration de l'être vivant. Le point de départ de l'entrelacs «habité» est à rechercher, une fois de plus, dans l'abbatiale de Saint-Pierre de Roda où l'une des corbeilles de la nef présente une petite tête d'animal, biche ou lapin, vue de profil au milieu des rubans enlacés. Quant à la figure humaine, elle apparaît en Rouergue avec le Christ aux entrelacs du linteau de Bozouls (pl. 99), venu sans doute d'un atelier narbonnais. A Conques cette synthèse s'est réalisée sur plusieurs chapiteaux, malheureusement dans un mauvais état de conservation, qui supportent soit les voûtes du déambulatoire, soit les arcs d'entrée des chapelles rayonnantes.

A l'entrée de la chapelle d'axe, un personnage semble sortir du réseau d'entrelacs qui enserre la corbeille. Sa tête, à la place de la rosette, est encadrée de petites palmettes. Le chapiteau voisin, à droite, amplifie ce thème; à l'effigie centrale, les bras écartés, s'en ajoutent deux autres disposées aux angles. Toutes trois tiennent des bouquets de palmettes alternant avec leurs têtes sous le tailloir. Ainsi le sculpteur a su parfaitement adapter la figure humaine au volume de la corbeille en la répartissant autour de ses points forts. Le personnage central, au corps bien proportionné, est incontestablement un nu. La saveur antique qui s'en dégage, n'est pas sans évoquer quelque sarcophage paléochrétien, et elle n'a certainement que fort peu d'équivalent dans la sculpture romane de l'époque. Ce retour à un certain idéal classique se précise avec le chapiteau situé en vis-à-vis dans la chapelle axiale. La face principale est ornée d'une sirène à double queue divergente et à la longue chevelure ondulée (pl. 26). Deux centaures l'encadrent, saisissant d'une main la queue de la sirène et, de l'autre, une torsade d'entrelacs qui garnit les petits côtés. L'alignement des têtes sous le tailloir, comme si elles en supportaient tout le poids, donne à ces figures mythologiques une allure de cariatides. C'est à Saint-Pierre de Bessuéjouls, dans la chapelle haute, qu'il faut rechercher les plus parfaites imitations de ces chapiteaux (pl. 68 et 74).

Avec l'entrelacs «habité», nous assistons aux derniers moments d'un style. Il disparaît déjà dans le déambulatoire sur un chapiteau, à l'entrée de la chapelle rayonnante méridionale, – où deux quadrupèdes affrontés, des agneaux probablement, s'apprêtent à boire dans le calice qui les sépare. C'est là la toute première représentation du thème eucharistique des animaux se désaltérant dans une coupe. Il connut par la suite à Conques une faveur exceptionnelle. Mais ici l'entrelacs a cédé la place à une collerette de palmettes, autour du registre inférieur de la corbeille.

La rupture stylistique, assez brutale probablement, marquée par l'abandon de l'entrelacs apparaît en comparant les deux portails des croisillons.

Le portail méridional, beaucoup plus soigné, possède un linteau en bâtière et un tympan lisse encadrés par une double voussure, dont une moulurée en tore. Entre six modillons à copeaux, la partie supérieure du mur, à la manière des métopes d'un temple antique, a reçu une belle décoration de rinceaux et de palmettes. Enfin des marguerites à huit pétales inscrites dans des cercles sont sculptées sur la corniche. Par sa disposition, comme par ses thèmes, ce genre d'ornementation n'est pas sans rappeler celui de la porte Miégeville à Saint-Sernin de Toulouse.

Mais les ressemblances avec l'art toulousain ne s'arrêtent pas là. Sur les quatre chapiteaux qui portent la retombée des voussures, deux au moins présentent une analogie étonnante avec les chapiteaux du déambulatoire et des tribunes de Saint-Sernin. Le fond de la corbeille est pareillement couvert de palmettes logées dans des sortes de cœurs, sur deux rangs, et les boules qui s'en détachent y occupent le même emplacement. Dans les deux cas, la présence des volutes d'angle encadrant un dé à la partie supérieure est une référence au chapiteau corinthien antique. Le tailloir reprend le décor de la corbeille et s'agrémente d'un rinceau ondulé renforcé de loin en loin par des boules en saillie. A Saint-Sernin, ces chapiteaux à décor couvrant du déambulatoire appartiennent à la première campagne de construction peu avant 1080. Rien ne s'oppose sur le plan chronologique à l'établissement de tels échanges artistiques, entre Toulouse et Conques. La construction de ce portail qui suivit d'assez près sans doute celle du portail Nord, correspond à la seconde partie de l'abbatiale d'Étienne II (1065-1087) à un moment, où sous ces influences nouvelles, le vieux style à entrelacs connaît la désaffection.

Si ce décor à palmettes et à boules n'eut guère de succès par la suite, l'emprise du style corinthien, même interprété avec une grande liberté, ne se relâchera plus. En cela, les chapiteaux ornementaux de Conques se rattachent désormais à des formules décoratives utilisées par les sculpteurs romans de part et d'autre des Pyrénées, de Saint-Jacques de Compostelle ou de León à Toulouse et à Moissac. Le schéma le plus fréquent est celui des deux registres de feuilles biseautées, légèrement détachées de la corbeille à leur extrémité. Très souvent ces feuilles demeurent lisses, vierges de toute sculpture, comme s'il s'agissait de chapiteaux inachevés. Cette simplicité qui confine à la sécheresse, est parfois tempérée par la présence d'un masque humain à l'emplacement du dé, sous le tailloir. Aux tribunes apparaît un type de décor, bien représenté lui aussi à Saint-Sernin de Toulouse. La corbeille est entièrement enveloppée par les feuilles lisses soudées entre elles dans leurs parties inférieures, et dont seules les extrémités s'individualisent pour venir se recourber en pointe sous les crochets et sous le dé. Chaque feuille présente la particularité d'être

refendue, suivant son axe longitudinal, en une gorge garnie elle-même d'une petite feuille, incrustée en quelque sorte dans la grande. Cette formule, assez élégante, a été très imitée dans les églises romanes de la région, à Clairvaux et à Bozouls notamment.

Les premiers chapiteaux historiés

Les premières expériences de représentation de la figure humaine sur fond d'entrelacs, réalisées dans le déambulatoire, préparaient l'avènement du chapiteau historié, c'est-à-dire le complet épanouissement de la sculpture romane. Dans le croisillon Sud, trois corbeilles sont consacrées à des épisodes de la vie de saint Pierre. En effet, d'après le livre des *Miracles,* le côté méridional de l'église du xe siècle était dédié au premier apôtre; il dut en être de même, à l'origine, pour l'abbatiale romane.

Le premier chapiteau, à l'entrée de la chapelle Sainte-Foy est taillé encore dans le grès rose, ce qui lui confère sans doute l'antériorité par rapport aux deux autres, en calcaire jaune. Sous une inscription aujourd'hui illisible, saint Pierre est crucifié la tête en bas, entre deux silhouettes devenues informes avec l'altération de la pierre, mais correspondant peut-être aux bourreaux.

A la deuxième pile orientale du croisillon Sud, un autre chapiteau rassemble, ce qui est exceptionnel, deux scènes différentes, à lire de droite à gauche pour respecter l'ordre chronologique. A l'angle, un ange suit le Christ, reconnaissable à son nimbe crucifère (pl. 29). Celui-ci lève le bras droit et pointe l'index vers saint Pierre qui, mains jointes sur la poitrine, écoute avec respect le Seigneur lui confier sa mission apostolique. Sur la partie gauche, réservée à la condamnation par Néron, les figures ont été disposées sous de petites arcades. L'empereur, couronné, prononce sa sentence à l'encontre de saint Pierre et de saint Paul, réunis dans la prison Mamertime à Rome. Malgré bien des maladresses, on retiendra surtout ici une recherche louable du mouvement et du geste expressif.

Le chapiteau de la troisième pile orientale, enfin, décrit les circonstances de la délivrance de saint Pierre. L'ange libérateur saisit l'apôtre pour l'inviter à le suivre hors de sa geôle. Sur le côté, on a représenté la porte de la prison, grande ouverte. Mais que vient faire dans l'embrasure cet énigmatique monstre ailé à queue de serpent? Incarne-t-il le démon? Comme la place faisait défaut, c'est sur la face opposée que le sculpteur a situé l'intérieur de la prison, sous l'aspect de deux arcades d'où pendent les chaînes et les fers maintenant inutiles. En dessous, trois sentinelles coiffées d'un casque conique semblent dormir.

A ce «cycle» de saint Pierre, il faut rattacher la scène du sacrifice d'Abraham, préfiguration du sacrifice du Christ sur l'autel (pl. 28). Pour cette raison, d'ailleurs, les chapiteaux consacrés à ce thème se situent à proximité du maître-autel, ici sur la pile séparant les deux travées droites du chœur, au Midi. Sous le tailloir, on peut lire : MACTANDUS OMO ABRAHAM IBI OBTULIT SUAM PROLEM (c'est-à-dire : «Un homme devait être immolé. Abraham offrit ici sa descendance»). Ainsi se révèle pour la première fois ce véritable engouement des moines de

Conques pour les inscriptions lapidaires. Ils vont les multiplier sur les chapiteaux et les bas-reliefs; au tympan, dans leurs bâtiments monastiques.

Au milieu de la face principale, Isaac, sous les traits naïfs d'un petit enfant nu, est assis sur un autel à tablette saillante du type en usage dans les églises romanes. A ses pieds, un tas de branchages constituant le bois du sacrifice préfigure le bois de la croix. En haut à gauche, dans le ciel, apparaît la main protectrice du Seigneur, inscrite dans un nimbe crucifère timbré de l'alpha et de l'oméga. Abraham et l'ange encadrant l'enfant qu'ils saisissent chacun par un bras. L'envoyé céleste, la tête tournée vers le père, semble l'interpeller : «Ne porte pas la main sur l'enfant; et ne lui fais aucun mal...» (Gn 22). Et il a déployé toute grande son aile au-dessus d'Isaac : «Lui te couvre de ses ailes, tu trouveras sous son pennage un refuge» (Ps 90). Il reproduit ici ce geste charmant de protection qu'avait déjà eu, envers saint Pierre, l'ange libérateur du chapiteau précédent. Quant à Abraham, le sculpteur l'a imaginé comme un farouche vieillard, avec sa moustache raide et sa grande barbe, brandissant un énorme coutelas à lame courbe au-dessus de la tête de son fils. Il porte le bliaud court à manches étroites et le manteau plissé, bordé d'un galon, terminé en pointe sur le ventre. C'est là l'habillement masculin de la fin du XIe siècle, reproduit avec un extrême souci d'exactitude. On remarquera les deux pans de la ceinture qui dépassent le manteau, et le système d'agrafage de ce dernier, deux lanières traversant une boucle sur l'épaule gauche. Cette scène, illustration à la fois naïve et scrupuleuse du récit biblique, se complète par la présence du bélier qui, derrière Abraham, reste pris par les cornes dans les branches d'un buisson d'épines, symbole de la couronne d'épines de Jésus crucifié.

La recherche de la symétrie, caractéristique majeure des chapiteaux conquois, a entraîné l'artiste à disposer aux angles les personnages d'Abraham et de l'ange. En épousant l'épannelage de la corbeille, ils contribuent à lui donner un profil vigoureux, et leurs têtes tiennent lieu de volutes sous le tailloir. De la sorte, le schéma corinthien traditionnel est sauvegardé. Il faut remarquer encore le traitement particulier des prunelles profondément forées au trépan. Ce procédé, partout employé dans la sculpture conquoise, a pour résultat d'ouvrir sur le visage deux petits trous d'ombre et de donner ainsi l'illusion du regard. Par la suite, sur les têtes du tympan, les prunelles creuses furent garnies de boulettes de plomb coloré.

La facture tout empreinte de gaucherie qui transparaît ici dans ce petit Isaac rachitique à tête énorme, nous rappelle que nous sommes devant l'une des toutes premières œuvres historiées de Conques. Pourtant, les lois qui président à sa composition, son côté narratif et la véritable passion pour le détail réaliste dont elle témoigne, se retrouvent sur la plupart des chapiteaux à personnages de l'abbatiale. Tout se passe, en somme, comme si les premières générations de sculpteurs avaient fixé une fois pour toutes des règles, scrupuleusement observées jusqu'au terme de la construction.

Ces considérations sont valables aussi pour le seul chapiteau historié du croisillon Nord, à la deuxième pile orientale. Au milieu de la face principale, un homme, revêtu seulement d'une sorte de pagne, lève les bras et semble tenir en laisse deux oiseaux disposés symétriquement

aux angles. Un joug les enchaîne l'un à l'autre en leur enserrant le cou. Quelle est la signification de cette scène étrange? Louis Bréhier y avait vu l'ascension d'Alexandre le Grand, enlevé au ciel par deux aigles. Les sculpteurs romans avaient puisé cette légende dans les chansons de geste qui, elles-mêmes, la tenaient de l'œuvre du pseudo-Callisthène, un Grec d'Égypte du IIIe siècle ap. J.C.

Les chapiteaux des tribunes

Alors que les chapiteaux des parties basses de la nef, à une exception près, témoignent d'une extrême médiocrité, c'est aux tribunes, à celles de la nef surtout, qu'il faut aller chercher le plus vaste et le plus riche ensemble de corbeilles et de tailloirs sculptés de l'abbatiale.

A partir de l'analyse stylistique des chapiteaux de type ornemental, Jacques Bousquet a pu distinguer deux groupes de sculpteurs, deux «ateliers» de sensibilité différente, qui ont travaillé concurremment ici. L'un affectionne les grandes feuilles grasses et déchiquetées, de tonalité «auvergnate», imitant les acanthes; l'autre, l'atelier de Bégon, a une prédilection marquée pour les feuilles en bec traitées dans un style sec, telles qu'elles se retrouvent aux tribunes de Saint-Sernin de Toulouse ou bien dans l'église de Lescure en Albigeois. Ces œuvres-là, ainsi que la majorité des chapiteaux figuratifs ou historiés, s'apparentent étroitement à celles du cloître construit par l'abbé Bégon III (1087-1107). Il est donc légitime de parler ici d'un «atelier de Bégon».

La verve et l'imagination de ses sculpteurs paraissent inépuisables, que l'on considère les motifs purement ornementaux ou les thèmes animaliers. Parmi les plus beaux, citons les aigles perchés sur l'astragale, les oiseaux buvant dans un calice ou les animaux fabuleux, comme ces griffons antithétiques dont l'arrière-train vient se souder pour donner naissance à une palmette (pl. 33). De telles métamorphoses, animal-végétal, se rencontrent aussi sur des tailloirs du cloître. En revanche, ces artistes sont un peu moins à l'aise lorsqu'il s'agit de composer des scènes à personnages.

Celle de l'Annonciation, à la tribune méridionale de la nef, est curieusement répétée deux fois, sur les faces Nord et Sud, de la même corbeille double. L'ange Gabriel, en train d'adresser la salutation à Marie, tient un phylactère dont l'inscription, très abrégée, peut correspondre à SPIRITUS SANCTUS (Saint Esprit) (pl. 31). A l'angle opposé, la Vierge lève la main droite ouverte dans le même geste d'acceptation que celle du bas-relief de l'Annonciation au fond du croisillon Nord (pl. 25). Il faut souligner ici les déficiences de la composition. Le parti pris de disposer les figures aux angles de la corbeille, ainsi que l'incapacité de se dégager de la représentation frontale, aboutit à une représentation pour le moins paradoxale de l'Annonciation : l'ange et la Vierge, séparés par un large espace vide, se tournent presque le dos et ne semblent guère se soucier l'un de l'autre. Ces deux personnages, assez raides, sont caractéristiques des productions de l'atelier de Bégon, et ils peuvent servir de témoins. Sur la plupart des figures du cloître et des tribunes, on reconnaît la même stylisation des plis du vêtement. Ainsi, les plis écrasés et triangulaires de la robe de Marie sont reproduits à l'identique sur la sainte Foy du

bas-relief de l'enfeu de Bégon (pl. 39). La morphologie est singulière : à un corps grêle, malgré les vêtements, s'opposent des mains et des pieds énormes, démesurés. Les visages un peu lourds et démunis d'expression, la chevelure de forme triangulaire divisée en deux par une raie médiane, un nez proéminent de forme triangulaire confèrent à tous ces personnages un air de famille indéniable. Ajoutons encore à ce portrait les pommettes saillantes et, surtout, les minuscules oreilles attachées très haut sur les tempes, qui constituent une véritable signature.

Il existe des liens de parenté très étroit entre ces personnages de l'Annonciation et les guerriers aux prises, sur une demi-corbeille de la baie voisine. Un duel se déroule sous nos yeux entre deux hommes d'armes à pied qui combattent l'un à la lance, l'autre à l'épée en se protégeant derrière leur long bouclier (pl. 32). Et c'est au premier que la victoire s'apprête à revenir, car il vient de transpercer l'écu de son adversaire à hauteur du cou. Ce détail du bouclier percé ne reparaît que sur un chapiteau du chevet de Saint-Sernin de Toulouse, consacré aussi au combat de deux guerriers.

A Conques, tous les détails de l'équipement militaire sont rendus avec un soin scrupuleux. Le glaive du combattant de droite est à pommeau globulaire, à lame large et courte; et d'après la taille du personnage celle-ci ne dépasserait pas, dans la réalité, 80 cm de longueur. Ce modèle qui rappelle l'épée romaine, est bien celui en usage à la fin du XIe ou au début du XIIe siècle; et il figure ainsi sur le sceau de Guy de Laval en 1095. Le fourreau vide est retenu par un baudrier fixé sur la hanche gauche. Les boucliers, légèrement bombés, arrondis au sommet et pointus à la base pour être au besoin fichés dans le sol, sont assujettis au bras du guerrier par deux courroies de cuir, ou «énarmes». Et le fait que les écus se laissent transpercer facilement par une lance prouve qu'ils ne peuvent être en métal, mais en cuir comme c'était encore l'usage. D'ailleurs l'étroite bordure qui les ceinture, figure le cercle de fer sur lequel le cuir était tendu. Ce sont là des boucliers identiques à ceux que portaient les Normands de la tapisserie de Bayeux, exécutée à la fin du XIe siècle. Si l'on en vient à l'habillement, on s'aperçoit que les combattants portent une longue robe fendue sur le devant, cachant probablement le haubert en dessous, et un heaume conique dépourvu de nasal.

Non loin de là, à la première baie, une autre scène de combat garnit un chapiteau de la tribune Sud. Les thèmes guerriers, également présents au cloître, semblent avoir séduit les sculpteurs de Bégon. Il serait tentant d'y voir une évocation de la croisade, ou bien des emprunts aux récits épiques comme la *Chanson de Roland*. Plus simplement, on peut penser aussi que l'artiste est allé chercher ses modèles autour de lui, dans la société de son temps où la caste militaire tient une grande place.

A cette première baie, donc, un combat acharné oppose deux cavaliers. Ils ont mis les montures face à face et croisent leurs lances. En plus de cette arme, le combattant de gauche tient de l'autre main une épée; mais son adversaire a sur lui l'avantage de se protéger derrière un grand bouclier ovoïde et muni d'un «umbo» étoilé, très apparent. Le premier cavalier, vêtu d'une tunique serrée à la taille et retombant en larges plis sur les cuisses, a dédaigné pour sa part l'équipement militaire habituel, car il est dépourvu aussi bien de casque que de bouclier. Le

harnachement des chevaux est traité avec minutie et on distingue fort bien le mors et les guides, les étriers, la selle et son tapis. De part et d'autre, sur les faces latérales de la corbeille, un personnage à pied saisit le bras d'un autre soldat, à moitié dissimulé derrière le cheval, pour lui arracher sa masse d'armes. En mettant à la fois en scène les cavaliers et la «piétaille», le sculpteur a sans doute voulu donner l'idée d'une véritable bataille rangée, mais présenté en raccourci par suite des contraintes du cadre. Ce spectacle plein de vie se voit malheureusement gâché par la médiocrité de la facture. La lourdeur et la disproportion des visages, en particulier, témoignent d'une main bien malhabile.

Quittons maintenant cette tribune méridionale de la nef pour celle du Nord. Sur une corbeille engagée de la quatrième baie, deux sonneurs d'olifant, traités dans le meilleur style de l'atelier de Bégon, y font le pendant des fantassins combattants à la tribune d'en face. Tous les dons d'observation de l'artiste se révèlent par ce geste expressif de la main posée sur la hanche qui, aujourd'hui encore, est l'attitude naturelle de tout joueur de clairon. Le thème, assez exceptionnel, reparaît sur un chapiteau du déambulatoire de Saint-Jacques de Compostelle. Et la référence à la *Chanson de Roland* vient à nouveau à l'esprit. Pour Émile Mâle, ceci est d'autant plus «vraisemblable que l'abbaye de Conques, étape du pèlerinage de Saint-Jacques, possédait au passage des Pyrénées le prieuré de Roncevaux». Ce dernier, effectivement, avait été donné à Sainte-Foy de Conques par le comte Sanche, entre 1097 et 1104 durant l'épiscopat de Pons, évêque de Barbastro et ancien moine de Conques. Le prieuré pyrénéen gardait pieusement le souvenir de Roland et on pouvait voir sur les murs du cloître une fresque racontant la célèbre bataille. Pourtant ces sonneurs de cor, répétés pour des raisons de symétrie, qui se trouvent dépourvus de l'habillement et de l'armement du chevalier, s'identifient fort mal avec le preux Roland. Ici, la règle intangible de la répartition des personnages aux angles avec des têtes remplaçant les volutes, s'avère une fois encore pernicieuse. Un vide très important subsiste en effet entre les deux personnages, ainsi que sur les côtés; et il a fallu les combler, bien artificiellement, avec des motifs végétaux.

A la baie voisine, une corbeille double avec des personnages du même type humain que les sonneurs d'olifant bénéficie d'une bien meilleure composition. Elle fournit en même temps un témoignage supplémentaire sur l'existence de liens artistiques étroits entre Conques et les grands chantiers romans du Sud-Ouest. Le sujet paraît assez énigmatique et il est possible que le sculpteur, soucieux avant tout de garnir harmonieusement sa corbeille, n'ait voulu donner à cette scène aucune signification précise. Chaque angle est garni par un ange, la tête inclinée, qui lève une main vers le ciel et de l'autre, l'index pointé, désigne le sol. Avec leur bliaud long serré à la taille par une ceinture et drapé en plis triangulaires, ces anges sont les jumeaux de ceux d'un chapiteau du cloître, remployé à l'enfeu de Bégon. Leurs grandes ailes repliées se rejoignent sur les côtés de la corbeille double, traçant ici une ligne verticale qui sert d'axe à la composition. Sur chacune des deux autres faces, ce rôle est joué par un personnage assis et barbu, à l'allure de patriarche, qui a pris place à la jonction des deux corbeilles jumelles, un pied posé sur chaque astragale. D'un côté, sur la face Est, il pose les mains sur les genoux et, tel un atlante, paraît s'arc-bouter pour

supporter de sa grosse tête tout le poids du tailloir. Celui qui est à l'Ouest, coiffé d'une mitre à deux cornes, lève les bras au ciel dans le geste de l'orant. En l'examinant de près, on relève une série de points communs avec la figure de Daniel entre les lions reproduite sur les chapiteaux de Saint-Sernin et du premier atelier de la Daurade à Toulouse, et surtout du cloître de Moissac. Tous, les bras levés, sont assis de manière identique avec les genoux écartés. Mais le sculpteur conquois n'a retenu du personnage que le schéma général, ainsi que le procédé commode pour relier entre elles les deux corbeilles. En l'absence des lions, Daniel a perdu en quelque sorte son identité ; il n'est plus qu'une figure anonyme. Quant à l'autre personnage, dans l'attitude de l'atlante, il s'agirait peut-être du prophète Habacuc.

Au fond du croisillon méridional, l'étroite coursière qui permet de passer d'une tribune à l'autre, est portée par une série de très beaux corbeaux. Trois d'entre eux présentent des anges en vol, les autres un aigle, un taureau et une chouette qui, dans le symbolisme de l'époque, figure le peuple juif. D'autre part, sur la tranche de la coursière, le biseau est joliment décoré par deux couples de lion affrontés et par une frise de têtes d'angelots aux ailes déployées, se détachant sur un fond de billettes. Au-dessus de cette coursière, ce sont les deux chapiteaux de la fenêtre Ouest, percée dans la façade du croisillon, qui méritent de retenir l'attention.

Celui de la colonnette de gauche porte une gracieuse sirène à queues divergentes dont elle tient les extrémités à bout de bras. La longue chevelure, éparse de part et d'autre de la tête, contribue à lui conférer belle allure. Il s'agit d'une corbeille d'angle dont l'arête est occupée par la tête et le corps de la sirène, tandis que ses queues garnissent les faces, avec l'aide, pour combler les espaces vides, de rosettes à six pétales très toulousaines d'inspiration. Ainsi, l'effet décoratif est obtenu par le symétrie des parties latérales par rapport à l'angle de la corbeille. C'est d'ailleurs pour satisfaire à cette loi de symétrie que les artistes du Moyen Age ont inventé la double queue divergente, inconnue des divinités marines de l'Antiquité qui ont servi de modèles. Cette représentation, apparue ici même sur un chapiteau du déambulatoire, connut une grande faveur dans la sculpture romane, en Auvergne surtout. Deux de ces sirènes figurent aussi sur un chapiteau du déambulatoire de Saint-Jacques de Compostelle. Si le thème a changé sur le second chapiteau de cette fenêtre, le schéma général est resté le même ; et on perçoit très bien le parti pris d'établir une unité entre les deux chapiteaux. En effet, l'ange qui saisit une longue banderole a la même attitude que la sirène tenant les extrémités de sa double queue (pl. 34). Le phylactère retombe, de part et d'autre de l'ange, en deux pans verticaux terminés par un enroulement, à la manière des parchemins. Sur la retombée de droite, on peut lire l'inscription gravée : BERNARDUS ME FECIT (Bernard m'a fait), l'unique signature de sculpteur dans l'abbatiale. Ce même Bernard est l'auteur des anges à phylactère des deux chapiteaux qui reçoivent l'archivolte de la porte extérieure, aujourd'hui murée, à la première travée Sud de la nef. Disposé comme une figure de proue à l'angle de la corbeille, les pieds nus accrochés à l'astragale, l'envoyé céleste déploie ses ailes sous le tailloir, et il tient à bout de bras une banderole curviligne. Le personnage, là encore, est parfaitement adapté au cadre de la corbeille à

double face. Disons qu'il a été copié très exactement sur un chapiteau du porche de l'église de Bozouls (pl. 94).

Par le traitement sec des plis du vêtement, par cette recherche systématique de la symétrie, les œuvres de Bernard s'intègrent bien parmi celles de ses collègues de l'atelier de Bégon. En revanche, l'empreinte de ce dernier disparaît totalement avec la scène du châtiment de l'avare sur un chapiteau de la tribune occidentale du croisillon Nord, à la dernière baie. Le sujet traité, mais aussi le style, le rattache à un courant artistique, déjà discernable à Saint-Jacques de Compostelle, qui devait triompher sans partage en Auvergne romane. Là, le thème du supplice de l'usurier est d'une fréquence exceptionnelle, les chapiteaux les plus proches de celui de Conques étant à rechercher à Notre-Dame du Port, de Clermont, et surtout dans l'église d'Ennezat. Un modelé plus savant, des corps mieux proportionnés et moins rigides, une composition qui permet de remplir intégralement les faces de la corbeille, tout paraît correspondre à un niveau de qualité nettement supérieur à celui atteint par l'atelier de Bégon. Cette coupure entre les deux groupes de sculpteurs ne correspond pas pour autant à un décalage d'ordre chronologique, et rien ne s'oppose à ce qu'ils aient travaillé ensemble. Mais, et ce chapiteau en est l'un des témoins privilégiés, une liaison incontestable existe entre cet atelier de tonalité auvergnate et l'artiste hors du commun qu'il est convenu d'appeler le «Maître du tympan».

Comme au tympan, il s'agit ici du supplice de l'avare, ou de l'usurier. Celui-ci, au centre de la face principale, possède une grosse bourse suspendue au cou par une courroie; elle doit certainement être très lourde, car il est obligé de la soutenir de la main. Il possède une barbe ondulée à double pointe et une moustache. Seul le haut de son corps est visible; le reste se trouvant dissimulé derrière une large banderole, mais, compte tenu des proportions du buste, le personnage ne peut qu'être agenouillé. Aux angles, les deux démons grimaçants qui le saisissent par les épaules, comme pour en prendre possession, sont dans la même position. L'agenouillement a été pour le sculpteur un procédé commode, lui permettant de donner à ses figures des proportions exactes, dans le cadre étroit de la corbeille, tout en renforçant les têtes-volutes aux angles. Le démon de gauche possède une tête d'animal, de chien sans doute, et des membres grêles terminés par de puissantes griffes. Celui de droite, à tête humaine, tire la langue. Il présente sur sa face décharnée la double ride en chevron qui reparaît sur presque tous les visages démoniaques de l'abbatiale. Tous deux portent autour des reins, à la manière de satires antiques, cette ceinture festonnée qui caractérise aussi les diables du tympan. Au-devant se déploie une banderole en forme de V très ouvert, avec la phrase gravée : TU PRO MALUM ACIPE MERITUM (soit : «Reçois la récompense du mal que tu as fait»). Un autre démon, tout aussi hideux, garnit chacun des côtés de la corbeille. Sur le côté droit, il tient d'une main l'extrémité enroulée du phylactère et, de l'autre, brandit un poignard acéré.

Les diables, dont il n'existe aucune représentation, il faut le souligner, sur les chapiteaux de l'atelier de Bégon, sont désormais, en compagnie des anges, les personnages familiers de la sculpture conquoise. «Satan est devenu la terreur des moines et son étrange figure est née de la légende du cloître» (Émile Mâle).

Anges et démons se retrouvent sur le chapiteau de l'arrestation et de la condamnation de sainte Foy (pl. 30) qui marque le plein épanouissement du style que nous essayons de définir. Son emplacement à l'étage inférieur de la nef, sur la quatrième pile Nord, paraît en contradiction avec la marche même des travaux de l'abbatiale. Il faut admettre qu'il ait été placé là après coup.

Six personnages s'alignent autour de la corbeille à intervalles réguliers, les pieds posés sur l'astragale, les têtes sous le tailloir. Ils sont les acteurs d'une scène qui semble directement inspirée par la *Chanson de sainte Foy*, écrite en langue d'oc au début du XIIe siècle sans doute, c'est-à-dire à l'époque même où le chapiteau a été sculpté. N'est-ce pas en prenant connaissance de cette œuvre littéraire que les moines ont tenu à présenter, en bonne place, un épisode de la vie de leur sainte patronne? A l'angle droit de la corbeille sainte Foy ouvrant sa main sur la poitrine dans le même geste que la Vierge de l'Annonciation, marque en quelque sorte son acceptation du martyre. Un voile sur la tête, elle est vêtue d'une robe à manches larges et fendues qui retombe en plis sur les pieds, et d'un manteau relevé sur l'avant-bras. Sur le point d'être jugée, elle appelle Dieu à son secours :

> «Seigneur, je vous prie de m'aider,
> J'ai grand désir que vous me guidiez».

Et le souhait a été exaucé. Derrière la sainte, son ange gardien lui pose familièrement la main sur l'épaule dans un geste d'encouragement. Elle peut compter sur lui, il ne l'abandonnera pas dans l'épreuve. L'ange, nimbé, porte une croix comme pour rappeler l'engagement de Foy derrière Jésus, et son refus de sacrifier aux dieux du paganisme. Par la suite, c'est la scène de la comparution devant Dacien : un homme saisit sainte Foy par le bras, comme pour l'entraîner de vive force :

> «Voici les baillis de Dacien
> Qui l'emportent sur l'esplanade...;
> (Dacien) tient au matin la plaidoierie,
> Ma fait comparoir devant lui».

A l'angle opposé, le gouverneur romain, assis sur un trône ajouré d'arcades, avec sa couronne fleuronnée et ornée de gemmes, possède tous les attributs du monarque. Sur le côté gauche de la corbeille, son mauvais génie est le pendant de l'ange gardien. Il est représenté sous les traits d'un diable hideux au corps amaigri comme celui d'un cadavre, tenant à deux mains un serpent annelé, symbole du Mal :

> «Quand ouït le menteur puant
> Qu'elle (sainte Foy) ne change pas de sentiment
> Entre en colère comme serpent.
> Et alors jure sous serment :

Votre chef sera tout sanglant,
Ou brûlerez en feu ardent»
(traduction É. de Solms, éd. *Zodiaque*).

Dacien remet lui-même au bourreau à la chevelure bouclée l'épée qui servira au supplice. Une vannerie aux mailles serrées ultime survivance de l'entrelacs, sert de fond de décor, comme si le sculpteur, à l'inverse de ceux de l'atelier de Bégon, ne pouvait tolérer aucun vide à la surface de la corbeille.

Cette scène expressive constitue certainement la meilleure réussite de la sculpture conquoise, en ce qui concerne les chapiteaux. Elle est la seule, par exemple, où un personnage – le bourreau en l'occurrence – apparaisse représenté correctement de profil. Et par ce geste d'encouragement de l'ange adressé à sainte Foy, l'artiste se montre capable d'exprimer dans la pierre un sentiment. A Saint-Jacques de Compostelle, deux chapiteaux du déambulatoire, près de la chapelle dédiée à sainte Foy, se partagent la scène représentée ici : d'une part la condamnation de sainte Foy par Dacien (mais il manque le diable au serpent), de l'autre la sainte conduite au supplice. Si dans les deux cas, la composition est identique à celle du chapiteau de Conques, la qualité de ces œuvres se situe à un niveau inférieur.

On n'en finirait pas d'énumérer des points de convergence entre ce chapiteau et les reliefs du Jugement dernier ou de l'Annonciation, que ce soit à propos du plissé des vêtements, de la forme pointue des chaussures ou bien des ailes attachées sur le dos du diable pour bien rappeler qu'il s'agit d'un ange déchu... Et le visage de sainte Foy ressemble beaucoup à celui de la petite servante de Marie dans le groupe de l'Annonciation. Il n'est donc pas exclu que ce chapiteau soit l'œuvre du sculpteur du tympan lui-même.

La cour céleste sous la coupole

Un ensemble exceptionnel de sculptures, chapiteaux et bas-reliefs, se regroupe à la croisée du transept, sous la coupole. Le programme iconographique qui a permis ici la réunion de créatures célestes et d'évangélistes représentés sous forme d'anges, est absolument unique, dans toute l'Europe romane. Le rassemblement de personnages ailés dans cette partie haute de l'abbatiale ne peut pas être le fruit du hasard. Il possède le même sens symbolique que dans les églises byzantines ou même carolingiennes, comme celle d'Aix-la-Chapelle, où la coupole centrale était devenue une allégorie du ciel, le séjour de la grâce divine. A Conques, les artistes semblent être allés rechercher fort loin leurs modèles. Ils ont, en effet, transposé dans la pierre les thèmes des mosaïques qui garnissent les coupoles byzantines : chérubins et séraphins sur les pendentifs de Sainte-Sophie de Constantinople, ou encore symboles des évangélistes sur les retombées de la coupole du mausolée de Galla Placidia à Ravenne.

Du côté du chœur, les chapiteaux des piliers qui portent les doubleaux de la voûte, de type ornemental, sont sans grande originalité. On y retrouve les feuilles lisses à bec et pour l'un d'eux, plus

soigné, deux étages de palmettes polylobées prises dans des ovales, et d'où émergent des crochets.

Les quatre chapiteaux des piles occidentales de la croisée, du côté de la nef, présentent par contre un tout autre intérêt. Chacun porte deux belles figures d'anges adossés dont le profil se découpe harmonieusement aux angles de la corbeille. Les ailes ouvertes retombent de part et d'autre du corps et garnissent, d'un côté, une moitié de la face principale, de l'autre, la totalité de la face latérale, suivant une disposition ingénieuse qui permet de couvrir parfaitement la surface à orner. Des palmettes viennent combler les vides qui subsistent à la base, entre ces figures. Légèrement penchées en avant, elles paraissent à demi accroupies et ramassées sur elles-mêmes comme des atlantes. C'est là un procédé assez analogue à celui de l'agenouillement sur le chapiteau du supplice de l'avare, nous l'avons vu, afin de mieux loger les personnages sur la corbeille. Les anges, groupés par paires, sont identiques sur tous les chapiteaux, mais sur deux d'entre eux ils portent un livre ouvert sur la poitrine, tandis que sur les deux autres, ils déroulent une banderole oblique. Aux chapiteaux de la pile Sud-Ouest, les inscriptions gravées sur les rubans désignent les archanges :

– à gauche SANCTUS GABRIHEL
– à droite SANCTUS RAPHAEL

et sur les livres :

– à gauche SANCTUS CHERUBIN
– à droite SANCTUS SERAPHIN

A la pile du Nord-Ouest, on peut lire les noms des quatre évangélistes, sur les rubans :

– à gauche SANCTUS LUCAS
– à droite SANCTUS IOHANNES

et sur les livres :

– à gauche SANCTUS MARCUS
– à droite SANCTUS MATHEUS

Toutes ces inscriptions, par leurs caractères graphiques, sont très proches de celles du tympan du Jugement dernier, avec dans les deux cas le mélange de l'E oncial et de l'E majuscule romain.

Cette représentation des quatre évangélistes sous l'aspect d'anges peut paraître insolite, pourtant elle se retrouve sur plusieurs chapiteaux d'églises d'Auvergne, comme Notre-Dame du Port à Clermont, Volvic ou Mozat, ainsi qu'en Provence. Elle s'explique sans doute par une recherche de la symétrie, saint Matthieu étant déjà symbolisé par un ange, l'artiste l'aurait simplement répété sur les autres faces de la corbeille. Au cloître de Moissac, si un chapiteau présente les évangélistes sous la forme classique du tétramorphe, un autre rassemble, comme à Conques, la cour céleste avec quatre figures d'anges debout, identifiables par les inscriptions «Gabriel-Michel ; chérubin-séraphin», à leurs pieds. Les archanges qui occupent une place à part dans ce monde céleste, sont les seuls à sortir de l'anonymat depuis le concile de Latran qui limita leur culte à Gabriel, Michel et Raphaël. Les sept séraphins, eux, sont au sommet de la hiérarchie angélique telle qu'elle a été définie par le traité du pseudo-Denys l'Aréopagite, au ve siècle, qui,

traduit au IXe siècle par Jean Scot Érigène, connut en Occident une grande faveur. Viennent ensuite les chérubins.

Si l'on veut tenter des rapprochements d'ordre iconographique, disons que les anges à phylactère les plus voisins de ceux-ci sont certainement les quatre évangélistes sur une corbeille de l'ancien chœur de Saint-Pierre de Mozat en Auvergne, daté du milieu du XIIe siècle. On y reconnaît même la palmette garnissant l'espace libre entre les figures. Ce thème reparaît en Espagne, à Saint-Isidore de León et, à deux reprises, dans le déambulatoire de Saint-Jacques de Compostelle. En Rouergue, il existe des anges semblables sur un chapiteau et sur une face de l'autel roman de Saint-Pierre de Bessuéjouls, ainsi que dans les églises de Lacalm et d'Orlhaguet. Mais, à Conques même, c'est le tympan du Jugement dernier qui offre les répliques les plus parfaites de ces anges de la croisée. Émergeant des nuées au-dessus du cortège des élus, les autre envoyés célestes porteurs de banderoles sont la transposition exacte sur une surface plane des figures d'angle de ces chapiteaux, avec les mêmes détails caractéristiques, comme ce pan de vêtement dépassant du phylactère.

Sur le plan stylistique, on constate entre les deux chapiteaux de la pile Sud-Ouest et ceux de la pile opposée au Nord-Ouest, de nettes différences. En aucun cas, ils ne peuvent être de la même main. Sur les premiers, les plis écrasés en triangle au bas de la robe des anges ou bien les oreilles minuscules sont typiques de l'atelier de Bégon. Le décor des tailloirs, d'ailleurs, confirme cette appartenance : à côté d'une frise de rosettes «toulousaines» dans des cercles, on reconnaît des petits oiseaux cachant la tête sous leurs ailes repliées, motif charmant utilisé sur des tailloirs, aussi bien aux tribunes de la nef qu'au cloître. Au contraire, les anges des deux chapiteaux de la pile Nord-Ouest, avec des vêtements plus souples et des visages mieux modelés, appartiennent à l'atelier «auvergnat». Comme aux tribunes, les deux groupes de sculpteurs en compétition se partageaient donc le travail.

La population céleste des parties hautes de la croisée s'augmente encore des quatre figures logées sous les trompes à double rouleau du tambour de la coupole. Du côté du chœur, deux anges occupent l'espace triangulaire formant, sous chaque trompe, une sorte de niche. Celui de droite tient une longue banderole verticale qui permet de l'identifier : SANCTE GABRIEL ARCHANGELUS. Sur le phylactère de l'ange de droite, seul le mot ARCHANGELUS peut se lire encore. Il s'agit de saint Michel car, de la main droite, il paraît avoir tenu une lance, maintenant disparue. Ces anges ont revêtu un manteau drapé sur l'épaule et une robe descendant jusqu'à leurs pieds nus, appuyés sur une tablette en saillie. Les bras collés au corps, ils présentent une silhouette massive et trapue à travers laquelle on devine la forme rectangulaire du bloc de pierre initial. Et la facture correspond bien à celle de l'atelier de Bégon. Il en est de même, sous les trompes occidentales, pour les deux têtes accompagnées, l'une de l'inscription SANCTUS PETRUS sur une banderole, l'autre SANCTUS PAULUS sur un livre ouvert. On peut supposer que les figures des deux apôtres, d'abord représentés en pied au même titre que les archanges, aient eu à souffrir de graves dommages lors de l'effondrement de la coupole romane. Seules les têtes auraient été recueillies et remises en place au XVe siècle. La présence de ces bas-reliefs constitue un cas unique, avons-nous dit, à l'intérieur de la

Chrétienté occidentale. Et c'est au-delà du monde byzantin, dans la très lointaine Arménie qu'il faut aller rechercher de tels personnages, sous les trompes d'une coupole. M. Baltrusaïtis a découvert en effet la seule réplique connue des archanges de Conques sous une trompe de l'église de Koumourdo en Transcaucasie, datée de 964. Dans le voisinage même de Conques, on peut penser que le maître d'œuvre de l'église de Saint-Pierre-Toirac (Lot) s'est inspiré de l'exemple fourni par Sainte-Foy, lorsqu'il a logé deux anges sur les nervures de la voûte qui couvre la travée droite du chœur.

Enfin, pour compléter ce riche programme artistique, des culs-de-lampe ornés de têtes recevaient les retombées des nervures de la coupole avant sa chute. Trois d'entre eux viennent d'être retrouvés dans le clocher et déposés au musée lapidaire du trésor II (pl. 47).

Les chapiteaux de la décadence

Ni les auteurs de ce bel ensemble de sculptures, ni ceux des reliefs de l'Annonciation et du Jugement dernier n'ont laissé une postérité digne d'eux. Tout s'est passé au contraire comme s'ils avaient brusquement disparu du chantier de l'abbatiale sans avoir eu le temps de former des disciples. Les chapiteaux des voûtes de la nef et, plus encore, ceux des tribunes du narthex apparaissent en effet d'une qualité détestable. Une décadence aussi rapide traduit sans doute les difficultés rencontrées par les bénédictins de Sainte-Foy pour achever les travaux de leur abbatiale. Mais une baisse de ressources du monastère suffit-elle à expliquer un recul artistique d'une telle ampleur? Seule demeurait disponible, semble-t-il, une main-d'œuvre locale de «sculpteurs» dépourvus d'esprit inventif et maîtrisant avec beaucoup de difficultés leur métier.

Parmi tous les chapiteaux des colonnes engagées qui supportent les doubleaux de la voûte de la nef, un seul appartient à la série historiée. Encore copie-t-il en le simplifiant celui de la condamnation de sainte Foy. La disposition des figures autour de la corbeille est rigoureusement identique : quatre sur la face principale, dont deux aux angles, et un seul sur chacun des petits côtés. Il est facile par analogie entre les deux scènes d'en identifier les acteurs : à gauche, Dacien sur son trône, puis au centre deux de ses valets qui entraînent de force une sainte Foy qui, par son habillement comme par son attitude, est la réplique exacte de celle du chapiteau de la nef. Mais il existe quelques variantes : le démon qui incarnait le mauvais génie de Dacien cède la place à un personnage ordinaire, probablement un serviteur. Le gouverneur romain, au lieu de remettre l'épée du supplice au bourreau, se contente de lever la main gauche, tel un juge prononçant sa sentence. Enfin le bourreau armé du glaive occupe la place de l'ange gardien, derrière la sainte. Une énorme discordance de style sépare les deux œuvres. Ici, les personnages, dans une position strictement frontale, ont une tête trop grosse pour leur corps frêle. La corbeille est surmontée d'un tailloir orné de trois bustes d'angelots aux ailes déployées. Et l'un d'eux dépose une couronne sur la tête de la sainte, comme au bas-relief de l'enfeu de Bégon.

Pour plusieurs autres chapiteaux des voûtes de la nef, on a fait appel au bestiaire des étoffes orientales ou des manuscrits, mais traité en général avec une grande maladresse, tels ces lions affublés de visages humains, encadrant une palmette. Si, à proximité, les deux griffons affrontés paraissent de qualité un peu supérieure, on redescend à un niveau très bas avec le couple d'aigles aux ailes déployées ou bien avec celui des harpies. Et que penser de ces monstres hybrides, des singes peut-être, dans la position d'atlantes? Le pire de tous est le chapiteau garni de quatre animaux, d'une espèce difficile à identifier, en train de s'entre-dévorer.

Les tribunes de la nef sont interrompues à l'Ouest par le mur des tours de façade : et l'arc de décharge inclus dans ce mur retombe sur une petite figure en bas-relief. Il s'agit d'atlantes représentés en buste, qui supportent un petit arc en plein cintre. Celui de la tribune Sud est délibérément grotesque avec son masque ridé et grimaçant, ses lèvres retroussées découvrant les dents, ses yeux exorbités. L'atlante de la tribune Nord, de meilleure facture, a un visage plus serein, vêtu d'un manteau plissé agrafé sur la poitrine par un bijou rond, il tient dans chaque main un petit chapiteau orné de feuilles où repose l'extrémité de l'arc, aux claveaux scrupuleusement dessinés.

Au-delà, les chapiteaux des parties hautes de la travée du narthex accusent une dégénérescence complète. Pourtant, on n'a pas renoncé aux scènes à personnages comme ce saint Michel terrassant le dragon, de facture grossière. Sa présence toutefois semble indiquer que la construction d'une chapelle haute dédiée à l'archange, comme dans l'abbatiale du xe siècle, était initialement prévue. Le projet a été abandonné, faute de ressources suffisantes sans doute. Ces œuvres décadentes correspondent ici à une ultime étape de la sculpture, une étape qui ne se retrouve d'ailleurs pas dans les édifices comparables, Saint-Sernin de Toulouse ou Saint-Jacques de Compostelle.

Il faut maintenant faire retour en arrière pour considérer les chefs-d'œuvre par excellence de la sculpture monumentale à Conques : le groupe de l'Annonciation et le tympan du Jugement dernier.

Comme si les chapiteaux des tribunes et de la croisée du transept avaient permis de sélectionner le meilleur parmi les deux groupes de sculpteurs en compétition, c'est à l'atelier «auvergnat» et, essentiellement, à son chef de file que les moines vont confier l'exécution de l'ambitieux programme iconographique qu'ils avaient prévu pour le grand portail occidental de leur abbatiale.

Ces hauts-reliefs portent certes la marque de la forte personnalité du «maître du tympan». Ils s'inscrivent pourtant dans un ensemble spécifiquement conquois où, par-delà les contrastes dus à la sensibilité différente des artistes, à leur plus ou moins grande habileté professionnelle, ou encore à la diversité des influences qui ont pu s'exercer, se reconnaît un certain nombre de caractères propres à l'art des chapiteaux. Une telle continuité est à la fois d'ordre technique, par exemple l'emploi du trépan pour le traitement des yeux, et d'ordre stylistique avec une recherche très poussée du détail évocateur, à la limite de l'anecdote parfois.

Ainsi, dans la scène grandiose du Jugement dernier les démons à la face ridée, les anges porteurs de phylactères ou de livres, les élus alignés sur l'un des registres du tympan comme l'étaient les figures autour de la

corbeille du chapiteau, apparaissent déjà pour nous des personnages familiers.

LE GROUPE DE L'ANNONCIATION ET DES PROPHÈTES

Cet ensemble de sculptures est très haut placé sur le mur de fond du croisillon Nord, à 8 m environ. Le panneau rectangulaire de l'Annonciation (pl. 25) couronne, sous l'imposte, le pilastre central qui, par l'intermédiaire de deux grands arcs, supporte le passage entre les tribunes Est et Ouest de ce croisillon. Au même niveau de part et d'autre, sous les retombées de l'arcature, sont logées les statues d'Isaïe (pl. 24), à gauche, et de saint Jean-Baptiste (pl. 23) à droite.

Par l'allongement des corps, tout à fait inhabituel dans la sculpture conquoise, les deux prophètes ne sont pas sans évoquer les statues-colonnes des portails de Chartres ou bien, plus près d'ici, de Saint-Étienne de Toulouse. Isaïe (pl. 24) tient à la main gauche un bâton terminé par trois bouquets de feuillages et de petits fruits ronds, évocation de l'arbre de Jessé, et de l'autre un long phylactère où se lit la prophétie de l'Annonciation : DIXIT ISAIAS / EXIET VIRGA DE RADICE JESSE (Isaïe dit : un rameau sortira de la souche de Jessé).

Une légende biblique, maintes fois répétée dans l'art médiéval, raconte en effet le rêve de Jessé, père de David, qui aurait vu sortir de son ventre une tige, véritable arbre généalogique, dont les nœuds étaient les ancêtres du Messie. Toute la verve imaginative du sculpteur transparaît dans ce petit chien en train de mordre à pleines dents l'extrémité de la tige feuillue, sous les pieds du prophète. Ce dernier a revêtu par-dessus sa robe deux vêtements liturgiques : la dalmatique, puis la chasuble aux plis concentriques. Le vêtement de saint Jean-Baptiste est en poils de chameau, selon la tradition (pl. 23). Comme Isaïe, Jean le précurseur possède une chevelure abondante, une moustache et une longue barbe bouclée qui lui confèrent un air imposant. Le bras droit levé vers le ciel, il porte un livre ouvert avec l'inscription gravée : JOHANNES AIT : ECCE AGNUS DEI (Jean dit : voici l'Agneau de Dieu).

Comme a pu le remarquer Jacques Bousquet, Isaïe parle au passé, Jean au présent, «l'un prédit, l'autre témoigne». Ainsi, le prophète et le précurseur, associés à l'Annonciation, forment un ensemble cohérent, qui entend évoquer pour les fidèles le mystère de l'Incarnation.

L'Annonciation est une scène d'intérieur puisque selon le texte évangélique, l'ange porteur de l'invitation divine à Marie pénètre effectivement dans sa maison (pl. 25). Celle-ci a des allures de palais avec ses tours crénelées, son fronton et même les modillons sculptés de la corniche du toit. Deux personnages s'inscrivent dans la double arcature en plein cintre soutenue par des chapiteaux corinthiens au feuillage finement ciselé. A gauche, l'ange est identifié par la phrase gravée sur sa banderole : E. GABRIEL ANGELUS A. D. Sans doute : (MISSUS) E(ST) GABRIEL ANGELUS A D(EO) (l'ange Gabriel fut envoyé par Dieu).

Un pied posé sur le seuil de la porte, il fléchit légèrement le genou dans une attitude de respect en abordant la Vierge. Et il s'adresse à elle,

la main tendue, de façon très suggestive, puisque c'est le geste même de la parole. Marie était occupée à filer la laine. Aussi, remet-elle en hâte sa quenouille à la jeune servante qui se tient en arrière, sur le côté droit, une pelote à la main. Marie, toutefois, ne se départit pas de sa quiétude et, la main droite grande ouverte sur sa poitrine, elle exprime sa pensée par le même geste de consentement, ou de soumission, que sainte Foy sur le chapiteau de la nef (pl. 30).

Nous sommes en présence d'une savante mise en scène où chacun des acteurs exprime par le geste, ou par une attitude, le rôle qui lui est imparti. Les personnages n'ont plus rien de statique. En observant l'ange Gabriel, on s'aperçoit que son corps n'est que mouvement, selon un schéma géométrique dont il existe l'équivalent exact sur le tympan de gauche de la porte des Orfèvres, à Saint-Jacques de Compostelle, avec l'ange placé derrière le Christ de la Tentation. On y retrouve la même position du pied gauche, plus haut que le droit, qui engendre le mouvement.

L'incontestable solennité de la scène de l'Annonce à Marie est tempérée par la note familière introduite par la servante à la pelote et au fuseau. Cette figuration de la Vierge filant la laine apporte la preuve que l'artiste est allé rechercher son inspiration dans l'un des évangiles apocryphes, celui de Jacques. Ce détail, apparu à partir du ve siècle sur des ivoires et des sarcophages, connut par la suite une grande faveur dans l'Italie byzantine. La présence de la suivante aux côtés de Marie est bien plus rare dans l'iconographie chrétienne. Par rapport au thème «classique» de l'Annonciation, à deux personnages, maintes fois repris par les sculpteurs romans, une telle représentation à Conques apparaît profondément originale.

Sur le plan artistique, ce groupe de sculptures est de très grande qualité. La véracité des attitudes et la belle stylisation du plissé des vêtements conviennent parfaitement au caractère monumental de ces figures, représentées à peu près grandeur nature. Avec leur nimbe et leur support, elles dépassent en effet 1 m 60. La spiritualité intense qui émane du visage de la Vierge contraste avec l'expression presque malicieuse de sa servante, tandis que le masque d'Isaïe, par son modelé énergique et la fixité du regard, nous entraîne bien au-delà du monde des apparences. Enfin, une technique très sûre a été mise au service de cet art. Le relief s'affirme et les personnages qui se détachent de la paroi, presque en ronde-bosse, annoncent la statuaire des cathédrales gothiques. A travers tous ces caractères, se retrouve, sans nul doute possible, la main de celui qui a conçu et exécuté le Jugement dernier. Parmi les nombreux points de comparaison, bornons-nous à évoquer le nez busqué et les pommettes saillantes que possèdent en commun la Vierge de l'Annonciation et le Christ du tympan (pl. 15), ou encore la chute des plis, en godets, au bas de la robe des personnages de l'un ou de l'autre de ces reliefs.

Problèmes d'emplacement

L'emplacement tout à fait inhabituel qu'occupe le groupe de l'Annonciation à l'intérieur de l'abbatiale a suscité un certain nombre de controverses. Jacques Bousquet s'appuie sur plusieurs exemples

italiens, en particulier la fenêtre de l'abside de la cathédrale de Plaisance dont les piédroits portent l'archange Gabriel et la Vierge avec deux prophètes en dessous, pour conclure que le choix d'un emplacement élevé et au voisinage de fenêtres, pour des raisons symboliques, n'est pas exceptionnel et qu'il se justifie parfaitement à Conques.

Pourtant, la situation même de ces personnages, éclairés à contre-jour et à une grande hauteur, comme exilés au fond du transept, a de quoi étonner. Que le maître d'œuvre du XIIe siècle n'ait pas perçu ces inconvénients paraît difficilement admissible. De plus, le haut-relief se raccorde mal à son support, le pilastre central, à la fois moins large et plus profond que lui. Il a fallu compléter les petites arcades latérales de la demeure de la Vierge pour qu'elles puissent s'appuyer contre le mur. Et le dos plat de la servante, qui, visiblement, est une statue d'applique, reste détaché de la paroi.

Aussi est-il logique de penser que ce groupe ait été conçu à l'origine pour s'intégrer dans le grand portail occidental. Il est d'ailleurs l'œuvre du même artiste que le tympan. Certes, aucune des places envisagées jusqu'ici, soit le trumeau, soit, comme pour l'Annonciation du portail de Moissac, le côté droit, ne paraît bien satisfaisante. Il serait peut-être plus sage d'avouer notre ignorance quant au programme iconographique et à la composition générale envisagés initialement pour le porche. Compte tenu de son état d'inachèvement, on peut seulement estimer que l'Annonciation et les deux prophètes n'y ont jamais été mis en place. Après la «disparition» du sculpteur du tympan, il manquait encore beaucoup trop d'éléments sculptés pour terminer l'ensemble du portail. C'est alors que le groupe de l'Annonciation fut monté, avec beaucoup d'habileté, il faut le reconnaître, sur le mur de fond du croisillon Nord.

LE TYMPAN DU JUGEMENT DERNIER

Au portail, une profonde voussure en plein cintre, coiffée d'un gable, abrite le tympan du Jugement dernier, l'une des œuvres fondamentales de la sculpture romane par ses qualités artistiques et son originalité, par ses dimensions aussi. Large de 6 m 73 et haut de 3 m 63, il n'abrite pas moins de cent vingt-quatre personnages, dans un état de conservation tout à fait remarquable (pl. 13). Cette riche composition soutient la comparaison avec les grands tympans historiés, ses contemporains, qui ont connu le succès en Bourgogne, en Espagne, et dans le Sud-Ouest de la France, à Saint-Sernin de Toulouse, à Moissac ou, avec un autre Jugement dernier, à Beaulieu.

A Conques, le thème paraît dans l'ensemble conforme à l'iconographie traditionnelle, telle qu'elle s'est progressivement fixée à travers les miniatures carolingiennes, les fresques ou les mosaïques italiennes d'influence byzantine. Dans la lagune de Venise par exemple, la cathédrale de Torcello possède au revers de sa façade, une immense mosaïque consacrée au Jugement dernier dont la source principale est, tout comme ici, l'évangile de saint Matthieu. Dans une composition en registres superposés, on reconnaît, autour du Christ dans sa mandorle,

le cortège des élus et des damnés suppliciés, les anges sonnant de la trompette ou porteurs de banderoles, le pesée des âmes, etc.

Pour le visiteur qui débouche sur le parvis, le tympan, à 3 m 50 du sol, reste remarquablement lisible, malgré le foisonnement des personnages et la diversité des scènes. Tout, en effet, s'ordonne autour de la figure centrale du Christ, démesurée (1 m 16 de haut sous le nimbe) par rapport aux autres personnages, et vers lequel le regard se trouve irrésistiblement attiré. A sa gauche, «l'enfer est comme l'image négative du paradis, un anti-ciel; dans un cas, tout est ordre, clarté, paix, contemplation et amour, dans l'autre, violence, agitation convulsive, effroi» (M. Durliat).

La composition générale est d'une grande simplicité : le vaste demi-cercle se divise en trois registres superposés que séparent deux bandeaux horizontaux réservés aux inscriptions gravées. Pour meubler ces registres, l'artiste les a divisés en une série de compartiments correspondant aux panneaux, au nombre d'une vingtaine, qu'il avait sculptés au sol avant de les assembler sur le tympan, comme dans un puzzle géant. Ce découpage, facile à discerner, a été réalisé très habilement et de telle façon qu'un joint ne vienne jamais recouper un personnage ou une scène.

Au registre inférieur, la grande originalité consiste dans ces deux blocs de pierre reproduisant la forme du linteau en bâtière si fréquent dans les églises romanes d'Auvergne et qui se retrouve, ici même, au portail du croisillon Sud. Les deux linteaux sont bien «l'illustration de deux mondes antinomiques : d'un côté, le statique Paradis sous arcades, de l'autre, l'immonde et grouillant Tartare» (R. Oursel). Tout à fait à leur place au-dessus des deux portes d'entrée de l'église, ils sont séparés par le panneau rectangulaire de la scène de la pesée des âmes, dans le prolongement du trumeau. Ce panneau, à son tour, est surmonté par la grande dalle centrale renfermant le Christ, que complètent latéralement deux pierres très étroites, couvertes de nuées et d'étoiles. De chaque côté, deux dalles rectangulaires accueillent le groupe des élus à gauche, les quatre anges et des scènes de l'enfer à droite. Au registre supérieur, enfin, la symétrie est établie de la même façon par rapport au panneau médian de la croix.

Description du tympan

C'est au destin de l'humanité entière que préside ici le Christ, évoqué par l'évangile de saint Matthieu (25) : «Quand le Fils de l'homme viendra entouré de ses anges, il siégera sur son trône de gloire. Toutes les nations seront rassemblées devant lui. Il séparera les hommes les uns des autres, comme le berger sépare les brebis des chèvres». L'artiste a voulu fixer dans la pierre l'instant dramatique où le Christ prononcera les paroles gravées ici sur les banderoles que deux anges déroulent de part et d'autre de sa tête : «Alors le roi dira à ceux qui seront à sa droite (VENITE BENEDICT)I PATRIS MEI P(OSS)IDETE VO(BIS REGNUM PARATUM) (Venez les bénis de mon Père, possédez le royaume préparé pour vous). Ensuite, il dira à ceux qui seront à sa gauche : DISCEDITE A ME M(ALE)DI(CTI) (Éloignez-vous de moi, maudits) dans le feu éternel préparé pour le diable et ses anges... Et ils s'en iront, ceux-ci

au châtiment éternel, et les justes, à la vie éternelle».

La première phrase adressée aux élus qui s'avancent vers lui est ponctuée d'un mouvement du bras droit levé pour les accueillir. Ce geste, analysé par Jacques Bousquet, était aussi celui des empereurs romains, un signe de commandement, de pouvoir, fréquent en particulier sur les statues équestres. Le Christ de Conques est «à la fois le Juge et le Souverain»; les mots JUDEX et (R)EX (Juge et Roi) s'inscrivent sur son nimbe crucifère. Le mouvement de la main gauche abaissée, pour désigner aux réprouvés le lieu de leur supplice éternel, est bien celui du juge prononçant son verdict. Ainsi, par ces deux gestes contrastés, Jésus paraît orchestrer le spectacle grandiose qui se joue depuis plus de huit siècles au-dessus du parvis de Sainte-Foy.

Le Christ trône dans une gloire en ellipse parsemée d'étoiles, qui semble flotter parmi les nuées représentées par cinq rangées de petits festons. Le visage allongé qui se détache en ronde-bosse, apparaît plus beau encore vu de profil (pl. 15). Il exprime toute la gravité qui sied au Souverain Juge. Mais nous sommes aussi devant le Christ de la Passion : ses vêtements, tunique et manteau, sont échancrés sur le flanc droit pour laisser apparaître la plaie du coup de lance, sans doute peinte à l'origine. «Ils verront qui ils ont transpercé» (Jn 19). Il faut admirer l'ingénieux artifice qui contribue à animer le Christ : l'inclinaison de l'escabeau où il appuie ses pieds nus impose en effet un relèvement du genou droit, légèrement écarté de l'autre, ce qui supprime toute impression de raideur dans son attitude.

Le Fils de l'homme paraît «entouré de tous ses anges». A sa gauche, l'un balance un encensoir finement ciselé, l'autre présente le livre de Vie grand ouvert avec l'inscription : SIGNATUR LIBER VITE (Le livre de Vie est scellé). Deux anges-chevaliers, armés de l'épée et de la lance à gonfanon, ont reçu pour mission de contenir la foule grouillante des démons et des damnés aux frontières de l'enfer. La phrase de saint Matthieu (13) : EXIBUNT ANGELI ET SEPARA(BUNT MALOS DE MEDIO IUSTORUM) (Les anges sortiront pour séparer les méchants du milieu des justes), est gravée sur le bouclier de l'ange à l'épée.

Aux pieds du Christ, émergeant d'un nuage, deux anges encore portent des flambeaux, puisqu'il est dit qu'au jour du Jugement dernier : «Le soleil s'obscurcira, la lune ne brillera plus» (Mt 24). Sans nul doute, de toutes ces créatures célestes, les plus belles sont les sonneurs d'olifant qui garnissent les deux écoinçons du registre supérieur. «Et il enverra ses anges avec une grande trompette et ils rassembleront ses élus des quatre coins de l'horizon, d'une extrémité du ciel à l'autre» (Mt 24). En les faisant voler à l'horizontale, les ailes ouvertes de part et d'autre de la tête, l'artiste a réussi à remplir parfaitement l'espace triangulaire des écoinçons selon la loi du cadre, chère aux sculpteurs romans. Au bas de la robe de l'ange de droite, sur le galon, on a pu déchiffrer une inscription bien insolite, en caractères coufiques : sans doute AL YOUM (la félicité). Elle n'a ici qu'une valeur purement ornementale, les mots arabes ayant été recopiés sans en comprendre le sens, certainement.

L'immense croix, au-dessus du Christ, portée par deux anges qui tiennent en même temps, l'un le clou (pl. 12), l'autre le fer de lance, vient amplifier l'évocation de la Passion. Sur la traverse, la phrase gravée : (H)OC SIGNUM CRUCIS ERIT IN CELO CUM (DOMINUS AD IUDICANDUM

VENERIT) (Le signe de la croix sera dans le ciel, lorsque le Seigneur viendra pour juger) provient d'une antienne chantée lorsque le pèlerin était marqué du signe de la croix. Aux extrémités, les symboles cosmiques, soleil et lune (pl. 12), sont personnalisés par deux petites figures au nimbe irradié, une fleur à la main.

Surmonté de banderoles avec le nom des quatre vertus théologales, le peuple des élus est en marche vers la droite du Seigneur sous la conduite de la Vierge, mains jointes, et «intercédant pour le genre humain dont elle est la mère» (R. Oursel). Saint Pierre la suit, revêtu des ornements pontificaux, la grosse clef du paradis d'une main, le bâton de pasteur de l'autre.

Derrière, les autres personnages sont dépourvus de nimbe : il ne s'agit plus de saints, en effet, car le «maître du tympan» eut l'audace d'insérer dans cette procession triomphale les figures marquantes de l'histoire de l'abbaye. Le troisième personnage, représenté de face, porte le vêtement court des laïcs et s'appuie sur un bâton en forme de T, l'emblème des ermites, celui que tient aussi l'une des petites figures de la margelle du bassin de serpentine, au cloître. Pourquoi a-t-on voulu y voir saint Benoît, le père du monachisme qui, lui, serait nimbé, plutôt que Dadon, l'ermite fondateur de Conques? Ensuite, un abbé vêtu de l'aube et de l'étole, la crosse dans une main, tire de l'autre un monarque reconnaissable à la couronne fleurdelisée et au sceptre (pl. 14). Prosper Mérimée les avait parfaitement décrits : «Le roi, baissant la tête et les genoux à demi fléchis, semble frappé d'une vive terreur; le moine au contraire, la tête levée, l'air confiant, présente son acolyte avec l'assurance que personne ne saurait être mal reçu en sa compagnie» (*Notes d'un voyage en Auvergne*). Leur attitude, à tous deux, est très expressive. Ainsi, l'un des grands abbés bénédictins de Conques (Odolric? Bégon?) introduit devant le tribunal divin l'empereur Charlemagne, bienfaiteur légendaire du monastère. Mais il avait aussi beaucoup à se faire pardonner et les deux moines qui le suivent, l'un porteur d'un diptyque, l'autre d'une châsse délicatement posée sur une étoffe, présentent en quelque sorte les pièces à conviction de la défense, c'est-à-dire les preuves de la générosité impériale envers le trésor de sainte Foy.

Suivent les quatre personnages nimbés, logés dans le panneau triangulaire, à l'extrême gauche. De plus petite taille que les autres, le dernier étant même à demi accroupi, ils accentuent encore l'effet de perspective recherché visiblement par l'auteur de la longue procession des élus. En tête saint Jérôme, identifié par le nom IERONIMUS peint sur la banderole, s'apprête à être couronné par l'ange qui vole au-dessus de sa tête. Et, ne faut-il pas voir saint Jacques dans ce vieillard au bâton et à la besace du pèlerin? En tout cas, sa présence sur le tympan de Conques serait des plus légitimes. Deux saintes, dont l'une tient la palme du martyre, ferment la marche. Ce panneau, avec ses personnages au corps grêle, d'un style très différent des autres, a été réalisé par un sculpteur isolé qui participa au chantier du tympan à l'occasion d'un bref passage à Conques, sans doute. On ne retrouve nulle part ailleurs sa main. Par contre, il est impossible de voir là un panneau refait à l'époque gothique. Il englobe en effet le début d'une inscription à l'épigraphie purement romane, ainsi que les petites arcades en plein cintre qui font déjà partie de la scène située au-dessous.

Dans le petit écoinçon triangulaire, à gauche, cette arcature entend évoquer l'église de Conques avec le calice posé sur le maître-autel et, suspendues aux voûtes, les entraves que les prisonniers délivrés par la protection de sainte Foy, offraient en ex-voto, selon la coutume rapportée par le *Livre des miracles* (pl. 16). A côté, et c'est là peut-être la grande trouvaille de l'artiste, sainte Foy est représentée prosternée devant la main de Dieu sortant des nuées, avec le même geste de prière que la Vierge adressait au Christ, sur le registre supérieur. Adossé à une colonne, le trône que la sainte vient de quitter pour intercéder en faveur des défunts, rappelle beaucoup celui de la statue-reliquaire du trésor, avec le même dossier orné de boules. En replaçant sainte Foy dans le cadre même de son abbatiale, près de l'autel, le sculpteur l'assimile à la majesté d'or aux pieds de laquelle venaient prier ses pèlerins.

Ainsi, à l'instant pathétique du jugement, les deux personnages féminins, la Vierge Marie et la petite patronne de Conques, sont là pour jouer leur rôle de médiatrices auprès du Seigneur.

Sur le triangle symétrique, à droite, la scène de la résurrection des corps se déroule dans la pierre comme une séquence filmée sur un écran. Avec l'aide des anges venus soulever les lourds couvercles, les morts se dressent les uns après les autres hors de leur sarcophage. Le premier, agrippé des deux mains aux rebords de la cuve, paraît sur le point de s'asseoir, alors que le second ne fait qu'esquisser ce geste. La tête du troisième émerge seule, et le dernier sarcophage demeure encore fermé.

La pesée des âmes va fixer le sort de ces défunts pour l'éternité. Entre les deux linteaux, sous les pieds du Christ, il oppose l'archange saint Michel et un démon à l'air narquois, se défiant mutuellement du regard de chaque côté de la balance. En dépit de la tricherie du démon qui appuie furtivement son index sur le plateau renfermant un masque hideux, symbole des péchés, la pesée se fait en faveur des bonnes actions figurées par de minuscules croix à l'intérieur de l'autre plateau. Derrière le diable, un damné tombe la tête la première, par l'intermédiaire d'une trappe, dans l'antichambre de l'enfer. Là, un démon hirsute armé d'une massue enfourne les réprouvés dans la gueule monstrueuse du Léviathan et regarde d'un œil plein de convoitise le petit groupe d'élus qui, derrière une cloison, se presse vers la porte grande ouverte du paradis, où un ange les accueille. La serrure, le verrou et les gonds, ainsi que les solides pentures ouvragées du ventail, sont représentés avec une particulière précision.

Le paradis proprement dit qui occupe tout le linteau de gauche, a été conçu sous l'aspect architectural de la Jérusalem céleste, avec ses tours crénelées, ses colonnes et ses arcades en plein cintre. La faveur des sculpteurs pour le détail familier et réaliste, souvent constatée à Conques, transparaît ici avec les lampes à huile, les «calels» rouergats qui, aux voûtes, assurent l'éclairage du royaume éternel. C'est bien là l'image de la Jérusalem céleste telle que l'Apocalypse la décrit : «Je la vis qui descendait du ciel d'auprès de Dieu, prête comme une épouse qui s'est parée pour son époux... La cité brillait de la gloire même de Dieu... Elle avait d'épais et hauts remparts» (Ap 21,1-3).

Au centre, siège Abraham tenant dans ses bras ouverts deux enfants porteurs d'un sceptre, sans doute deux des Saints Innocents. Il est encadré de personnages groupés par paires sous chaque arcade et

identifiés par leurs attributs : les vierges sages et leur lampe, les martyrs et leur palme, les prophètes et le rouleau de parchemin, enfin les apôtres et le livre. L'alignement presque monotone de ces élus au visage impassible, soumis à une rigoureuse frontalité, entend traduire l'ordre et la sérénité qui règnent dans le paradis comme le souligne l'inscription : SIC DATUR ELECTIS AD CELI GAUDIA VINCTIS GLORIA PAX REQUIES PERPETUUSQUE DIES (Ainsi sont donnés aux élus les joies du ciel, la gloire, la paix, le repos et la lumière éternelle). A cette paix céleste, le «maître du tympan» a su opposer avec une violence extraordinaire le chaos et la confusion de l'enfer. D'un côté (sur le bandeau du linteau en bâtière, à gauche) : (C)ASTI PACIFICI, MITES, PIETATIS AMICI, SIC STANT, GAUDIENTES, SECURI NIL METUENTES + (Les chastes, les pacifiques, les doux, les amis de la piété, se tiennent ainsi, heureux, exempts de toute crainte). De l'autre (sur le bandeau symétrique de droite) : FURES, MENDACES FALSI, CUPIDIQUE, RAPACES, SIC SUNT DAMPNATI CUNCTI SIMUL ET SCELERATI (Les voleurs, les menteurs, les fourbes, les cupides et les ravisseurs ont été ainsi damnés, tous ensemble avec les scélérats). La liste est longue de ces hommes pervers condamnés au feu éternel sur le bandeau du registre supérieur à la gauche du Christ.

HOM(I)NES PERVERSI SIC SUNT IN TARTARA MERSI (Les hommes pervers sont ainsi plongés dans l'enfer). ET : PENIS INJUSTI CRUCIANTUR IN IGNIBUS USTI DEMONAS ATQUE TREMUNT. PERPETUOQUE GEMUNT (Les méchants sont tourmentés par des châtiments et brûlés dans les flammes. Ils tremblent devant les démons et gémissent perpétuellement).

Satan, le pendant d'Abraham au centre du linteau de droite, préside aux supplices hallucinants, les pieds posés sur le ventre d'un damné couché dans les flammes, le paresseux, dit-on, et les jambes entourées de serpents. A ses côtés, tout un peuple hideux de démons s'emploie à châtier les auteurs des péchés capitaux avec un plaisir non dissimulé. Pourtant, les visages de tous ces damnés ont la même impassibilité que ceux des élus, comme si l'artiste n'avait pas pu, ou n'a pas voulu, traduire la souffrance humaine.

Sous l'aspect d'un chevalier revêtu de sa cotte de mailles, l'orgueil, le premier des péchés d'où découlent tous les autres, est désarçonné de son cheval à coups de fourche. La femme adultère à la poitrine dénudée et son amant, liés par le cou, semblent attendre le verdict de Satan. L'usurier est pendu haut et court, sa bourse au cou, un crapaud sous ses pieds. Et un démon arrache la langue d'un petit personnage assis dans les flammes qui personnifie la calomnie ou la médisance. Plus difficile à identifier est la femme dont le serpent dévore le cerveau, juchée sur les épaules d'un damné. Un autre, à l'extrémité du linteau, est plongé, tête première, dans une marmite d'eau bouillante.

Il faut aller rechercher la colère, dans l'écoinçon de gauche, au-dessus de la gueule de l'enfer : là un démon dévore le cerveau d'un damné qui se suicide en se plongeant un couteau dans la gorge. Pour la représentation de certains péchés capitaux, le sculpteur s'est référé à l'un des nombreux manuscrits en circulation de la *Psychomachie* de Prudence, du IVe siècle. Ils ont permis de fixer l'iconographie des péchés, en particulier pour Ira (la colère) qui «se voyant vaincue, s'enfonce un glaive dans la poitrine» (J. Bousquet). A côté, dans le même espace triangulaire, un diable bossu vient de s'emparer de la

harpe d'un damné, auquel il arrache la langue avec un crochet. Ce malheureux, musicien et chanteur donc, représente probablement l'histrion, l'amuseur public, symbole de la vanité des plaisirs de ce monde. En vis-à-vis, le triangle de droite renferme une scène étonnante et pleine d'ironie : au-dessus des flammes, un homme est rôti à la broche par deux démons, dont l'un à tête de lièvre. Faut-il l'interpréter comme le supplice du braconnier? Ou penser plus simplement, que dans l'enfer, ce monde à l'envers, le chasseur est devenu la victime de son gibier.

Au-dessus du linteau, l'enfer occupe encore deux étages sur le registre médian. L'artiste qui n'était plus tenu à des thèmes précis, put donner ici libre cours à son imagination. Dans un enchevêtrement indescriptible de corps et de têtes, les créatures infernales, décharnées, un affreux rictus sur le visage, s'en donnent à cœur joie et rivalisent de zèle pour châtier les damnés.

Sur le panneau de gauche, un démon arrache avec ses dents la couronne d'un roi, représenté entièrement nu, par dérision (pl. 17). Le mauvais souverain pointe son doigt en direction du cortège des élus et de Charlemagne comme pour exprimer son dépit de ne pas être du bon côté. Au-dessus, des démons à mine patibulaire brandissent hache, masse d'armes et même arbalète, une arme exceptionnellement représentée encore en ce début du XIIe siècle. Une telle panoplie pourrait servir d'illustration aux horreurs de la guerre.

Le panneau de droite est consacré à un supplice parfaitement horrible : un damné assis, tombé entre les mains d'un démon à tête de mégère, est écorché vif, tandis qu'une autre créature satanique dévore sa peau avec délectation. A côté, l'ivrogne pendu par les pieds vomit le vin dont il avait tant abusé sa vie durant (pl. 18).

En 1940, le moulage du tympan de Conques destiné au musée des Monuments français à Paris, avait permis à Paul Deschamps d'identifier le faux-monnayeur à l'intérieur du petit espace triangulaire situé au-dessus de l'ivrogne. Ceci grâce à son outillage : une enclume, une sébile remplie de pièces de monnaie et surtout le coin monétaire, sorte de tube, qu'il tient serré dans sa main. Le plus stupéfiant est que le sculpteur ait pris soin de graver à l'extrémité de cet instrument minuscule, et que nul ne pouvait voir d'en bas, la matrice d'une monnaie avec l'inscription : CUNEI (coin). Pour ce faussaire assis dans les flammes, le supplice consiste à avaler de force le métal en fusion versé par un démon.

Sur le même niveau à gauche, les mauvais moines ont leur place en enfer, tout comme les mauvais rois. Un abbé tombe à terre, avec sa crosse. Le démon bossu au gros ventre qui a conservé ses ailes « d'ange déchu », capture dans un filet de pêche trois moines, dont un autre abbé à la crosse renversée.

Dans cet enfer qui, par rapport aux autres tympans du Jugement dernier, occupe une place considérable, tout est mis en œuvre pour inspirer la crainte à ceux qui ne savaient pas lire, et ils étaient la grande majorité à l'époque, l'apostrophe gravée à la base du linteau : O PECCATORES, TRANSMUTETIS NISI MORES JUDICIUM DURUM VOBIS SCITOTE FUTURUM (Pécheurs, si vous ne réformez pas vos mœurs, sachez que vous subirez un jugement redoutable).

☆

La soumission des images aux textes, celui de l'évangile de saint Matthieu pour l'essentiel, n'exclut jamais le réalisme et même l'anecdote. Par sa richesse iconographique, par sa tournure volontairement narrative et didactique, sans pour autant tomber dans la facilité, le Jugement dernier de Sainte-Foy prétend s'adresser aux masses. On imagine fort bien les pèlerins sur le parvis en train d'en déchiffrer une à une les scènes; pour beaucoup, elles représentaient les seules images qu'ils aient la possibilité de contempler.

Et si l'art de Conques ne parvient peut-être pas à la sublime grandeur de celui de Toulouse ou de Moissac, il devait en revanche être beaucoup mieux accessible à l'âme populaire. Ce Jugement dernier aurait sans doute plu à la mère de François Villon, s'il lui avait été donné de le voir.

> «Au moustier voy dont suis paroissienne
> Paradis paints où sont harpes et lus,
> Et ung enfer où dampnez sont boullus :
> L'ung me fait paour, l'autre joye et liesse»
> (*Ballade pour prier Notre-Dame*).

La polychromie du tympan

Comme pour mieux frapper les esprits, de vives couleurs dont il reste encore des traces importantes, venaient rehausser les sculptures, avec une dominante bleue pour le paradis et rouge pour l'enfer. Car le Jugement dernier a été conçu initialement comme une fresque en relief, à l'instar de certains grands tympans romans, comme celui de Moissac.

Déjà en 1837, Prosper Mérimée avait remarqué que ces sculptures étaient peintes. Les couleurs par la suite se trouvèrent dissimulées sous une épaisse couche de poussière, à la suite notamment de la dépose du tympan par l'architecte Formigé, pendant deux ans, de 1883 à 1885. «Les fragments déposés à terre au milieu des échafaudages et sous la poussière ne pouvaient donner à personne une idée exacte de la finesse du dessin» (*Mémoire de la Société des lettres de l'Aveyron,* 1882-1886, tome 13). Il faudra attendre 1938 pour que les services des Monuments historiques fassent procéder à un nettoyage général. «La peinture se révélait à présent, sinon intacte, du moins dans un état suffisant pour se rendre compte de l'aspect que pouvait avoir l'œuvre dans sa fraîcheur originelle» (Paul Deschamps).

Il semble bien que les bas-reliefs aient été repeints, sans doute au XVe siècle; c'était déjà l'avis de Prosper Mérimée. Mais d'après les observations de Paul Deschamps, cette seconde couche, tout en protégeant longtemps la première se serait progressivement écaillée pour disparaître, en grande partie.

Les couleurs principales sont le jaune, le rouge, et le bleu turquoise. Ce dernier était réservé aux vêtements du Christ, des anges et de la plupart des élus. Il est particulièrement bien conservé sur le

manteau de la Vierge. Au contraire, les corps des diables étaient en général peints en rouge vif, la couleur du feu. Enfin, comme au portail de Moissac, ces couleurs s'accompagnaient d'une dorure dont il ne reste plus rien. Les nimbes étaient dorés, de même les galons qui bordent les vêtements, et les six étoiles de la mandorle du Christ. Mais ici la peinture du XVe siècle, sans doute à base de plomb, a viré au noir.

Problèmes posés par le portail et le tympan

Les hypothèses au sujet de l'emplacement du groupe de l'Annonciation avaient déjà permis d'évoquer l'état d'inachèvement du grand portail occidental. L'extrême nudité des côtés et du trumeau qui s'oppose à l'exubérance du tympan, ne correspond pas à la recherche délibérée d'un effet de contraste, comme il a été dit parfois.

Pour une cause ignorée, le programme décoratif initialement prévu connut un arrêt brutal en cours d'exécution, comme si l'équipe de sculpteurs avait brusquement abandonné le chantier après la réalisation du Jugement dernier. Ainsi, sur les quatre chapiteaux qui supportent latéralement l'archivolte du porche, un seul a reçu un début d'ornementation, des feuilles dentelées, sur la face à demi cachée tournée vers le jambage de la porte de droite. La face principale présente seulement l'amorce d'un dé, gravé dans le haut. Les autres corbeilles sont simplement épannelées. Mais on peut remarquer encore l'ébauche d'une grosse marguerite sous l'entablement, entre les deux chapiteaux de droite.

Dans la première édition de ce *Rouergue roman* en 1963 (p. 29) il était révélé un certain nombre d'anomalies sur le tympan. Ainsi les deux petits blocs sculptés représentant des nuées, de part et d'autre de l'ange porteur du clou de la Passion, sont en bois (pl. 12). Le bas du corps de cet ange, ainsi que la tête de la lune, ont été taillés de façon assez malhabile, non dans le calcaire jaune habituel, mais dans le grès rouge. On peut penser qu'une réfection a eu lieu avec des matériaux de fortune, à la suite de cassures.

D'autre part, si ce tympan surprend par l'absence de tout encadrement, on discerne nettement un départ de bordure cintré à l'extrémité gauche du bandeau portant l'inscription SANCTORUM CETUS, sous l'ange sonneur de cor. Enfin, la grande arcature abritant le tympan ne cadre pas exactement avec lui : de chaque côté du registre inférieur, deux droites viennent briser l'arrondi régulier du porche. A partir de là, certains évoquent un remontage tardif du tympan à son emplacement actuel : «Il était originellement situé ailleurs. Il a été déplacé; au cours de l'opération des détériorations se sont produites, qu'il a fallu réparer au moindre mal». Ils le situent intérieurement dans la première travée de la nef formant narthex, sous l'arc de la tribune dont les dimensions correspondent à celles du tympan. «On peut supposer, ajoutent-ils, que c'est au moment où les gros travaux de réfection de la coupole du transept ont été menés, au XVe siècle, que l'on a pu profiter de la présence d'un chantier important pour mener à bien cette délicate opération (du transfert), sans doute dans le but d'accroître la nef d'une travée». Et le remontage du groupe de l'Annonciation dans le croisillon Nord se serait réalisé au même moment.

Seuls des sondages sous le grand arc du narthex, s'ils révélaient la présence des fondations d'un trumeau et de jambages des portes pourraient confirmer l'hypothèse. Nous ignorons tout de la disposition originelle de ce narthex. À la fin du siècle dernier, l'architecte Formigé a reconstruit entièrement la tribune centrale qui porte l'orgue, à la place d'une tribune en charpente, ainsi que l'arc oriental de même diamètre que le tympan. On ne sait même pas si l'arc en question a existé initialement.

Par ailleurs, le porche actuel appartient à l'époque romane, on ne pourrait le nier. Un fragment de décor de billettes sous le gable, la belle mouluration de l'arcature, et surtout, tout autour, le thème si amusant des petits personnages cachés derrière un ruban pour ne montrer que le bout de leur nez, sont indubitablement du XIIe siècle. Avec leur chevelure divisée par une raie médiane, leur nez pointu, leurs yeux forés au trépan, ces «curieux» sont les frères des angelots «cravatés» d'ailes de la coursière du croisillon Sud, comme du tailloir de l'enfeu de Bégon.

Ainsi, dès le départ, un tympan était prévu sous ce porche puisque les constructeurs romans ont placé, au revers, deux arcs de décharge et un pilastre médian destinés à le renforcer. Pourquoi, dans ces conditions, les panneaux composant la scène du Jugement dernier auraient-ils été montés au fond du narthex, et non ici, à l'emplacement qui lui était réservé? Car il semble bien difficile d'envisager la coexistence, comme à Vézelay, de deux tympans, l'un intérieur, l'autre extérieur. L'assemblage de ces panneaux a pu se réaliser après l'abandon du chantier par les sculpteurs : on répara alors maladroitement et de façon hâtive les morceaux abîmés durant l'opération. Ou, plus simplement, des infiltrations d'eau de pluie dans la partie supérieure du tympan auraient, à une époque indéterminée, entraîné ces restaurations.

Conques et Saint-Jacques de Compostelle

Si les sculpteurs des chapiteaux de Conques eurent des contacts, limités certes, mais incontestables avec leurs confrères de Saint-Sernin de Toulouse et de Moissac, il est impossible en revanche d'établir le moindre rapprochement entre le tympan de Sainte-Foy et la sculpture romane languedocienne. Ici, les liens de parenté d'ordre stylistique et iconographique sont à rechercher dans deux directions opposées, en Auvergne d'une part, à Saint-Jacques de Compostelle de l'autre.

Les personnages des chapiteaux auvergnats présentent souvent avec ceux de Conques un air de famille étonnant. Les uns et les autres, aux corps trapus, mais de proportions normales, n'ont subi aucune des déformations qui caractérisent la figure humaine à Moissac, à Souillac, ou bien dans la sculpture bourguignonne. Les anges porteurs de banderoles, groupés par paires, que ce soit au tympan ou à la coupole, possèdent leur réplique exacte, nous l'avons vu, sur un chapiteau de Saint-Pierre de Mozat. On a signalé aussi l'identité d'attitude entre la petite sainte Foy du Jugement dernier (pl. 16) et le moine prosterné aux pieds de la Vierge sur un linteau de cette église auvergnate (*Auvergne romane,* 5e éd., pl. 66). Les comparaisons pourraient être poursuivies,

avec partout cette tournure narrative et ce souci du détail matériel déjà constatés sur le tympan.

Les historiens d'art sont d'accord aujourd'hui pour admettre l'antériorité de Sainte-Foy par rapport aux grandes églises romanes d'Auvergne, élevées au cours du XIIe siècle, et qui ont pu tirer profit du rayonnement de l'art conquois. Pour Marcel Aubert (*Cathédrales et abbatiales de France,* p. 383), les ouvriers formés à Conques «avaient essaimé ensuite dans tout le Massif central». A vrai dire, on constate des ressemblances, des affinités, mais aucune des œuvres auvergnates connues ne porte la marque originale du «Maître du tympan». Celle-ci, en revanche, se retrouve à Saint-Jacques de Compostelle.

Ici, dès la première campagne de travaux, à partir de 1075, les points de convergence se manifestent sur plusieurs chapiteaux figuratifs des chapelles rayonnantes et du déambulatoire. Citons la sirène à double queue, le sonneur d'olifant, les anges porteurs de phylactères à inscriptions, autant de sujets familiers aux artistes conquois, mais aussi auvergnats. Seule la sirène apparue très tôt, dans le déambulatoire de Sainte-Foy, pourrait bénéficier de l'antériorité. Mais il s'agit là d'un thème très répandu à l'époque. Convergence encore entre les chapiteaux des tribunes et du cloître élevés sous l'abbatiat de Bégon, au début du XIIe siècle, et donc postérieurs à leurs homologues galiciens. Il y eut, en effet, une interruption dans la construction de la cathédrale, de 1088 à 1100 environ, à la suite de la déposition de l'évêque Diego Pelaez.

Jusqu'ici, nous avons pu discerner des thèmes communs, mais traités dans un style différent d'une église à l'autre. Observons maintenant deux chapiteaux de la chapelle d'axe, dédiée au Saint-Sauveur. Nous sommes toujours dans la partie la plus ancienne de Saint-Jacques. Sur le premier, un personnage assis saisit par le cou les deux oiseaux qui l'encadrent (*Galice romane,* pl. 57), une scène qui pourrait représenter, comme à Conques, l'ascension d'Alexandre. On ne peut échapper à l'idée que ce personnage est de la main du «Maître du tympan» tant sa ressemblance est grande avec ceux du chapiteau conquois de la condamnation de sainte Foy (pl. 30), dont il est l'auteur, et plus précisément avec le bourreau qui reçoit l'épée des mains de Dacien : même plissé en virgules du vêtement, mêmes pieds chaussés posés sur l'astragale. Mais c'est avant tout au traitement d'un visage que se reconnaît la marque d'un artiste. Ici, il paraît difficile de trouver, dans toute la sculpture romane, deux têtes aussi semblables, avec les boucles de cheveux alignées sur le front, la mâchoire carrée, la petite bouche pincée, les yeux rapprochés et forés au trépan. Sur les côtés de la corbeille, le motif de la pomme de pin s'échappant d'un bouquet de feuillage reparaît sur plusieurs chapiteaux ornementaux de Sainte-Foy. L'autre chapiteau situé en vis-à-vis présente deux griffons buvant dans un calice, en tout point identiques à ceux du chapiteau de l'arcature méridionale du cloître à Conques.

Ces deux corbeilles de la chapelle Saint-Sauveur, de meilleure facture que leurs voisines immédiates, offrent en outre la particularité d'être taillées dans le marbre. Elles sont à classer à part. Il s'agit sans doute des toutes premières œuvres d'un sculpteur de talent qui, lors de la reprise de la construction de la cathédrale, est allé travailler à la porte de France, ouverte sur le croisillon Nord. Ce portail a été détruit avec

ses deux tympans dans la seconde moitié du XVIIIe siècle, mais des fragments importants furent alors remployés sur la porte des Orfèvres, au Sud. Plusieurs d'entre eux, de tonalité auvergnate, ont pu être comparés à la sculpture conquoise. C'est le cas des scènes de la Flagellation du Christ sur le tympan de droite, et, sur l'autre, de la Tentation de Jésus dans le désert.

Ici, un ange thuriféraire, le pied posé sur un rocher, le genou fléchi, reproduit exactement l'attitude de l'ange Gabriel, dans le groupe conquois de l'Annonciation (pl. 25). Les plis de ses vêtements et de ceux de Jésus, comme «écrasés au fer», reparaissent sur le manteau du Christ-Juge au tympan. Malheureusement les têtes de ces deux personnages sont mutilées.

Plus probant encore est le panneau central de la scène de la Tentation (*Galice romane,* pl. 22). Un ange sortant des nuées vole à l'horizontale au-dessus d'un buisson autour duquel s'enroule le serpent. Il tient un encensoir en forme de boule, richement ciselé, semblable à celui que l'ange thuriféraire du tympan de Conques balance aux pieds du Christ. Et sa tête, intacte, pourrait appartenir à n'importe quel personnage de ce tympan. Le traitement si particulier de la chevelure séparée par une raie médiane et dégageant l'oreille pour retomber sur la nuque a ici valeur de signature. Enfin, autre détail révélateur, les rinceaux végétaux du buisson se terminent par des feuilles en éventail d'où s'échappe un petit fruit rond. N'est-ce pas la reproduction exacte, à la fois, du sceptre de Charlemagne (pl. 14) au tympan, et de l'extrémité de l'arbre de Jessé que tient Isaïe (pl. 24), au transept?

Ainsi, à notre avis, l'auteur de ce panneau de la Tentation et celui du Jugement dernier de Conques serait un seul et même sculpteur. Et, on pourrait tenter de reconstituer son itinéraire professionnel : dans sa jeunesse, c'est-à-dire avant 1088, il exécute les chapiteaux de la chapelle Saint-Sauveur; puis, après avoir participé au programme iconographique de la porte de France, il abandonne le chantier de Saint-Jacques pour celui de Conques, une vingtaine d'années plus tard. Le délai peut paraître long, il demeure dans les limites de la vraisemblance. Il est logique de penser que, pour le grand tympan de leur abbatiale, les bénédictins de Sainte-Foy fassent appel à un artiste confirmé. Celui-ci emporte avec lui, dans ses carnets, les croquis des œuvres déjà réalisées à Compostelle par des confrères : les anges à phylactères, les diables de la Tentation du Christ (*Galice romane,* p. 22), mais aussi la scène de la condamnation de sainte Foy, sur deux chapiteaux du déambulatoire (*Galice romane,* pl. 51 à 54), celle de la pendaison d'un damné, au croisillon Nord (*Galice romane,* pl. 49 et 50). Une fois à Conques, il forme et influence à son tour des ouvriers.

Par là même, Sainte-Foy de Conques va être appelée à jouer le rôle de relais entre la sculpture de Compostelle et celle de l'Auvergne.

• M. Aubert, *L'église de Conques,* Paris, 1939.
• T.W. Lyman, «The politics of selective eclecticism : monastic architecture pilgrimage churches and resistance to Cluny», dans *Gesta,* 27/1, 1988, p. 83-92.
• M.N. Delaine, «Les grilles médiévales du Centre de la France, Essai d'inventaire», dans *Revue d'Auvergne,* t. 87, n° 2, 1973, p. 97-150.

Pour l'ensemble de la sculpture de Sainte-Foy, l'ouvrage fondamental est la thèse de :

• J. Bousquet, *La sculpture à Conques aux XIe et XIIe siècles. Essai de chronologie comparée,* 3 t., Lille, 1973. Voir aussi, du même auteur, «La sculpture de Conques dans ses rapports avec l'art méridional», dans *Cahiers de Saint-Michel de Cuxa,* n° 2, 1971, p. 43-56.
• C. Bernoulli, *Die Skulturen der Abtei Conques-en-Rouergue,* Bâle, 1956.
• P. Deschamps, «Étude sur les sculptures de Sainte-Foy de Conques et de Saint-Sernin de Toulouse, et leurs relations avec celles de Saint-Isidore de León et Saint-Jacques de Compostelle», dans *Bulletin monumental,* 1942.

Pour les chapiteaux :

• J. Cabanot, *Les débuts de la sculpture romane dans le Sud-Ouest de la France,* Paris, 1987.
• J.C. Fau, *Les chapiteaux de Conques,* Toulouse, 1956. Ainsi que : «La sculpture carolingienne à entrelacs et sa survivance au XIe siècle», dans *96e Congrès national Soc. Sav., Toulouse,* 1971, Archéol. t. 2, p. 9-31. Et «Un décor original : l'entrelacs épanoui en palmettes sur les chapiteaux romans de l'ancienne Septimanie», dans *Cahiers de Saint-Michel de Cuxa,* n° 9, 1978, p. 129-139.

Pour le groupe de l'Annonciation et le tympan :

• J.C. Bonne, *L'art roman de face et de profil : le tympan de Conques,* 1984.
• J. Bousquet, «L'emplacement du thème de l'Annonciation dans la sculpture romane italienne et française», dans *A travers l'art français,* Archives de l'art français, t. 25, 1978, p. 29-39.
• J. Bousquet, «Le geste du bras droit levé du Christ de Conques et sa place dans l'iconographie», dans *Cahiers de Saint-Michel de Cuxa,* n° 18, 1987, p. 125-145.
• L. Bousquet, *Le Jugement dernier au tympan de l'église de Conques,* Rodez, 1948.
• P. Deschamps, «Les sculptures de l'église Sainte-Foy de Conques et leur décoration peinte», dans *Fondation E. Piot. Monuments et Mémoires,* t. 38, 1941, p. 156-185.
• Dom A. Surchamp et L. Balsan, «Nouvelles hypothèses sur le tympan», dans *Rouergue roman,* Zodiaque, 1e édition, 1963. p. 29-34.
• M. Rascol, *Le portail de Sainte-Foy de Conques, sa disposition primitive,* Toulouse, 1947.

Pour les inscriptions :

• *Corpus des inscriptions de la France médiévale, 9, Aveyron, Lot, Tarn,* éd. du C.N.R.S., 1984.

TABLE DES PLANCHES

BESSUÉJOULS

40

41

42

43

44

45

46

47

48

50

52

53

54

55

58

59

60

61

ANNO AB INCARNATIONE DOMINI MILLESIMO .L.
SEXTO K(A)L. IULII DOMNUS PONCIUS BARBASTRENSIS
EPISCOPUS ET SANCTE FIDIS VIRGINIS MONACHUS

hOC ALTARE BEGONIS ABBATIS DEDICAVIT
ET DE + XPI ET SEPULCRO EIUS MULTAS QUE
ALIAS SANCTAS RELIQUIAS HIC REPOSUIT

63

64

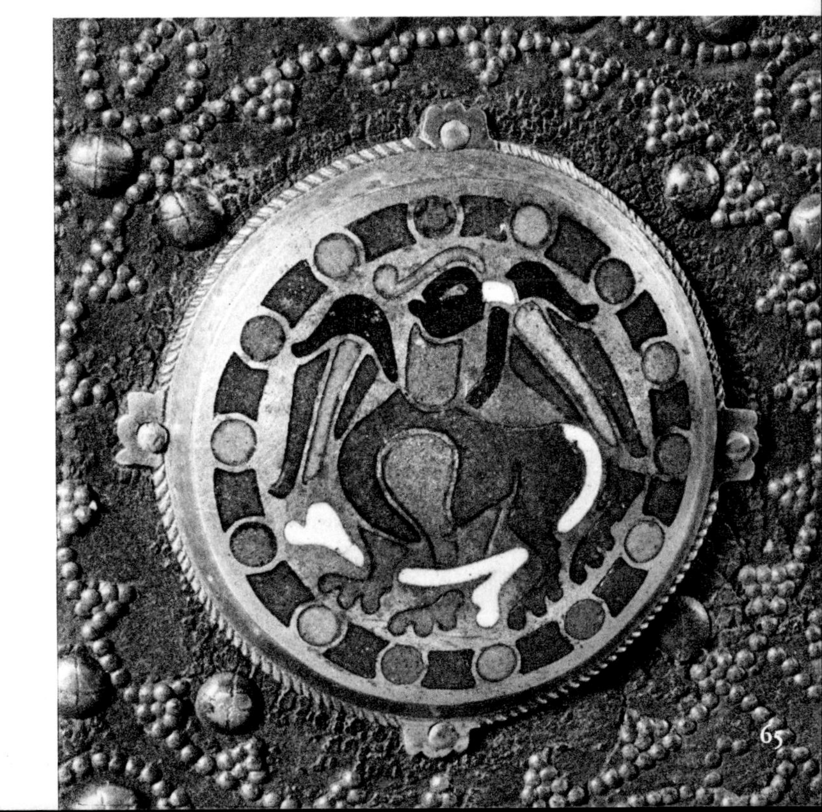
65

BESSUEJOULS ▶

67

79

72

74

75

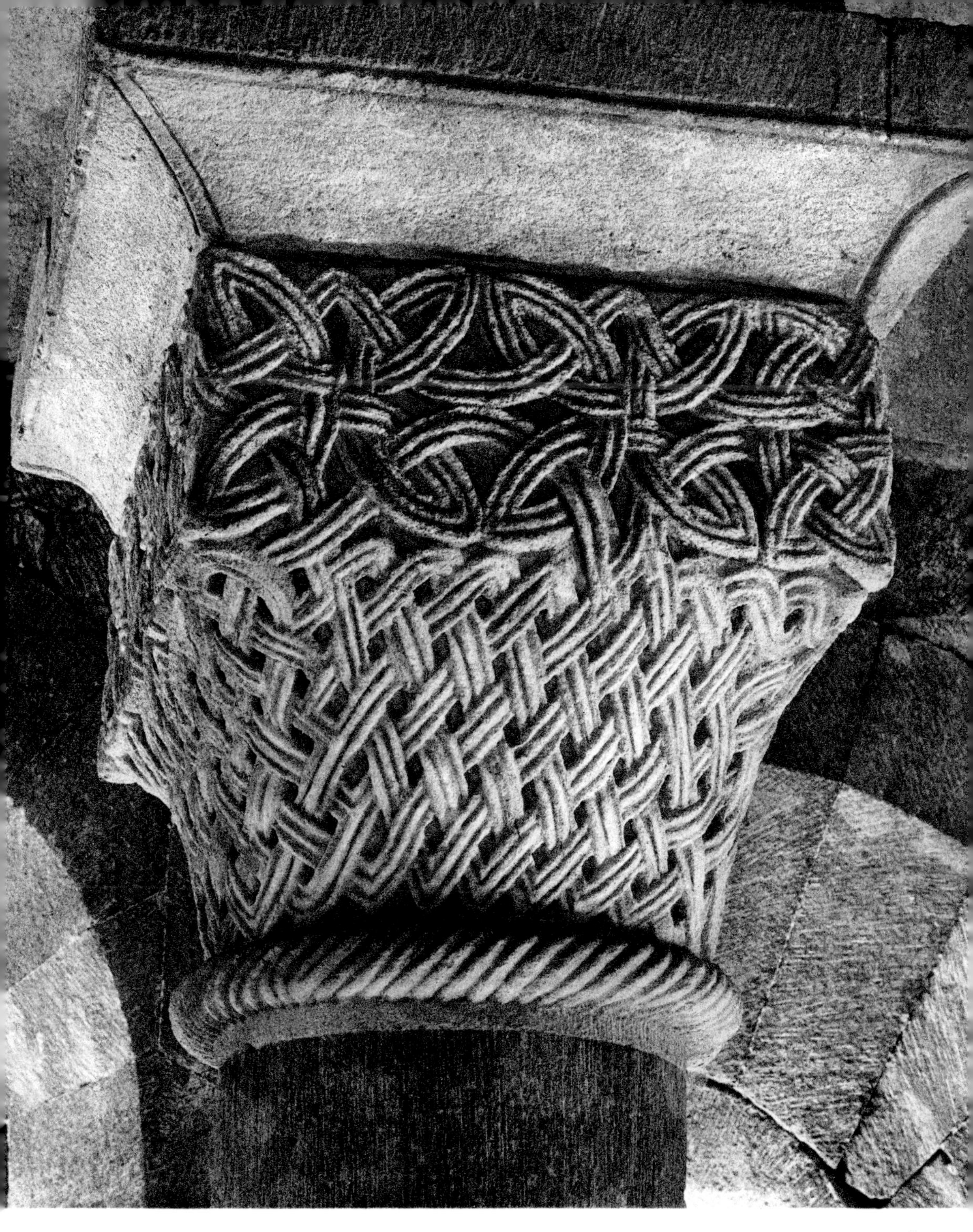

77

7 LE CLOITRE DE L'ABBÉ BÉGON

Si l'abbatiale Sainte-Foy est parvenue à peu près intacte jusqu'à nous, si les vicissitudes de l'histoire ont épargné de façon quasi miraculeuse son trésor d'orfèvrerie, il n'en a malheureusement pas été de même pour le cloître qui compterait parmi les plus beaux et les mieux ornés de la France méridionale.

HIC EST ABBAS SITUS
DIVINA LEGE PERITUS
VIR DOMINO GRATUS
DE NOMINE BEGO VOCATUS
HOC PERAGENS CLAUSTRUM
QUOD VERSUS TENDIT AD AUSTRUM.

SOLLERTI CURA BONA
GESSIT ET ALTERA PLURA
HIC EST LAUDENDUS
PER SECULA VIR VENERENDUS
VIVAT IN ETERNUM
REGEM LAUDANDO SUPERNUM.

Ici repose un abbé
Expert en la loi divine.
Homme agréable au Seigneur
Répondant au nom de Bégon.

Il développa ce cloître
Qui s'étend vers le Midi.

Et apporta ses soins diligents
A l'accomplissement de plusieurs autres bonnes œuvres.
Homme vénérable et digne de louanges
A travers les siècles.
Qu'il vive dans l'éternité
En louant le Roi suprême.

Voici l'épitaphe en vers léonins de Bégon III, gravée sur deux plaques de serpentine à l'intérieur de l'enfeu appuyé contre le mur méridional de la nef (pl. 39). Elle attribue sans équivoque à cet abbé de Conques la construction du cloître et elle en fait même l'un de ses premiers titres de gloire. Un passage de la Chronique du monastère vient la confirmer : *Bego venerabilis, qui claustrum construxit.*

Nous savons que Bégon III prit la direction de l'abbaye en 1087 et la conserva jusqu'à sa mort en 1107 : c'est donc au cours de ces vingt années que s'éleva le cloître de Conques. Il apparaît ainsi comme le contemporain des premiers grands cloîtres historiés du Sud-Ouest, celui de la Daurade à Toulouse, et celui de Saint-Pierre de Moissac debout en l'an 1100, œuvre de l'abbé Ansquitil. Et pourquoi ne pas imaginer une sorte de compétition entre les deux prélats, à la tête de monastères relativement proches l'un de l'autre, sur le même chemin de Saint-Jacques de Compostelle?

Sous l'impulsion de Bégon III, l'abbaye conquoise atteint son apogée en ce tout début du XIIe siècle. Parallèlement à la construction du cloître et, sans doute, des principaux bâtiments monastiques, il poussa activement celle de l'abbatiale. On lui doit, nous l'avons vu, l'étage des tribunes où beaucoup de chapiteaux présentent le même style et la même facture que ceux du cloître.

Pour ce dernier, le temps des vicissitudes commence à la fin du Moyen Age. Lorsque intervint la sécularisation du monastère bénédictin, les nouveaux chanoines abandonnèrent toute vie communautaire et le cloître, lieu de prière et de silence, perdit sa raison d'être. Deux siècles plus tard, la Révolution voit la dispersion du chapitre : grevé de servitudes, lieu de passage, le cloître ne fait l'objet d'aucun entretien. Prosper Mérimée arriva trop tard pour sauver ce qu'il pouvait en rester. Dans ses «Notes d'un voyage en Auvergne,» il écrit en 1833 : «Au Sud de l'église de Conques, attenant au transept, on remarque un arceau porté sur des colonnes géminées fort basses : voilà tout ce qui reste du cloître bâti vers la fin du XIe siècle par l'abbé Bégon et que l'on vient d'abattre tout récemment».

Des masures ne tardèrent pas à occuper son emplacement. Quant aux matériaux de démolition, ils servirent de carrière aux habitants du village, selon une pratique courante. Pierres de taille et fragments de colonne façonnés dans le beau calcaire jaune, qui caractérise ici les constructions romanes, se retrouvent dans bien des maisons de Conques. Certains éléments sculptés, corbeaux, tailloirs surtout, furent parfois placés en évidence au-dessus d'une porte ou sur une façade, par souci décoratif. Il est possible aujourd'hui encore de dénombrer un certain nombre de ces remplois. Par chance, une partie des épaves du cloître fut remisée dans la chapelle abbatiale, à proximité. Mais combien tombèrent-elles entre les mains des antiquaires? On conserve à Conques le souvenir de ce trafic : les chapiteaux partaient en caisses sur des charrettes vers des destinations inconnues.

En 1890, la démolition d'une terrasse accolée au presbytère permit de mettre au jour une suite d'arcades en plein cintre dont personne ne soupçonnait plus l'existence. A vrai dire, il ne s'agissait pas d'une galerie du cloître à proprement parler, mais de l'arcature qui faisait communiquer celui-ci avec l'une des grandes salles du monastère, à l'Occident. Par la suite, en 1910, les services des Monuments historiques édifièrent le bâtiment pseudo-roman destiné à abriter le trésor. Une telle construction, implantée sur la galerie méridionale, enlève tout espoir de reconstituer un jour cette aile du cloître.

Les choses en restèrent là jusqu'à l'intervention bénéfique de B. Fonquernie, architecte en chef des Monuments historiques qui, à partir de 1973, entreprit la restitution de l'aire du cloître, devenue un banal jardin de presbytère, et de ses abords.

Essai de restitution du cloître

Le premier souci fut de déterminer l'implantation exacte des anciennes galeries, dissimulées sous une épaisse couche de terre rapportée ou de déblais. Les fouilles entreprises alors connurent un plein succès. Elles permirent de retrouver en place d'importants fragments du dallage originel, en grès rose, et surtout les fondations de la murette – le bahut – qui supportait sur les quatre côtés les colonnades intérieures. Pour celles-ci, l'absence de tout document sur leur disposition initiale, la perte de nombreux chapiteaux également, aurait rendu par trop hasardeuse une reconstitution et il fallut y renoncer. En revanche, le mur-bahut a été remonté en schiste et le pavage refait. Ainsi est-il désormais possible de lire le plan du cloître et d'en imaginer, au moins de façon approximative, l'élévation (pl. 40).

L'emplacement qu'il occupe est une large terrasse située au Sud, et en contrebas, de l'église abbatiale. Étant donné la pente naturelle du terrain, il fallut au préalable aménager cette surface plane par remblayage en arrière d'un mur de soutènement dominant les gorges de l'Ouche, le torrent qui coule au pied de Conques. Les moines n'ont peut-être pas voulu se priver d'un aussi admirable paysage et on peut supposer que leur cloître ouvrait au Midi, sur la vallée, comme à Serrabonne. Mais rien ne permet de confirmer cette hypothèse.

Il faut signaler une première particularité, due sans doute aux contraintes topographiques : contrairement à l'usage, le cloître ne vient pas s'appuyer contre la nef de l'église. Mais il se place à l'extrémité du croisillon Sud, ou, plus exactement, contre la tourelle d'escalier en saillie sur ce croisillon, à l'Est (pl. 10). Au-delà, un bâtiment étroit aux ouvertures romanes, sorte de couloir utilisé ultérieurement comme sacristie, s'intercale entre le mur de façade du croisillon et la galerie septentrionale du cloître. Il est de même largeur que la tourelle. Cette implantation d'un cloître en bout de transept ne se retrouve guère qu'à l'abbaye de Marcillac-sur-Célé, en Quercy. A l'angle Nord-Ouest, l'escalier de pierre qui vient d'être restitué, faisait communiquer le cloître et la terrasse supérieure, occupée par l'église, en face de la deuxième travée de la nef.

Les dimensions du cloître, révélées par les travaux de 1973, sont de 28 m pour les galeries Nord et Sud, 26 m pour les galeries Est et Ouest. Son plan était donc sensiblement carré. La largeur des galeries, enfin, est de 3 m 60.

Ainsi, il s'avère presque petit, par rapport à celui de Moissac (39 m sur 37), mais les constructeurs durent tenir compte des difficultés inhérentes au manque d'espace, nous l'avons vu. Le monument n'en dénote pas moins un programme ambitieux, tant sur le plan de l'architecture que de la sculpture.

Sa seconde originalité architecturale est de s'ouvrir à l'Ouest, et sur toute la longueur de la galerie, par une série de grandes baies géminées sous arcs de décharge. On retrouve là une disposition analogue à celle des tribunes de l'abbatiale. Amputée d'une ou même de deux baies à son extrémité Sud, cette arcature, fortuitement découverte en 1890, donne sur la salle de l'actuel musée lapidaire, à l'entrée du trésor (pl. 41). La proximité du bassin de serpentine permet désormais de l'identifier comme l'ancien réfectoire de moines bénédictins. On y pénètre par une arcade de plus grande taille, faisant office de porte, et ouverte dans l'axe de ce bassin. Connaissant la coutume monastique de l'ablution de mains avant le repas, il ne subsiste plus de doute sur l'affectation primitive de cette grande salle occidentale. Elle se superpose elle-même à une cave voûtée en berceau, le cellier sans doute, située au niveau de la ruelle de la porte de Fer qui limitait ici le monastère.

A l'Est, la salle capitulaire faisait pendant au réfectoire. Communiquait-elle, comme lui, avec le cloître par une suite de baies? Il ne subsiste de ce côté-là que les deux arcades remarquées par Prosper Mérimée lors de sa visite à Conques. Elles prennent appui contre la base de la tour d'escalier du transept, mais il est impossible de savoir si elles se prolongeaient le long de la galerie. Ces arcades paraissent d'ailleurs différentes de celles du réfectoire, avec des colonnes beaucoup plus courtes et un cordon en forme de sourcil au-dessus des ouvertures.

Cette salle capitulaire fut détruite en 1366 par un terrible incendie, en même temps sans doute qu'une grande partie de l'abbaye romane. Il ne semble pas qu'elle ait été reconstruite par la suite, sur le même emplacement. Et il faudra attendre le XVe siècle pour voir s'élever les nouveaux bâtiments monastiques derrière le chevet, ainsi que la chapelle de l'abbé.

A l'époque romane, la salle capitulaire était surmontée du dortoir des religieux selon une formule courante. Une porte ouverte dans le mur du croisillon permettait aux moines d'accéder directement du dortoir dans l'église, pour la célébration des offices nocturnes.

Quant à l'ordonnance des arcades intérieures, autour du jardin claustral, nous en sommes réduits aux hypothèses, en l'absence de plan ou de documents antérieurs à la démolition. On peut quand même admettre que chacun des quatre côtés comptait approximativement une quinzaine de supports, en se référant à l'écartement des colonnes en place, le long du réfectoire.

On conserve aujourd'hui une trentaine de chapiteaux ayant appartenu à ces arcades. Ils sont déposés :

– dans l'ancien réfectoire, à l'entrée du trésor I;
– dans le musée lapidaire, au sous-sol du trésor II;
– dans la grande chapelle du croisillon Nord, à l'intérieur de l'église;
– en remploi dans l'enfeu de Bégon.

Tous s'identifient aisément grâce à l'emploi exclusif d'un calcaire gris clair en provenance du causse Comtal, un matériau qui ne reparaît nulle part ailleurs dans les édifices romans de Conques. Nous ne trouvons pas ici ces grosses corbeilles à double astragale, destinées à des colonnes jumelles, comme dans les tribunes de l'abbatiale. De hauteur identique (24 cm), les chapiteaux du cloître se répartissent en deux catégories (32 sur 28 cm d'une part, 28 sur 24 de l'autre) selon les dimensions de leur tablette supérieure. Ils sembleraient donc correspondre à des colonnettes alternativement simples, pour les moins volumineux d'entre eux, et géminées pour les autres, deux corbeilles étant alors rapprochées sous un tailloir commun. Dans ce cas, la face non visible porte un décor très sommaire; parfois même elle présente un simple épannelage. Enfin, le fait que les quelques fûts de colonne conservés soient eux aussi de deux dimensions différentes (soit 18, soit 14 cm de diamètre) confirme l'hypothèse de l'alternance de ces supports, une disposition qui se retrouve, par exemple, au célèbre cloître de Moissac.

Ces arcades intérieures supportaient le toit en appentis des galeries. Une saignée dans le mur de la sacristie et des corbeaux en grès rouge marquent peut-être le niveau supérieur de cette toiture.

Des restes de fresques d'époque romane, aux personnages non identifiables, subsistent sous deux arcs de décharge des ouvertures du réfectoire. Il faut noter aussi une recherche délibérée de la polychromie par l'emploi de matériaux de tonalité différente : corbeilles et tailloirs en calcaire gris clair contrastaient avec les colonnettes et les claveaux des arcades, toujours taillés dans le calcaire jaune de Lunel.

Le décor sculpté du cloître

Ce cloître offrait au décor sculpté un champ particulièrement étendu. Aux chapiteaux des arcades intérieures, venaient s'ajouter ceux des baies géminées ouvrant sur le réfectoire et, sans doute, sur la salle capitulaire.

Il faut mettre à part les chapiteaux des demi-colonnes supportant les arcs de décharge du réfectoire. On y retrouve le style «auvergnat» apparu aux tribunes de l'abbatiale, avec de grandes feuilles grasses, et déchiquetées, enveloppant la corbeille. Le deuxième chapiteau, à partir de la gauche, offre un bel exemple de stylisation : deux grandes feuilles nervurées disposées aux angles ont leurs bords retournés et rabattus sur eux-mêmes de manière à former un ourlet festonné sur tout le pourtour. Entre celles-ci, une tige sort du milieu de l'astragale et s'épanouit en un éventail de feuillage. Sur un autre chapiteau, un masque humain est encadré par deux palmettes, à la place des oreilles. Un troisième présente deux griffons affrontés qui, avec une symétrie parfaite, se disposent à boire dans une coupe, au centre. Ce symbole eucharistique reparaît, identique, sur un chapiteau de Saint-Jacques de

Compostelle (*Galice romane,* pl. 65), et il sera appelé à connaître une grande faveur dans les églises romanes d'Auvergne.

Partout ailleurs dans le cloître, aux arcades géminées du réfectoire, comme sur les chapiteaux déposés, le style propre de l'atelier de Bégon règne en maître, même si quelques nuances de facture traduisent l'intervention de plusieurs sculpteurs.

La majorité des chapiteaux déposés eut à souffrir de graves mutilations et de cassures qui laissent supposer que le cloître ait été abattu – au sens propre du terme – sans aucun ménagement. Mais il nous reste surtout les laissés-pour-compte, antiquaires et collectionneurs du siècle dernier ayant emporté en priorité les œuvres intactes.

En général, le décor des corbeilles ornementales se caractérise par sa sobriété et sa rigueur, avec une prédominance des feuilles lisses à becs recourbés, réparties sur un ou deux étages. Parfois une gorge biseautée recreuse l'axe vertical de la feuille, motif typiquement conquois, qui a été imité dans plusieurs églises romanes de la région, à Bozouls ou à Clairvaux entre autres.

Parmi les nombreux thèmes empruntés au règne animal, il faut citer les lions adossés mordant un rinceau, sur un chapiteau qui a été réutilisé à l'enfeu de Bégon. Les oiseaux, eux, offrent de beaux exemples de stylisation et même de métamorphose. Et la faune des bestiaires romans a dû inspirer l'auteur des deux splendides figures de sphinx qui décorent un chapiteau exposé dans l'ancien réfectoire. Cet être fabuleux se décompose en une série de pièces facilement démontables. Si ses pattes griffues sont celles d'un aigle, son corps nanti d'une longue queue appartient à un quadrupède et vient se raccorder à un tronc humain par une étroite ceinture perlée, détail qui se retrouve sur beaucoup de représentations de la sirène ou du centaure. Sa tête féminine porte une chevelure à raie médiane, descendant bas sur le front et ramassée en chignon sur la nuque. Enfin, sur son buste, ce n'est pas sans étonnement que l'on voit se greffer une aile d'un côté, et de l'autre un bras tendu; ainsi le monstre peut saisir sa queue de la main. Une telle anomalie a été dictée sans doute par des raisons de composition, car les ailes des deux sphinx garnissent un côté de la corbeille, beaucoup mieux que n'auraient pu le faire des bras.

Les animaux règnent aussi sur les tailloirs où l'artiste, plus encore que sur les corbeilles, a donné libre cours à sa fantaisie créatrice. Ce sont deux serpents ailés au corps bizarrement renversé qui se soudent par une tête unique, ou bien un griffon affrontant une lionne en combat singulier. Ailleurs, deux quadrupèdes crachent des rinceaux qui, au centre, vont dessiner un nœud compliqué d'entrelacs à trois brins, comme en souvenir de la première sculpture conquoise. Avec l'admirable frise de petits oiseaux dont le cou se métamorphose en une tige végétale ondulée, il est légitime de prononcer le mot de surréalisme, comme le fait Jacques Bousquet. Mais le sculpteur savait aussi observer la nature, et le style réaliste l'emporte souvent, par exemple avec ce poisson qui trace un cercle complet en se mordant la queue, sur un tailloir en remploi au chevet de l'abbatiale. On découvre aussi une oie sauvage et même un loup lancé aux trousses d'un cerf, sur les supports de la table d'autel, dans la grande chapelle du croisillon Sud.

Il faut signaler deux représentations de sirènes-poissons sur les tailloirs. L'une, à queue bifide, est de type classique, l'autre possède une queue unique qu'elle saisit de la main, tout en sonnant de l'olifant. Il s'agit vraisemblablement de la reproduction d'une miniature. Un passage du *Bestiaire de l'arsenal,* en effet, après avoir énuméré les trois catégories de sirènes, précise : «Et chantent toutes trois, les unes en "buisines" (buccines, trompes) et les autres en harpes»...

Le sculpteur, à côté de tailloirs à décor couvrant, s'est souvent contenté de garnir le centre de chaque face, parfois les angles. Ainsi, palmettes et fleurons, animaux ou personnages laissent entre eux beaucoup d'espaces vides. Nous sommes loin de la luxuriance ornementale des tailloirs de cloître de Moissac.

Les thèmes figuratifs se rencontrent aussi bien sur les tailloirs que sur les corbeilles. Comme dans l'abbatiale, les anges sont nombreux. Deux d'entre eux, porteurs de livres ouverts, garnissent les angles d'un chapiteau (ancien réfectoire). A l'enfeu de Bégon, ils sont quatre, désignant le ciel de leur index levé. Au-dessus, sur un tailloir en calcaire jaune, une série de petites têtes d'ange, encadrées d'ailes, tracent une gracieuse arabesque. Ce motif curieux se retrouve sur un tailloir de l'église espagnole de Loarre où il témoigne peut-être de l'influence artistique exercée par Conques. Un autre messager céleste vole à l'horizontale, sur un tailloir (ancien réfectoire).

Deux œuvres font revivre pour nous la société guerrière de ce début du XIIe siècle et constituent en même temps de précieux documents sur l'histoire de l'armement et du costume militaire. Des chevaliers, impassibles comme s'ils présentaient les armes, se répartissent aux quatre angles d'un chapiteau en place, à la dernière arcade occidentale (pl. 44). Un souci scrupuleux du détail a guidé ici la main de l'artiste : l'armement offensif se compose d'une épée courte, en partie dissimulée derrière le bouclier, et d'une lance garnie d'un gonfanon à quatre flammes. Le bouclier, pointu à sa base et arrondi au sommet, comporte «l'umbo» central et les quatre rivets destinés à fixer intérieurement les courroies de cuir où passait le bras. Coiffés d'un casque cylindrique à nasal, ces guerriers ont revêtu, par-dessus le haubert sans doute, un bliaud long et serré à la taille.

Le chapiteau qui supporte la retombée des deux arcades donnant accès à l'ancien réfectoire, présente un thème assez insolite (pl. 43). Un mur en pierre de taille a été représenté tout autour de la corbeille et sur les deux tiers de sa hauteur environ. Au-dessus, on voit émerger huit personnages, disposés aux angles et au centre de chaque face du tailloir. Ils tiennent des outils de maçon ou de tailleur de pierre, notamment un marteau et une équerre. La présence d'un sonneur de cor, parmi ces ouvriers, correspond sans doute à une coutume de l'époque, celle de signaler à son de trompe l'arrêt, ou bien la reprise, du travail. Cette scène qui évoque l'activité d'un chantier de construction, a été prise sur le vif. Et comment ne pas penser à l'église ou au cloître de Conques, en cours d'édification sous l'abbé Bégon III? Signalons que ce chapiteau, bien qu'il provienne du cloître, n'occupait pas à l'origine sa place actuelle; il a été disposé là, sans doute, au cours des travaux de réfection qui ont suivi la découverte de cette arcature occidentale. C'est ce que prouve une ancienne photo où on le voit déposé dans le musée lapidaire, parmi d'autres chapiteaux.

Les pèlerins devaient constituer une clientèle de choix pour les musiciens, jongleurs et acrobates ambulants dont les jeux, on peut l'imaginer, animaient le parvis de l'église aux jours d'affluence. Deux tailloirs leur sont consacrés, avec l'image du montreur de singe (ancien réfectoire) et celle des acrobates en train d'exécuter leur numéro (trésor II) : l'un, complètement renversé en arrière, marche sur les mains, les deux autres ont réussi à faire passer la tête entre leurs jambes écartées.

Il faut aller chercher dans la grande chapelle du croisillon Nord, où il sert maintenant de socle à une statue de la Vierge, un des plus intéressants chapiteaux que nous ait livrés le cloître, l'un des mieux conservés aussi (pl. 36). Il représente les musiciens du roi David; chacun d'eux est désigné par une inscription sur le tailloir, détail qui se retrouve au cloître de Moissac sur un chapiteau consacré au même thème. Deux personnages, aux angles, jouent l'un de la viole, l'autre d'un curieux instrument, sorte de fifre ou de flûte terminée par une tête d'animal. Un acrobate, le haut du corps ployé en arrière, amorce une cabriole. Sur l'autre face, David joue de la harpe et un musicien l'accompagne de sa viole.

Parmi les chapiteaux conservés, les thèmes religieux sont rares. Mais deux d'entre eux concernent vraisemblablement le martyre de sainte Foy (ancien réfectoire). L'un offre sur ses quatre faces des scènes à caractère hagiographique, mais difficilement identifiables du fait des nombreuses mutilations qu'elles ont subies. Sur un gril léché par des flammes – du moins peut-on l'interpréter ainsi – on devine la présence d'un personnage allongé dont il ne subsiste plus guère que les pieds. D'après la tradition, en effet, sainte Foy fut d'abord condamnée à mourir brûlée vive sur un gril; mais une pluie providentielle se mit à tomber, éteignant le feu. C'est alors seulement que Dacien, le proconsul romain, donna l'ordre de la décapiter. Sur une autre corbeille, un bourreau, revêtu d'un bliaud serré à la taille, brandit le glaive d'une main et, de l'autre, saisit par sa longue chevelure une femme debout devant lui, les mains liées, qu'il se dispose à décapiter. Il s'agirait donc du supplice de la sainte, des scènes que les moines conquois désiraient sans doute avoir sous les yeux pendant leurs heures de méditation au cloître. Ces deux chapiteaux compléteraient ainsi celui de la nef de l'abbatiale qui présentait Dacien condamnant à mort la jeune fille et remettant lui-même l'épée au bourreau.

Nous avons pu constater sur ces chapiteaux du cloître un certain nombre de points de convergence avec ceux des tribunes de l'abbatiale, surtout dans la série ornementale. Mais les sculpteurs de Bégon III ont souvent fait preuve ici d'originalité dans le choix de leurs thèmes. Citons par exemple la sirène musicienne, le sphinx doté d'une aile et d'un bras, les moines bâtisseurs, autant de sujets rarement représentés dans la sculpture romane. Outre les scènes à caractère religieux, il existait dans ce cloître, autant qu'il est possible d'en juger, une série de chapiteaux empruntant leurs thèmes à la société même de l'époque : musiciens et jongleurs, chevaliers, ouvriers bâtisseurs qui constituent de véritables documents sur la civilisation de ce début du XIIe siècle. La verve, le sens de l'observation propres aux sculpteurs de l'atelier de Bégon se retrouvent sur les minuscules figures du bassin du cloître.

Parallèlement à l'aménagement de l'aire du cloître, voici une quinzaine d'années, les Monuments historiques ont procédé au remontage et à la restauration du grand bassin claustral (pl. 40). Celui-ci, tant par l'originalité du matériau utilisé que par la qualité de son ordonnance ou de son décor sculpté, offre un intérêt exceptionnel, et il est certainement sans équivalent dans toute la Chrétienté romane. Il vient maintenant majorer encore l'incomparable capital artistique de Conques.

Des sondages permirent tout d'abord la découverte d'un massif de maçonnerie à peu près circulaire, fait de plaques de schiste irrégulières. Ces fondations, au même niveau que le sol des galeries, correspondaient bien, par leurs dimensions, au bassin de serpentine qui avait été démonté sans doute lors de la démolition du cloître. La plupart des éléments de la margelle et de la base se trouvaient entassés depuis dans un local de l'abbaye.

Le bassin se localise dans le secteur Nord-Ouest du jardin du cloître, c'est-à-dire, ni dans une position centrale, ni tout à fait dans un angle. Mais, il se trouve dans l'alignement de la grande arcade géminée qui permet l'accès à l'intérieur de la salle occidentale, ce qui confirme l'utilisation de celle-ci comme réfectoire des moines. Les conduites assurant l'alimentation du bassin n'ont pas été retrouvées, mais l'existence d'une demi-colonne évidée intérieurement en canal permet d'imaginer que l'eau montait dans une colonne creuse, au centre du bassin. Le système d'évacuation, en revanche, était parfaitement visible sur le flanc Ouest du soubassement : il s'agit d'une dalle en forme de cœur, creusée en évier. L'eau se déversait ensuite dans des buses de granit engagées sous le bâtiment du réfectoire, en direction de la rue de la Porte de Fer.

Tous les éléments du bassin sont taillés dans un matériau rare, la serpentine provenant du Puech de Voll, à Firmy, en bordure du bassin houiller de Decazeville et à une vingtaine de kilomètres de Conques. A l'état brut, cette roche dure présente un aspect tacheté, de couleur verdâtre, comme la peau du serpent d'où elle tire son nom. Une fois travaillée, le polissage lui donne une coloration unie d'un vert foncé presque noir. On comprend qu'elle soit apparue aux sculpteurs du cloître comme un excellent substitut du marbre, dans une région qui en est totalement dépourvue. L'emploi de la serpentine demeure exceptionnel en France, et il n'en existe pas d'autres exemples en Rouergue, même autour de Firmy.

L'usage du marbre, joint à la haute qualité de l'exécution, semble caractériser en effet ces fontaines des monastères à l'époque romane. Elles comprenaient un bassin circulaire recevant l'eau d'une vasque centrale surélevée et portée souvent par des colonnettes. C'était par exemple la disposition de la fontaine du cloître de Saint-Michel de Cuxa en Roussillon, telle que la révèle un dessin du XIXe siècle. A Conques, il ne subsiste donc que le bassin extérieur. A Aurillac, devant l'église Saint-Géraud, il s'agit par contre de la vasque, elle aussi façonnée dans la serpentine.

Pour remonter ce bassin, il fallait remplacer les dalles cintrées des parois de la cuve et les colonnettes manquantes. Malheureusement, les recherches effectuées dans ce but au Puech de Voll se révélèrent infructueuses, la pierre extraite, très fissurée, se cassant aux premiers coups de burin. Et, à défaut de retrouver la carrière exploitée au XIIe siècle, il fallut se résoudre à importer d'Italie des blocs de serpentine d'une coloration approchante, un peu plus clair cependant.

Ce bassin était fait d'une série d'éléments différents, tous de forme cintrée, et assujettis entre eux par des tenons de fer scellés au plomb. Des points de repère linéaires, gravés sur la tranche, en ont facilité le montage. Au-dessus d'une assise débordante jouant le rôle de large marche périphérique, les parois de la cuve s'intercalent entre deux bordures saillantes et opposées, l'une formant le socle, l'autre la margelle. Elles ont la même épaisseur (0 m 17) et le même profil, c'est-à-dire une étroite surface plane délimitée par une rainure succédant à un quart-de-rond concave. Des bases de colonnettes disposées à intervalles réguliers sont engagées dans le congé du socle. Dix-huit demi-colonnettes rapportées, au total, relient ce socle aux petits chapiteaux de la margelle. Elles viennent scander le cylindre de la cuve, d'un rayon de 1 m 36, haute de 1 m 07.

Les parties sculptées font leur apparition sur le socle avec les bases de colonnes dont on remarquera la diversité des plinthes, tantôt rondes, tantôt carrées ou même à pans coupés. Le même souci d'éviter la monotonie se retrouve sur les minuscules chapiteaux ornementaux de la corniche, tous différents. Engagées dans le cavet de la bordure du bassin, ces demi-corbeilles supportent directement le bandeau plat de la tablette sans l'intermédiaire de tailloirs. Leur facture, d'une netteté et d'une précision remarquables, fait penser davantage à l'art de l'orfèvre qu'à celui du sculpteur, ce véritable travail de ciselure concernant des corbeilles d'une dizaine de centimètres de côté. On y retrouve la plupart des ornements utilisés dans la sculpture monumentale, à l'église ou au cloître, mais en quelque sorte miniaturisés. Le décor le plus simple reproduit les feuilles lisses à bec recourbé, si fréquentes dans l'abbatiale. Il peut s'enrichir d'élégantes palmettes renversées dont les folioles s'enroulent en spirale à leur extrémité (pl. 42). Plus souvent encore l'ornementation a tendance à occuper toute la surface disponible, par les fleurons croisés en ciseaux, les acanthes souples, les palmettes aux lobes creusés en gouttière ou la collerette de petits motifs inscrits dans des ovales, de style toulousain. Par leur structure et leur décor, certains chapiteaux se rattachent directement au schéma corinthien. Si le sculpteur a fait souvent appel au répertoire ornemental de «l'atelier de Bégon», il a su aussi sauvegarder son originalité, notamment grâce à des principes de composition plus proches de l'idéal classique. On remarquera encore chez lui une très nette tendance à l'abstraction : contrairement à ses confrères, il n'a jamais mêlé aux thèmes végétaux stylisés ni les masques humains, ni les animaux.

Ces chapiteaux, par contre, alternent avec des masques, des personnages ou des animaux en buste, eux aussi inclus dans le cavet de la margelle. Partout, et plus précisément sur les masques humains, on reconnaît sans peine cette forme si particulière du visage qui caractérise les œuvres de «l'atelier de Bégon». Dans la face lourde et aplatie, le nez de forme triangulaire se trouve sur le même plan que le front étroit. Les cheveux, ou la coiffure, descendent très bas, les pommettes sont saillantes. Ajoutons à ce portrait les petites oreilles décollées, attachées très haut sur les tempes, et surtout la prunelle de l'œil forée au trépan, selon un procédé partout employé à Conques.

Les personnages de la margelle composent une bien amusante galerie et, en dépit de leur rigoureuse frontalité, l'artiste a toujours réussi à leur conférer la vie, soit par une mimique, soit par un geste particulier.

Sous la bordure saillante du bassin, le cavet semblait naturellement appeler le thème des atlantes. L'un, les bras collés au corps, s'arc-boute pour soutenir le rebord avec sa tête et ses épaules. L'autre remplit le même rôle avec ses avant-bras levés, mains en arrière. Ils sont habillés d'un bliaud au col fendu en V sur le devant, tout comme les figures des chapiteaux des tribunes. Plus énigmatique est le personnage au beau visage barré d'une moustache, tirant la langue, qui soutient la corniche d'un seul bras.

Plusieurs de ces bustes, identifiables à leurs attributs, appartiennent au monde religieux. C'est un moine, à la tonsure bien visible au sommet du crâne, qui joint les mains sous le menton dans un geste de prière, puis un abbé tenant la crosse et revêtu d'un manteau à larges manches, agrafé sur la poitrine. L'ermite, la tête couverte d'un capuchon, se reconnaît au bâton en forme de T sur lequel il prend appui. Plus loin, il faut sans doute voir un évêque dans le personnage barbu qui est coiffé d'une espèce de mitre dont les deux cornes latérales se rabattent pour former un fleuron.

A défaut de l'ange, le diable est présent ici, les bras levés dans la pose de l'atlante. A mi-chemin entre l'homme et l'animal, il paraît hideux à souhait avec sa barbe de bouc, son nez épaté, ses babines retroussées découvrant les canines. Par son faciès, ce démon se distingue de ses semblables tels qu'on les rencontre sur le tympan ou sur plusieurs chapiteaux de l'abbatiale. Il ne possède pas, la double ride en V sur les joues décharnées qui constitue, pour les diables de l'église, une véritable marque de fabrique.

Tout un bestiaire anime aussi cette margelle : un singe-atlante au visage triangulaire, un chat avec de petites oreilles pointues, un chien. Un autre, remarquable par sa mimique malicieuse, fait songer à quelque scène de fabliau : dressé comme s'il voulait «faire le beau», les pattes antérieures recourbées, il tire la langue au milieu d'une face épanouie. Il se retrouve, dans la même attitude, sur un chapiteau de Moissac.

Devant ces figures, on a le sentiment d'être en présence d'un sculpteur de talent, très proche de ceux du cloître ou des tribunes sur le plan stylistique, mais qui, gardant certaines distances, a refusé de se fondre parmi eux. On peut noter en particulier moins de raideur et de schématisme dans l'attitude de ses personnages ou de ses animaux. Et sa facture d'une remarquable précision a bénéficié certainement de la qualité du matériau dans lequel il travaillait. Véritable marbrier en somme, il ne semble pas avoir étendu sa production en dehors de la serpentine.

Le bassin du cloître et l'enfeu de Bégon

Il faut encore attribuer à ce sculpteur une dalle de serpentine découverte à l'occasion des travaux du cloître et maintenant exposée, avec d'autres éléments, dans la niche située au bas de l'escalier de la salle lapidaire du trésor II.

Il s'agit d'un fragment de corniche très voisin par son profil, comme par son ornementation, de la margelle du bassin. Sur le rebord souligné par une rainure, le cavet contient un minuscule chapiteau décoré de feuilles lisses et pointues, recreusées en biseau. Il est suivi de deux masques d'homme, l'un barbu, l'autre imberbe. Du fait de son épaisseur moindre (12 cm contre 17) et, surtout, de sa forme rectiligne, ce fragment ne pouvait en aucun cas trouver place dans la fontaine du cloître. Pourtant, il s'intégrait dans un ensemble architectural de même structure, quoique non cintré. Dès lors, comment ne pas songer aux tombeaux des anciens abbés de Conques, logés dans des enfeus autour de l'église, et plus précisément à celui de Bégon III monté entre les contreforts de la troisième travée de la nef, du côté Sud?

Sur le mur de fond, un petit bas-relief, taillé dans le même calcaire gris que les chapiteaux du cloître, montre, au centre, le Christ en majesté assis sur un trône (pl. 39). Sa main gauche est posée sur un livre, de l'autre il fait le geste de la bénédiction. A sa droite, l'abbé Bégon est reconnaissable à ses vêtements sacerdotaux et à sa crosse, en partie cassée. Un ange au-dessus lui pose les mains sur la tête comme pour le protéger. Cette représentation du grand abbé conquois est à rapprocher de celle de l'abbé Durand de Bredons dans le cloître de Moissac, ou de l'abbé Grégoire, le créateur du cloître de Saint-Michel de Cuxa. Un autre ange, en symétrie, couronne une femme qui bénit également de la main droite. Il s'agit selon toute vraisemblance de sainte Foy; la sainte patronne de Conques et l'abbé qui a tant fait pour sa gloire, se trouvent ainsi réunis auprès du Seigneur. Ce bas-relief est encadré par les deux plaques funéraires de l'abbé Bégon, mentionnées plus haut, et qui sont en serpentine. Le même matériau reparaît sur le socle du tombeau, avec une mouluration identique à celle de la bordure inférieure du bassin du cloître. Un étroit bandeau vertical délimité par une rainure fait suite à un quart-de-rond concave contenant les bases de quatre demi-colonnettes. Mais, au-dessus, ces dernières sont prises dans des panneaux de calcaire formant le devant du tombeau. Outre ce changement de matériau, on remarque que leurs bases viennent se superposer de façon aberrante à celles que nous avons déjà trouvées engagées sur le socle. Et leurs chapiteaux, très frustes, sont d'allure tardive. En fait, ces panneaux avec les colonnettes engagées ont été visiblement prélevés sur un tombeau d'époque gothique, tel qu'il en existe encore au chevet de l'église, et remonté avec assez d'habileté sur le socle de serpentine.

Il est légitime de penser que l'enfeu de Bégon, en presque totalité sans doute, a été élevé sous la forme où nous le voyons aujourd'hui, à partir d'éléments de récupération. Ses chapiteaux à quatre faces, ses tailloirs et ses colonnes ont les mêmes dimensions que ceux du cloître et en proviennent vraisemblablement. Son arcature en plein cintre étonne par l'absence de mouluration, tandis que les claveaux accusent une taille moderne. Tout un faisceau de preuves permet d'affirmer que cet enfeu, reconstruit après la démolition du cloître, n'occupait pas l'emplacement actuel, entre les contreforts de l'église. Et il en était de même sans doute pour les deux enfeus qui lui font suite à l'Est. On les verrait beaucoup mieux à l'intérieur du cloître, probablement contre le mur de fond de la galerie Nord où plusieurs saignées verticales pratiquées dans l'appareil de schiste pourraient être des traces d'arrachement. N'était-il pas légitime d'enterrer l'abbé Bégon dans le cloître qu'il avait fait construire?

Mais, nous avons laissé au musée un fragment de corniche en serpentine. Il semble fort bien s'intégrer dans le coffre sépulcral en tant que rebord de la tablette. Le diamètre de son petit chapiteau correspond à celui des bases engagées dans le socle. La demi-colonnette de serpentine flanquée d'une bordure plate sur le côté droit, que conserve aussi le musée lapidaire, a sa place à droite du monument. Elle a aussi le mérite de nous en révéler la hauteur : 0 m 75. En somme, hormis le bas-relief central, l'enfeu de Bégon ne compterait plus actuellement comme authentiques que ses parties en serpentine, c'est-à-dire le socle et les deux plaques funéraires. Et on peut se demander si les deux beaux chapiteaux de serpentine, de provenance inconnue, conservés dans l'ancien réfectoire, n'étaient pas destinés à servir de supports à l'arcature de l'enfeu. Ce dernier, dès lors, aurait été entièrement construit en serpentine, matériau noble qui convenait tout particulièrement au monument funéraire de l'abbé bâtisseur.

La parenté entre notre enfeu et le bassin résout le problème de sa datation. En effet, la mort de Bégon III en 1107 – et la construction de son enfeu dut suivre de très près – constitue un point de repère particulièrement solide dans la chronologie de Sainte-Foy de Conques. Ceci confirme les résultats de l'analyse stylistique des sculptures du bassin, c'est-à-dire l'existence de nombreux points communs avec l'œuvre de l'atelier dit de Bégon, aux tribunes de l'abbatiale et au cloître.

Le cloître renfermait ainsi deux monuments particulièrement originaux et de conception identique, le lavabo des moines et le tombeau de l'abbé Bégon, construits aux environs de 1107.

Les linteaux épigraphiques de l'abbaye

Cette véritable prédilection des moines conquois pour les inscriptions gravées qui se manifeste sur le tympan du Jugement dernier, se retrouvait aussi sur de nombreux linteaux de porte du monastère. Deux d'entre eux, demeurés intacts, sont taillés dans le calcaire jaune de Lunel.

L'un, déposé au fond de l'ancien réfectoire, est un grand linteau en bâtière (197 cm 50 × 28 cm 50) dont l'inscription en vers léonins concernait sans doute le vestiaire de l'école monastique :

ISTE MAGISTRORUM LOCUS EST SIMUL ET PUERUM.

MITTUNT QUANDO VOLUNT HIC RES QUAS PERDERE NOLUNT.
(Ce lieu appartient aux maîtres aussi bien qu'aux élèves.
Ils y déposent à leur gré les objets qu'ils craignent de perdre).

L'autre linteau épigraphique (93 cm 50 × 41 cm) se trouve déposé au musée lapidaire du trésor II. Il contient à l'intérieur d'un cadre gravé, ces vers léonins :

HAS BENEDIC VALVAS QUI
MUNDUM REX BONE SALVAS
ET NOS DE PORTIS SIMUL
OMNES ERIPE MORTIS.
(Bénis cette porte, Roi de bonté, Toi qui sauves le monde, et arrache-nous tous ensemble des portes de la mort).

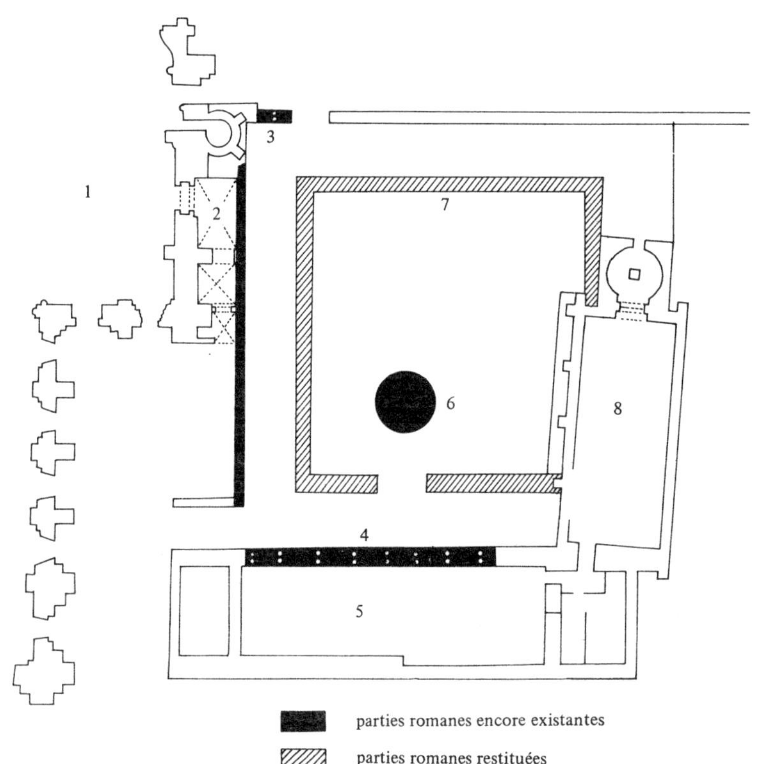

CONQUES
cloître

1 *Abbatiale Sainte-Foy*
2 *Sacristie*
3 *Deux arcades subsistantes de la galerie Est*
4 *Six arcades occidentales ouvrant sur l'ancien réfectoire*
5 *Ancien réfectoire, aujourd'hui musée lapidaire*
6 *Grand bassin roman en serpentine*
7 *Murette supportant jadis les arcades intérieures*
8 *Bâtiment moderne abritant le Trésor*

8 LE TRÉSOR

Les grandes invasions qui déferlèrent sur l'Occident latin, entre bien d'autres bouleversements, sont responsables d'une mutation esthétique profonde, qui marquera tout le Moyen Age. Les peuples germaniques installés dans l'Empire romain, les Goths, puis les Francs, y apportèrent leur prédilection pour la couleur et l'ornement, privilégiant ainsi l'orfèvrerie aux dépens des autres modes d'expression artistique. Passés maîtres dans les différentes techniques de travail du métal, ciselure, damasquinage, émail cloisonné, ils mettaient tout leur luxe dans les bijoux dont ils aimaient se parer. L'orfèvrerie mérovingienne, par l'intermédiaire d'objets d'usage courant tels que fibules, broches ou plaques de ceinture, fut créatrice d'un goût nouveau, en contradiction avec le classicisme. Autant peut-être que la décadence artistique générale, ce goût explique l'oubli de la sculpture sur pierre, de la statuaire surtout, l'art gréco-romain par excellence. De son côté l'Église accepta facilement la nouvelle ornementation, soit pour les objets liturgiques, calices, croix, autels portatifs (appelés *ministerium* dans les inventaires des trésors), soit pour les châsses de métal précieux destinées à enfermer des corps saints.

L'art sacré n'étant en définitive que le reflet de la piété d'une époque, le culte des reliques, en se diffusant, donna une impulsion décisive à l'orfèvrerie et à ses annexes, la joaillerie ou l'émaillerie. D'ailleurs, l'or et l'argent ouvragés, les pierreries qui servent de somptueuse enveloppe aux reliques, contribuaient pour leur part à l'élévation de l'âme. Une phrase de Suger, le grand abbé de Saint-

Denis, l'indique clairement : «La multiple coloration des gemmes me tire de mes soucis extérieurs et une véritable méditation m'induit à réfléchir, transférant ce qui est matériel en immatériel». N'est-ce pas là le but de tout art sacré digne de ce nom?

Ainsi se constituèrent ces trésors d'églises qui faisaient la renommée des cathédrales ou des grandes abbayes médiévales et dont on ne retrouve l'équivalent à aucune autre époque. Pour les hommes de ce temps, les reliquaires et les vases sacrés, mais encore les ivoires, les enluminures, les étoffes précieuses, paraissent aussi dignes d'intérêt que l'architecture ou la sculpture monumentale. Malheureusement, par leur fragilité même et par les convoitises qu'ils n'ont cessé d'inspirer, bien rares furent les objets qui réussirent à traverser les siècles sans encombre.

C'est le privilège unique de Conques que d'avoir su garder, aux côtés de la vaste abbatiale romane, le trésor millénaire comme un miroir de sa grandeur passée. Tout procède ici des reliques enchâssées dans l'or ou l'argent et, en premier, de celles de sainte Foy. C'est en fonction d'elles que fut conçue et bâtie la basilique romane actuelle comme un grandiose écrin autour de la statue-reliquaire trônant jadis dans le chœur. Sans elles, mais aussi sans la ferveur confiante qui les entourèrent durant des siècles, l'ensemble des richesses artistiques que renferme Conques, n'aurait jamais existé.

Le trésor : mille ans d'histoire

On admet que la confection de la statue de sainte Foy, dans sa première présentation, se place immédiatement après la «translation» des reliques depuis Agen, en 865. Désormais l'histoire de l'abbaye et celle de son trésor coïncident exactement, avec des périodes de prospérité ou de déclin, avec des enrichissements ou des vicissitudes. Il y eut les pertes et les vols inévitables. Et les restaurations elles-mêmes pouvaient se révéler préjudiciables : lorsque les métaux précieux se raréfiaient au monastère, on n'hésitait pas à réparer grossièrement certaines pièces d'orfèvrerie en prélevant des fragments sur des reliquaires ruinés, ou bien jugés de moindre intérêt. Ainsi, en se livrant à un véritable jeu de puzzle à partir de cinq fragments épars, remployés sur la majesté de sainte Foy, sur le «A» de Charlemagne et sur un autre reliquaire, il fut possible aux restaurateurs, en 1955, de reconstituer un Christ en gloire appartenant à un revêtement d'autel en argent du xe siècle, dont on ignorait l'existence.

La fin du xe siècle, à partir surtout du miracle de l'aveugle Guibert, vers 985, vit un premier développement du trésor. Et une trentaine d'années plus tard, le *Livre des Miracles,* de Bernard d'Angers, allait fournir un bon outil de propagande en sa faveur. Par l'intermédiaire de la sainte, se réalisait ainsi une formidable quête de métaux précieux, de bijoux, d'objets de valeur, nous l'avons vu, au profit de l'abbaye.

La plus grande partie de l'or et de l'argent était fondue et travaillée sur place dans l'atelier d'orfèvrerie installé très tôt, semble-t-il, à l'intérieur du monastère. Son existence, ainsi que la technique utilisée pour la fonte du métal, sont révélées par le récit des *Miracles* concernant un jeune homme de Conques, nommé Gerbert : «Passant un jour devant l'atelier où la table d'autel (il s'agit, en fait, d'un devant d'autel destiné à l'église) avait été confectionnée, il trouva par hasard, parmi les scories rejetées par le fourneau, un fragment de terre glaise dans lequel les orfèvres avaient fondu l'or. La violence du feu avait produit une boursouflure dans le fond, et une parcelle de métal avait coulé dans cette cavité. Le jeune homme ayant vu briller une paillette d'or dont l'extrémité sortait au-dehors se douta que le têt devait receler un fragment de métal»...

Aux dires de Bernard d'Angers, cet autel façonné par les moines conquois comptait parmi les plus beaux : «L'église Saint-Martin de Tours possède bien deux tables d'autel plus grandes, mais elles ne sont pas plus ornées de pierreries, ni plus artistiquement ciselées». Et, l'autel une fois achevé, «il resta une quantité d'or qui fut employée à d'autres objets sacrés».

Tous les objets offerts n'allaient pas à la fonte, les plus précieux étaient remployés tels quels sur des pièces du trésor déjà existantes. Ainsi, les deux colombes d'or données par Bernard, abbé de Beaulieu en Limousin, avaient-elles pris place sur le trône de sainte Foy. D'autres devaient subir quelques transformations. Le comte de Rouergue, Raymond, avait fait don d'une riche selle enlevée à un cavalier sarrasin dans une bataille. «Des parties de cette selle détachées avec discernement, on confectionna une grande croix d'argent où l'on sut conserver les riches ciselures des sarrasins. Elle est d'un travail et d'un art si délicats, ajoute Bernard d'Angers, que nul orfèvre n'est capable aujourd'hui de l'imiter, ni même d'en reconnaître et d'en apprécier tout le mérite».

Les donations ne consistaient pas seulement en objets d'or ou d'argent. L'auteur du *Livre des Miracles* mentionne ces «olifants, cors d'ivoire que les nobles pèlerins ont offert au monastère en guise de décoration», semblables sans doute à celui que conserve le trésor de Saint-Sernin de Toulouse. Il existe aussi une quantité tout à fait exceptionnelle de pierres gravées, camées et intailles, en améthyste, cornaline, calcédoine, agate, jaspe, etc. E. Garland a pu en recenser 84, dispersées sur plusieurs reliquaires, dont une moitié environ remployée sur la statue et le trône de sainte Foy et 14 sur la châsse de Pépin. L'immense majorité de ces œuvres est d'origine antique. Aux côtés d'empereurs romains, comme Caracalla, la plupart des dieux du panthéon mythologique sont représentés : Jupiter, Mars, Vénus, Apollon; mais on reconnaît aussi Énée, Achille et Ulysse, des satyres et des victoires, des animaux enfin, panthère, bouc, etc. La quantité de pierres utilisées, la relative homogénéité de l'ensemble, semblent apporter la preuve que tous ces camées et intailles aient été offerts en même temps à l'abbaye de sainte Foy. Et, bien que Bernard d'Angers n'y fasse aucune allusion, on pense à un don princier, sinon royal ou même impérial.

La présence de la grosse intaille en cristal de roche sur le dossier du trône de sainte Foy pourrait confirmer cette hypothèse. Le Christ crucifié y est entouré par le soleil et la lune, la Vierge et saint Jean; et le serpent, terrassé, s'enroule au pied de la croix (pl. 51). Ce chef-d'œuvre de la glyptique a été daté de l'époque carolingienne, plus précisément des années 860-870. Et il est à rapprocher d'une série de cristaux de roche gravés des trésors impériaux, en provenance sans doute de la région rhénane.

Il faut y ajouter la splendide étoffe de pourpre byzantine ornée de motifs végétaux et d'oiseaux inscrits dans des ovales, qui enveloppait le crâne de la sainte, «tissu hors du commerce, comme on sait, don d'un basileus à quelque souverain». Mais, «Comment, par quelles voies, une telle fortune est-elle arrivée à Conques? s'interroge Jean Taralon. C'est un problème qui ne sera vraisemblablement jamais résolu».

Que reste-t-il de l'œuvre de ce premier atelier d'orfèvrerie qui, d'après le *Livre des Miracles,* connut une activité importante aux environs de l'an mille? La grande croix «toute d'argent fin, à l'exception de la couronne et du vêtement du Christ qui sont en or», et où avaient été intégrés des éléments de la selle sarrasine, a disparu. Et nous ne savons pas ce qu'est devenu le reliquaire du cordon ombilical du Christ, ainsi que la plupart des objets liturgiques cités par Bernard d'Angers, les calices et encensoirs, les bassins pour le lavement des mains, la couronne d'or suspendue au-dessus du maître-autel, etc. Par contre, rien ne s'oppose à ce que les fragments d'argent repoussé avec lesquels on a pu reconstituer un Christ en gloire, aient appartenu à ce revêtement de l'autel majeur, ou «antependium», qui dépassait en beauté ceux de la célèbre basilique Saint-Martin de Tours. Enfin, la rénovation et l'embellissement de la statue-reliquaire de sainte Foy, après un siècle d'existence, est bien à attribuer aux orfèvres conquois de l'extrême fin du Xe siècle.

L'activité de cet atelier s'est-elle maintenue sans interruption, par la suite? Nous l'ignorons. Mais que l'abbatiat de Bégon III (1087-1107) qui, à tous égards, correspond à l'apogée de l'abbaye, soit la grande époque de l'orfèvrerie conquoise, n'a rien de surprenant. Ce prélat s'est livré à une véritable collecte de reliques et le pape Pascal II lui-même qui le tenait en haute estime, lui fit parvenir de Rome des fragments de la Croix du Christ. La Chronique du monastère a mis en évidence le rôle de Bégon, «qui fit placer dans l'or de nombreuses reliques», dans l'enrichissement du trésor. Deux pièces célèbres, qui ont conservé à travers les siècles leur appellation traditionnelle, la «lanterne de saint Vincent» (pl. 57) et le «A de Charlemagne» (pl. 60), ont été exécutées ici sur sa commande. Il faut y ajouter son autel portatif en porphyre (pl. 62), dédicacé en l'an 1100 par l'évêque de Barbastro.

L'abbé Boniface qui succède à Bégon de 1107 à 1118, poursuivit son œuvre. Une inscription d'un intérêt exceptionnel est gravée sur la tranche de deux des médaillons en émail champlevé du coffret-reliquaire de sainte Foy qu'il fit exécuter : «Les coffrets de Conques montrent un travail à tous égards remarquable, que cet ornement glorifie le souvenir de Boniface». Donc, un émailleur travaille alors à Conques aux côtés des orfèvres. Marie-Madeleine Gauthier voit en lui un artiste d'une personnalité vigoureuse et même un précurseur, ses médaillons se plaçant au début de la production de l'émaillerie champlevée du Sud-Ouest.

A l'époque gothique, le trésor continue encore à s'enrichir, au XIIe siècle d'abord avec le bras-reliquaire de saint Georges et la statuette de la Vierge à l'Enfant, et surtout à l'extrême fin du Moyen Age. L'atelier monastique ayant disparu, il faut faire appel alors à des orfèvres de Villefranche-de-Rouergue, notamment à Pierre Frechrieu qui a marqué de son poinçon deux œuvres de très haute qualité, la grande croix de procession, et la délicieuse statuette d'argent de sainte Foy, datée de 1497; et les joyaux offerts par les pèlerins s'accumulent toujours sur la majesté d'or de la sainte.

Pendant la guerre de Cent ans, le trésor avait pu échapper à la convoitise des bandes de routiers. Les moines, selon une pratique courante, achetèrent-ils à prix d'or la «protection» des Grandes Compagnies? La menace fut beaucoup plus sérieuse avec l'iconoclasme de la Réforme. Et on put craindre le pire, ce 9 octobre 1568, lorsqu'une troupe protestante faisant irruption dans la ville tenta d'incendier et d'abattre l'église. Pourtant le trésor fut épargné, les chanoines ayant eu l'idée ingénieuse d'en dissimuler les pièces sous le pavage de l'abbatiale, dans des caches préparées d'avance, des dalles creusées auxquelles s'adaptait un couvercle rentrant. Devant la persistance du danger sans doute, les religieux décidèrent d'enfouir le coffret-reliquaire de sainte Foy dans le mur élevé alors pour consolider les colonnes du chœur, très abîmées par le feu, à proximité du maître-autel. Par la suite, il semble que le souvenir s'en soit perdu, malgré une tradition constante à Conques selon laquelle les reliques de la petite sainte, en dehors du crâne placé à l'intérieur de la majesté d'or, se trouvaient cachés quelque part dans l'église. La réfection du chœur, en 1875, permit effectivement de découvrir le coffret de cuir. Il contenait, entre autres, une vingtaine d'ossements que deux médecins reconnurent comme faisant partie d'un même corps, celui d'une jeune fille âgée de douze à quinze ans. Il s'agissait bien des reliques de sainte Foy.

Elles auraient pu être alors, grâce à leur emmurement, les seules rescapées de la tourmente révolutionnaire. En effet, la décision de saisir les biens du clergé au profit de la nation, posa d'emblée le problème de la sauvegarde du trésor et de ses précieuses reliques. Déjà, le 4 mars 1791, sous la menace d'une démission collective, le conseil municipal avait refusé d'en faire l'inventaire et d'y mettre les scellés malgré les ordres reçus, car, disait-il, «dans la crainte d'une privation de contempler les reliques le peuple l'empêcherait d'accomplir sa mission». L'avenir devait lui donner raison. Un an plus tard, c'est l'arrivée inattendue du sieur Labruguière, administrateur du district d'Aubin, dont dépendait Conques, avec l'intention de «procéder à l'inventaire des effets mobiliers de l'église du ci-devant chapitre». Les femmes de Conques interviennent immédiatement : elles s'attroupent, ferment à clef les portes de l'église et sonnent le tocsin pour ameuter la population. La nuit venue, une manifestation s'organise à la lueur des chandelles; et on menace de mettre le feu à l'auberge où loge Labruguière, «s'il n'était pas parti avant l'angélus».

Le malheureux commissaire dut s'exécuter, mais les choses ne pouvaient en rester là. Les représentants en mission de la Convention décrètent que «toutes les matières d'or, d'argent, de cuivre, de bronze, de nature à être converties en monnaie, existant dans les églises du département, seront envoyées incessamment à la Monnaie de Toulouse». Et des perquisitions sont ordonnées.

A Conques, un véritable complot se prépare alors sous la conduite de l'ancien chanoine Bénazech, avec l'aide d'hommes sûrs. A la faveur d'un violent orage, ils se dirigent de nuit vers l'église, munis de corbeilles, forcent la serrure pour faire croire à un vol et s'emparent de toutes les pièces d'orfèvrerie. Ils se les répartissent ensuite pour les enfouir dans leur cave, leur jardin, ou dans les séchoirs à châtaignes du voisinage. Le lendemain, lorsque arrivent les commissaires d'Aubin, on met le larcin sur le compte de chaudronniers ambulants qui venaient de séjourner à Conques. On se lance aussitôt à leur poursuite, mais sans pouvoir, ou sans vouloir, les atteindre. Voici dans quelles circonstances le trésor échappa au sort réservé à celui de la cathédrale de Rodez, fondu en 1795 dans les creusets de la Monnaie avec sa fameuse Vierge d'or, contemporaine de la majesté de sainte Foy. A une époque où la guillotine se dressait sur la place du Bourg, à Rodez, on ne peut qu'admirer le courage de ces hommes et celui de la municipalité de Conques qui, selon toute vraisemblance, était leur complice.

Avec le rétablissement de la paix religieuse par Bonaparte, les objets du trésor furent scrupuleusement restitués.

Il est facile de concevoir la surprise et l'émotion de l'inspecteur général des Monuments historiques Prosper Mérimée lorsqu'il les découvrit en 1837 dans la basilique qui menaçait ruine. Apprenant les circonstances de leur sauvetage sous la Révolution, il écrira : «Cet exemple, je ne dis pas de probité, mais de respect pour ces nobles et curieuses reliques, est malheureusement bien rare en France, et j'éprouve un vif plaisir à le rapporter». Mérimée venait d'établir le lien entre le trésor et les Monuments historiques, même si son classement eut lieu seulement en 1895. Mais, dès 1861, il faisait son entrée dans l'histoire de l'art avec la publication de la première étude sérieuse, accompagnée de gravures, que lui consacrait Alfred Darcel, le futur directeur du musée de Cluny. La renommée du trésor de Conques doit beaucoup aussi, à partir de 1867, à l'envoi de ses principales pièces aux expositions universelles qui se succèdent à Paris.

Pourtant le nouvel intérêt artistique qu'il suscite, ne semblait nullement incompatible avec son caractère sacré. Le cardinal Bourret, évêque de Rodez, désireux de relancer le culte de sainte Foy, s'intéresse personnellement au trésor dont il a confié la garde aux prémontrés de Saint-Michel de Frigolet, appelés à Conques en 1873. Il envoie la majesté de sainte Foy à Paris chez l'orfèvre Poussielgue pour y effectuer différents travaux de consolidation. Et, après la découverte du coffret-reliquaire de la sainte dans le mur du chœur, c'est Mgr Bourret qui prend à sa charge la restauration de l'objet et de ses médaillons par le même Poussielgue.

Malgré le risque de vol, le trésor était toujours conservé à l'intérieur de l'église, dans les niches de l'«armoire aux reliques», en bois doré, construite spécialement au XVIIe siècle, et exposée aujourd'hui au trésor II. Au mois d'août 1875, il devait quitter définitivement le chœur de l'abbatiale pour le presbytère, en attendant l'édification en 1910 du bâtiment qu'il occupe depuis, à l'emplacement de l'aile Sud du cloître.

Sa présentation actuelle date de 1955. Elle faisait suite à un admirable travail de nettoyage, de consolidation et de restauration dont la plupart des pièces firent l'objet, mené par l'orfèvre L. Toulouse sous la direction de Jean Taralon, inspecteur des Monuments historiques. Ce fut l'occasion de restituer à leur emplacement d'origine bien des fragments qui en avaient été ôtés. L'opération se solda même par un nouvel enrichissement du trésor grâce au remontage, à partir d'éléments épars, de pièces jusque-là inconnues : couverture d'évangéliaire, morceau de revêtement d'autel, première Crucifixion du reliquaire de Pépin. Enfin le démontage des reliquaires, surtout celui de la majesté de sainte Foy, a permis de réaliser un grand bond en avant dans la connaissance historique de ces objets.

La majesté de sainte Foy

Aujourd'hui, à l'intérieur du bâtiment du trésor, la statue-reliquaire de la sainte s'offre aux regards des visiteurs au milieu d'une rotonde tendue de velours rouge, solitaire sous la lumière des projecteurs (pl. coul. p. 181).

«A notre entrée dans la monastère, il se trouva que l'on venait d'ouvrir le lieu où l'on conserve la vénérable statue. Lorsque nous avons paru devant elle, l'espace était si resserré, la foule prosternée sur le sol était si pressée qu'il nous fut impossible de tomber à genoux... En la voyant pour la première fois, tout en or, étincelant de pierres précieuses et ressemblant à une figure humaine, il parut à la plupart des paysans qui la contemplaient, que la statue les regardait d'une manière vivante et qu'elle exauçait de ses yeux leurs prières». Depuis que Bernard d'Angers a écrit ces lignes, c'est-à-dire vers l'an 1010, tout a changé autour de la statue, son environnement matériel autant que spirituel.

La ferveur qui entourait les insignes reliques (une calotte crânienne doublée d'argent, reconnue pour avoir appartenu à une toute jeune fille, et logée dans une cavité de l'âme de bois) s'est estompée. Et nul ne chante encore les miracles, les «jeux» ou les «badinages» de la petite sainte. Elle ne trône plus sur le maître-autel, lointaine et inaccessible derrière les grilles de fer forgé du chœur, à la lumière palpitante des cierges, lors des veillées de prière qui rassemblaient dans l'église les foules prosternées.

Elle n'apparaît pas non plus, resplendissante au grand soleil, à l'occasion de ces ostensions de reliques qui l'emmenaient parfois très loin de Conques et dont le *Livre des Miracles* s'est fait l'écho : «Un jour, l'image de sainte Foy et le reliquaire donné par Charlemagne furent portés en Auvergne sur une terre de sainte Foy que les gens appellent Molompise. La procession est solennellement annoncée. Au jour dit, le clergé et le peuple y prennent part avec un grand déploiement de pompes. La croix de procession précède les saintes reliques; elle est incrustée d'or, d'émaux et de pierreries étincelantes. Les novices portent le livre des Saints Évangiles, l'eau bénite, les cymbales et même des olifants. On ne saurait croire tout ce qui s'est accompli de miracles dans cette procession».

Ce monde est révolu et, dans le visage à l'impassibilité de pharaon, les prunelles d'émail bleu foncé fixées sur l'éternité ont perdu leur étrange pouvoir de fascination (pl. 50). A ne considérer la sainte Foy qu'en esthète, l'homme moderne risque fort de ne plus voir en elle qu'un «magot curieux et, pour certains, ridicule» (l'expression est de Jean Taralon). Car elle n'est pas belle; il ne s'agit ni d'une pièce de musée, ni même d'une œuvre d'art au sens généralement attaché à ces termes. On pourra critiquer sa petite taille (85 cm), sa raideur ou son corps informe. On jugera de mauvais goût la profusion ostentatoire de pierreries, de camées ou d'intailles qui la constellent.

En réalité, pour comprendre aujourd'hui cette œuvre, il faut faire l'effort d'imagination suffisant pour aller au-delà du monde des apparences et essayer de saisir le dessein poursuivi, voici un millénaire, par son auteur. Le fait que celui-ci n'ait point tenté de représenter sainte Foy sous les traits d'une gracieuse enfant de douze ans met bien en évidence son refus d'œuvrer en «artiste», contrairement à l'orfèvre de Villefranche-de-Rouergue, qui, au XVe siècle, façonnera la juvénile statue d'argent de la sainte. La «majesté» du Xe siècle, elle, entend être le reflet ici-bas de la vierge triomphante, transfigurée par son martyre, accompagnée de ses attributs royaux, la couronne d'or et le trône d'honneur qui symbolisent sa gloire céleste. Et l'auteur de la *Chanson de sainte Foy* au XIIe siècle en avait la même vision en décrivant son supplice, lorsque l'ange eut éteint le feu par lequel elle devait périr sur le gril :

«Or cet ange qui est venu
D'un beau joyau la gratifie :
Diadème d'or qui plus reluit
Que le soleil en plein midi,
Couvrant son corps qui était nu,
D'un manteau d'or l'a revêtu».

Pourtant, même de son temps, la statue de sainte Foy n'a pas toujours été à l'abri des critiques. Arrivant à Conques pour la première fois, Bernard d'Angers en fut scandalisé, voyant de la superstition dans la dévotion dont était entouré ce qu'il considéra tout d'abord comme une idole païenne : «J'ai donné avec mépris à cette statue le nom de Vénus et de Diane». Car cet homme du Nord, venu de régions où la seule représentation humaine tolérée dans les églises était celle du Christ en croix, n'avait jamais vu semblable effigie. Or, dans les cathédrales où les riches monastères du Massif central possédant des reliques de quelque importance, l'usage s'était répandu, au cours du Xe siècle, d'offrir aux regards des fidèles l'image même du saint patron. Comme à Conques, ses reliques étaient souvent divisées en deux parts : on rassemblait les ossements du corps dans une châsse, tandis que le crâne trouvait sa place à l'intérieur de la statue trônant sur le maître-autel. La chronique de Tournus qui relate l'élévation et la translation de saint Pourçain dans son monastère auvergnat, au Xe siècle mentionne que les restes du saint se trouvaient placés «dans deux précieux reliquaires, une statue (*imagine*) et une châsse (*loculo*)». A la même époque, furent façonnés les bustes ou les «majestés» d'or de saint Géraud à Aurillac, de saint Martial à Limoges et, en Rouergue, de saint Marius à Vabres ou de saint Amans à Rodez.

Le risque d'idolâtrie se trouvait écarté puisque la dévotion s'adressait, non à l'image de métal précieux, mais aux corps saints qu'elle renfermait. D'ailleurs, le concile d'Arras, en 1025, justifia la vénération des images qui «ne doivent pas être adorées en tant qu'objets fabriqués de la main de l'homme, mais sont faites pour susciter un mouvement intérieur...». Et il n'y eut rien d'équivalent, ici, à la crise iconoclaste qui secoua le monde byzantin. De même, à

Clermont et à Rodez, d'insignes reliques de la mère de Dieu furent à l'origine de ces premières Vierges à l'Enfant assises sur un trône, dans une attitude de frontalité rigoureuse, qui allaient servir de prototype aux vierges romanes dites «auvergnates».

On peut considérer que la passion des reliques qui s'empare alors de la Chrétienté occidentale, a grandement contribué, par l'intermédiaire de ces effigies en ronde-bosse, à y réintroduire la sculpture. Les reliquaires anthropomorphes dont la sainte Foy est le seul survivant, représentent en effet un retour à la plastique figurative oubliée depuis la fin de l'Antiquité romaine et s'insèrent directement dans la renaissance carolingienne, soucieuse de renouer avec l'esprit classique. Par là même, malgré leurs imperfections stylistiques, ils ont favorisé l'éclosion de la grande sculpture romane à la fin du XIe siècle. Et il est très significatif que cette réhabilitation de la statuaire, une des étapes majeures de l'histoire de l'art, se soit réalisée alors, non à partir du marbre ou du bronze, mais par le truchement de l'orfèvrerie, l'art de prédilection du haut Moyen Age.

Depuis sa création, la statue d'or de sainte Foy a connu une série de transformations et d'embellissements qui permettent de distinguer plusieurs états successifs. Devant elle aujourd'hui, il faut d'abord faire abstraction des longues et étroites chaussures qui, à l'exception de la bande de filigranes gemmés du dessus, ne datent que du siècle dernier. Les avant-bras tendus à l'horizontale et les mains raidies tenant chacune un petit cube destiné à recevoir une fleur ou une palme, ont été façonnés au XVIe siècle et, de ce fait, nous ignorons le geste exact initialement attribué à la sainte par son auteur. L'époque gothique lui a apporté une surcharge considérable composée de pièces d'orfèvrerie les plus diverses provenant des dons de pèlerins : les grosses boules de cristal des montants du trône et leur support, les boucles d'oreilles, le bijou circulaire en argent doré qui ferme le col, trois ceintures du XIVe siècle disposées en fragments séparés sur la robe. L'adjonction la plus importante consiste en une monstrance du XIVe siècle placée sur la poitrine et permettant d'apercevoir les reliques par une ouverture quadrilobée.

On peut ainsi remonter jusqu'à la description que nous a laissée, au tout début du XIe siècle, le *Livre des miracles de sainte Foy*. Pourtant, même alors, la majesté n'apparaissait pas dans son état premier puisque Bernard d'Angers parle des enrichissements considérables dont venait de bénéficier la statue *ab antiquo fabricata*. Les observations faites en 1954 permettent de le confirmer, elle a vu le jour à la fin du IXe siècle peu après l'arrivée des reliques de la sainte agenaise à Conques. Ceci lui conférerait l'antériorité par rapport à la plupart des autres majestés, aujourd'hui disparues. On ne peut pourtant pas la considérer comme un prototype : le buste de saint Maurice à Vienne exécuté entre 879 et 887 sur ordre du roi de Provence Boson, et connu par un croquis du XVIIe siècle, était en effet son contemporain.

Lors de la dernière restauration, on s'aperçut que l'âme en bois d'if servant de support aux feuilles d'or, mal dégrossie par rapport au tronc de l'arbre, avait été conçue sans tête. Or, celle de la statue, d'un or différent de celui utilisé à l'époque carolingienne, trop volumineuse pour le corps et mal adaptée à lui (elle se trouve curieusement rejetée vers l'arrière), était creuse et bourrée de cire. Pour Jean Taralon qui la date du IVe ou du Ve siècle, il s'agit d'une tête du Bas-Empire, vraisemblablement celle d'un empereur (pl. 50). Et, à la réflexion, on s'aperçoit que ce masque viril, d'un beau modelé d'ailleurs, est pour beaucoup dans l'étrangeté qui se dégage de sainte Foy.

On a pu remarquer encore des trous percés latéralement, à hauteur du front, et servant sans doute à fixer une couronne de laurier, insigne de l'empereur divinisé. Quant à la couronne actuelle, bien postérieure, il s'agirait d'un diadème royal transformé et dont on aurait réduit le diamètre pour l'ajuster à la tête de la statue. Tout ceci nous ramène au problème que pose la présence à Conques d'objets en provenance visiblement d'un trésor impérial ou royal. Et nous savons que le roi de Provence avait donné l'or et les gemmes qui décoraient la statue-reliquaire de saint Maurice de Vienne, «ainsi que la couronne qui la coiffait».

A la fin du Xe siècle, lors du remaniement de sainte Foy, jugée imparfaite dans son premier état, elle reçut un nouveau revêtement de bandes filigranées enchâssant intailles et camées. Mais des fragments du premier revêtement d'or subsistent sur le corsage et au bas de la robe; ils se caractérisent par un plissé assez sommaire et par un décor de fleurettes estampées, à trois ou six pétales, très voisin de celui des croix de la cathédrale d'Oviedo, datées de 878. Il existait aussi à l'origine un siège, sorte de tabouret sans dossier, taillé dans le même bois que l'âme de la statue. En sciant ses pieds arrière, on lui substitua, au Xe siècle, le trône actuel fait d'une armature de fer forgé enveloppée de plaques d'argent (pl. 49).

La sainte Foy que nous admirons aujourd'hui dans le trésor de Conques, est donc à peu près la même que celle qui avait scandalisé Bernard d'Angers. Elle n'a, hormis son masque d'or, presque plus rien de commun, par contre, avec l'œuvre initiale. «Si elle appartient à l'histoire des arts précieux du siècle de l'an mille par son revêtement, elle se place dans l'histoire des formes au IXe siècle par son support de bois en forme de statue en ronde-bosse» (Jean Taralon).

Le reliquaire de Pépin

Ame de bois (refaite en 1812) revêtue d'or et de gemmes IXe-X[e] et XIe siècles (0 m 186 × 0 m 90; h. 0 m 178).

La tradition l'a toujours attribué à la générosité d'un monarque carolingien, probablement Pépin II, le fils de Louis le Pieux, qui régna sur l'Aquitaine de 817 à 838.

Ce reliquaire séduit d'emblée par ses proportions heureuses, par le chatoiement des pierres et des émaux multicolores qui se détachent sur le fond d'or tantôt jaune, tantôt rougeâtre, par sa forme aussi, celle d'une maisonnette en réduction coiffée d'une toiture à quatre pentes (pl. 52 et 53). Plus de vingt reliques de provenances différentes y sont enfermées et, devant un tel rassemblement de corps saints, on peut se demander si ce petit édifice étincelant ne prétend pas symboliser la Jérusalem céleste, le paradis habité par les élus, tel qu'il se retrouve, présenté également sous une forme architecturale, au tympan de l'abbatiale. A l'origine, la face postérieure fut certainement conçue pour offrir ces reliques à la vue des fidèles (pl. 53); en effet, les trois fenêtres symétriques, aujourd'hui aveugles, dont l'arc en plein cintre repose sur des colonnettes torsadées, comportent des feuillures destinées à la pose de plaques de verre. Sur le toit de la maison, les deux colombes antithétiques qui étalent leurs ailes en émaux cloisonnés bleu, blanc et rouge, symbolisent peut-être les âmes des élus. Au-dessus d'eux, la grosse intaille antique en cornaline portant l'image du dieu Apollon pourrait, selon E. Garland, avoir été placée intentionnellement au sommet du toit. Car, selon une interprétation qui remonte aux premiers siècles du christianisme, Apollon, serait une sorte de préfiguration du Christ, Lumière du monde.

L'autre face est entièrement consacrée à la représentation, au repoussé, de la Crucifixion qui s'enlève sur un semis de fleurons en filigranes. Avec les pierres dures et les intailles des bandes d'encadrements, les perles fines frangeant les bras de la Croix, l'ensemble donne une impression de richesse inégalée. Sur le versant du toit, les symboles cosmiques, un soleil rayonnant et un croissant de lune inscrits tous deux dans un cercle, sont présents au divin Sacrifice. Dans la représentation de ce dernier, l'artiste a voulu fixer les derniers instants de la vie terrestre du Christ : malgré la rigidité de son corps, Jésus est encore vivant sur la Croix, les yeux grands ouverts et la tête tournée vers saint Jean, à sa droite, comme pour s'adresser à lui. C'est la traduction plastique du texte évangélique : «Alors, voyant sa mère et, près d'elle, le disciple qu'Il aimait, Jésus dit à sa mère : "Femme, voici ton fils". Puis Il dit au disciple : "Voici ta mère"». Devant son fils supplicié, Marie exprime toute son émotion par ce geste pathétique de la main levée sur la poitrine, paume en avant, qui est aussi celui des Vierges de l'Annonciation dans l'iconographie romane.

Pourtant, ces figures un peu lourdes, dépourvues de l'élégance qui caractérise par exemple les anges du «A» de Charlemagne (pl. 58 et 59), semblent se rattacher encore à la tradition carolingienne. Plusieurs auteurs les ont placées aux environs de l'an mille, c'est-à-dire bien après le règne de Pépin d'Aquitaine, alors que certaines autres pièces du reliquaire, notamment les plaquettes émaillées de couleur pourpre remployées à l'intérieur des fenêtres, remontent sans conteste au IXe siècle.

Le problème de la datation se voit singulièrement compliqué encore par la découverte, lors du démontage du reliquaire en 1954, d'une série de fragments d'or repoussé dont la mise en ordre permit de reconstituer une autre Crucifixion. Si la partie supérieure manque au-dessus des bras du Christ, le reste de la plaque révèle une extraordinaire maladresse tant dans le dessin, digne d'un enfant, que dans la technique rudimentaire, incapable de rendre le moindre modelé. Jésus, dans un position frontale, est entouré du porte-lance et du porte-éponge agenouillés dont les noms LONGINS et STEFATON s'inscrivent dans des cartouches.

Les dimensions de la plaque sont sensiblement les mêmes que celles de la face principale du reliquaire actuel et tout laisse supposer que nous sommes en présence de la «première Crucifixion». La difficulté réside dans le fait que cette œuvre barbare, très antérieure à la renaissance carolingienne, ne peut pas être la contemporaine de son donateur présumé. Dès lors, deux explications paraissent possible : ou bien l'attribution traditionnelle à Pépin d'Aquitaine relève de la pure légende, comme pour le « A » de Charlemagne, ou bien le souverain a offert à Conques un reliquaire qui avait déjà un siècle d'existence, pour le moins. Devant un tel archaïsme il est compréhensible que, vers l'an mille, les bénédictins aient fait procéder à sa réfection complète, tout en conservant la même âme de bois ainsi que, par respect, des morceaux du reliquaire primitif. Sa forme, demeurée donc inchangée, s'apparente aux plus anciennes châsses connues, comme celle de Saint-Bonnet-Avalouze en Corrèze, qui est d'époque mérovingienne. Quoi qu'il en soit, il faut considérer cette crucifixion comme la pièce la plus ancienne du trésor, antérieure certainement à la fondation du monastère de Conques.

Le « A » de Charlemagne

Ame de bois (noyer) revêtue d'argent doré. Fin XIe siècle (l. : 0 m 40; h. : 0 m 43).

Plusieurs souverains de la dynastie carolingienne, de Charles le Chauve à Pépin d'Aquitaine, se sont érigés en protecteurs de l'abbaye de Sainte-Foy. La légende ne tarda pas à s'emparer de ce passé impérial aux résonances profondes et durables. Ainsi, une tradition complaisamment recueillie par la Chronique du monastère rapporte que Charlemagne aurait distribué à vingt-quatre abbayes de son empire autant de reliquaires affectant la forme d'une des lettres de l'alphabet, réservant la première à Conques pour lui témoigner sa préférence (pl. 60). Chaque jambage de ce reliquaire en triangle évidé possède un petit ergot interne qui amorce effectivement la traverse horizontale d'un A ou d'un alpha majuscule; et son aspect insolite paraît avoir été inspiré à l'orfèvre par une lettre ornée de manuscrit.

Mais, de toute façon, il s'agit d'une œuvre postérieure de deux siècles au règne de Charlemagne, ainsi que le prouve, sur la tranche, une inscription au nom de Bégon III, abbé du monastère de 1087 à 1107 : ABBAS FORMAVIT BEGO RELIQUIASQUE LO(CAVIT), (L'abbé Bégon a fait façonner (cet objet) et y plaça des reliques), peut-être des fragments du bois de la Vraie Croix déposés alors derrière le gros cristal de roche bombé qui, au sommet, fait office de loupe.

Des caractères communs entre cet « A » et la « lanterne » de Bégon (pl. 57) permettent d'y voir les œuvres d'un atelier d'orfèvrerie qui travailla au monastère à la fin du XIe siècle et au début du XIIe siècle, avons-nous dit. Dans l'ensemble, les techniques utilisées restent les mêmes que celles de l'époque précédente. Les plaques d'argent doré, appliquées et clouées sur une âme de bois, supportent un décor en faible relief fait, soit d'un réseau de filigranes enserrant des pierres serties, soit des motifs repoussés à la pointe. La technique du repoussé, en détachant par endroits les très minces plaques métalliques (parfois quinze centièmes de millimètre d'épaisseur) de leur support de bois, les exposait à des détériorations par écrasement. Pour pallier à cet inconvénient, en particulier dans le cas de personnages en assez forte saillie, on utilisa l'ingénieux procédé consistant à couler de la cire, mêlée à de la terre, dans les creux, lors de la confection du reliquaire.

Sur le plan artistique, la maîtrise à laquelle sut parvenir l'orfèvre s'exprime tout particulièrement dans les deux anges thuriféraires qui, fixés sur la base, semblent avoir reçu pour mission d'encenser perpétuellement les saintes reliques enfermées au-dessus d'eux (pl. 58 et 59). Car ces anges sont bien d'origine. On remarquera leur adaptation parfaite aux contours de la petite stèle cintrée qui contient chacun d'eux en application de la «loi du cadre» chère aux sculpteurs romans. Le mouvement de la tête, légèrement de trois quarts, le plissé à la fois schématique et harmonieux de la robe, témoignent d'un art qui va bientôt atteindre sa plénitude. Transposées dans la pierre à une grande échelle, ces mêmes figures pourraient aussi bien appartenir à un bas-relief monumental, plutôt qu'à ce petit reliquaire.

Comme sur la plupart des pièces du trésor, des transformations ou des adjonctions sont venues au cours des siècles altérer l'œuvre initiale. Ainsi, par suite de dégradations sans doute, on a entièrement revêtu le socle de fragments hétéroclites, grossièrement prélevés sur des reliquaires ruinés. Au revers du disque terminal, un très beau bijou circulaire en argent doré a été posé ultérieurement. Deux cercles concentriques de filigranes, surmontés d'un émail timbré d'une croix, se disposent autour d'une intaille antique, en cornaline, représentant une Victoire en train d'écrire sur un bouclier. Les cercles sont entourés eux-mêmes de treize disques composés alternativement de marguerites d'argent doré et d'émaux cloisonnés translucides sur cuivre. Ces derniers proviennent sans doute d'un manteau sur lequel ils étaient cousus.

La « lanterne de Bégon »

Ame de bois revêtue d'argent repoussé et doré. Fin XIe siècle (h. : 0 m 42).

L'influence de l'architecture sur l'art de l'orfèvrerie, déjà observée à propos de la châsse de Pépin, se confirme de façon plus flagrante encore dans le cas du reliquaire en argent doré appelé traditionnellement «lanterne» de Bégon ou de saint Vincent, suivant que l'on tient compte du prélat qui le fit exécuter, ou bien des corps saints enfermés à l'intérieur (pl. 57).

Sa forme veut rappeler les mausolées de l'Antiquité et peut-être ces «lanternes des morts», dont le fanal éclairait jadis la nuit des cimetières, en hommage aux défunts. Il reproduit aussi la structure exacte d'une «tour-lanterne» montée sur la croisée du transept de certaines églises romanes pour en assurer l'éclairage. Et les hautes baies vitrées qui ajourent le corps du reliquaire, prouvent que celui-ci fut conçu comme une monstrance. Le passage de la base carrée à la tourelle hexagonale est assuré par quatre plaques triangulaires en glacis correspondant, à l'intérieur d'un édifice réel, aux trompes ou aux pendentifs qui permettent d'asseoir la coupole. Le souci du détail architectural apparaît parfaitement dans les six colonnettes engagées aux chapiteaux ornés de palmettes, ainsi que dans le toit en dôme conique couvert de tuiles creuses.

Le programme iconographique, très riche, se répartit en deux registres superposés. La base de la tour est flanquée de six figures en buste tenant un rouleau de parchemin de la main gauche et, de la droite, faisant le geste de la prédication. La sérénité et la douceur qui se dégagent du visage, le cou gracile, la prunelle de l'œil marquée par un petit trou, le pli en oblique barrant la poitrine, tout permet de reconnaître ici la même main qui avait façonné les deux anges du «A» de Charlemagne (pl. 58 et 59), à la demande de l'abbé Bégon. Et le nom de ce dernier se lit à nouveau, dans la même graphie, sur l'inscription qui ceinture la base du toit : ABBAS SANCTORUM BEGO PARTES HIC HAB... ET HORUM DANIELIS TRI... (L'abbé Bégon a (placé) ici des reliques de ces saints : Daniel, les trois... Hébreux).

Au registre inférieur, les trois médaillons du socle (le quatrième a disparu) sont consacrés au thème de la Rédemption. Deux d'entre eux, remployés sur les petits côtés du reliquaire de Pépin, ont retrouvé leur place originelle lors de la restauration de 1955. D'un côté, le Seigneur tenant le livre et le globe est en train, selon le texte du psaume 90, de «fouler aux pieds l'aspic et le basilic», les monstres à corps de serpent qui incarnent l'esprit du mal. A l'opposé, le Dieu de Majesté porte sur ses genoux l'Agneau auréolé du nimbe crucifère, image du Christ rédempteur. Sur la troisième face enfin, David terrassant le lion (pl. 56) (et non Samson comme on l'a dit parfois) est accompagné de l'inscription : SIC NOSTER DAVID (SA) TANAM SUPERAVIT (C'est ainsi que notre David terrassa Satan).

Parfaitement inscrits dans un cercle, David et le lion accusent une facture en tout point différente de celle des autres figures de ce reliquaire. D'un style très évolué, non exempt de maniérisme d'ailleurs, ils se placent au milieu du XIIe siècle et ne peuvent pas provenir d'un atelier conquois. L'étonnant rapprochement entre ce médaillon et un chapiteau roman de l'église Saint-André-le-Bas à Vienne a été fait par André Malraux dans son *Musée imaginaire de la sculpture mondiale* (p. 56) pour démontrer l'interdépendance qui régnait alors entre la sculpture monumentale et les arts mineurs : «Toute une tradition d'orfèvrerie atteint le Samson de Vienne à travers celui de la lanterne de saint Vincent».

Le reliquaire du pape Pascal II, ou de la vraie Croix

Ame de bois revêtue d'argent doré et repoussé. Début XIIe siècle, remanié au XVe (0 m 19 × 0 m 11; h. : 0 m 37).

Ce reliquaire, par contre, appartient bien à la production du monastère (pl. 61). Et tous les renseignements le concernant nous sont complaisamment fournis par les deux inscriptions qui courent sur sa base. L'une désigne encore une fois l'abbé Bégon : ME FIERI IUSSIT BEGO CLEMENS CUI DOMINUS SIT (Bégon m'a fait faire. Que le Seigneur lui soit clément).

L'autre indique la provenance des reliques et même la date de la donation pontificale : ANNO AB INCARNATIONE DOMINI MILLESIMO C DOMINUS PASCALIS II PAPA A ROMA HAS MISIT RELIQUAS DE E CRUCE CHRISTI ET SEPULCRO EIUS ATQUE PLURIMORUM SANCTORUM (L'an de l'Incarnation du Seigneur 1100, le seigneur Pascal II, pape, a ainsi envoyé de Rome ces reliques de la croix du Christ, de son tombeau et de plusieurs saints). Il faut préciser que ce texte gravé a été en partie refait.

Sous son aspect actuel, la face principale résulte sans doute d'un assemblage réalisé au XVe siècle à partir de divers éléments d'emprunts, et la plaque de la Crucifixion pourrait être une couverture d'évangéliaire rapportée. La scène est identique à celle du reliquaire de Pépin, mais traitée dans un style différent, plus raffiné et influencé, selon M.M. Gauthier, par les ivoires byzantins. «Les ivoires du temps des Comnènes affectionnent cet étirement spiritualisé des attitudes, la mesure et la douceur des gestes, ces socles élancés pour y poser les personnages». En effet, au pied de la croix plantée sur un tertre, la Vierge se trouve curieusement juchée sur un escabeau à trois pieds, saint Jean sur un tabouret rond.

On peut remarquer aussi le soleil et la lune personnalisés sous la forme de deux bustes humains abrités à l'intérieur d'un croissant. Désignés par leur nom gravé, SOL et LUNA, ils pleurent tous deux pour exprimer le deuil universel.

Autel portatif de sainte Foy

Albâtre. Argent doré et filigrané. Émaux. Fin XIe siècle (0 m 29 × 0 m 20).

Le somptueux encadrement de la plaque d'albâtre du petit autel portatif, dit de sainte Foy (pl. 63), pourrait lui aussi provenir d'une ancienne reliure d'évangéliaire. C'est du moins ce que semble prouver sa ressemblance avec plusieurs œuvres ottoniennes de ce genre conservées en Allemagne. La disposition des médaillons d'émail sur le cadre, en particulier, est la même que celle du plat d'évangéliaire de l'empereur Henri II, à la bibliothèque de Munich : le Christ au centre de la bande supérieure, les symboles des évangélistes aux quatre angles (en haut, l'homme et l'aigle pour saint Matthieu et saint Jean; le lion de saint Marc et le taureau de saint Luc, dans le bas).

La principale originalité de l'autel portatif est certainement cet agneau pascal à la toison pommelée, chef-d'œuvre de stylisation, qui se détache sur un ciel d'azur timbré de la croix et chargé d'un minuscule nuage festonné, analogue à ceux qui entourent la gloire du Christ du tympan. Les quatre émaux rectangulaires des côtés représentent deux saints anonymes surmontés de la Vierge à droite et de sainte Foy à gauche, toutes deux couronnées d'un curieux nimbe en losange. Les émaux, aux dominantes bleue et verte, s'harmonisent fort bien avec les groupes de cinq cabochons, bleutés pour la plupart, qui les séparent, l'ensemble s'enchâssant dans une plaque d'argent doré et filigrané.

Si les émaux sur fond d'or de l'évangéliaire de Munich sont d'origine byzantine, il ne paraît pas du tout impossible que ceux de l'autel portatif, malgré un style similaire, aient été fabriqués à Conques même vers la fin du XIe siècle. D'ailleurs, la présence de sainte Foy vient renforcer cette hypothèse. Marie-Madeleine Gauthier a vu dans cet ouvrage «la transposition originale et locale, faite à l'époque romane, d'un modèle conforme à la tradition germanique byzantinisante». De la sorte, l'atelier d'orfèvrerie de l'abbaye a dû participer à ce renouveau de l'art de l'émail qui se manifesta alors dans quelques provinces de l'Occident, pays rhénan et Limousin surtout, par désir de se libérer des coûteuses importations provenant de Constantinople. Les médaillons de l'autel portatif de sainte Foy, eux, procèdent à la fois des deux techniques, celle du cloisonné et celle du champlevé, consistant à creuser le métal pour y couler l'émail, qui triomphera à partir du XIIe siècle. En effet, ils se composent de deux plaques de cuivre superposées; celle du dessus, découpée suivant la silhouette à représenter, vient s'appliquer sur celle du fond restée pleine, déterminant ainsi une cavité qui est ensuite garnie de minces cloisons soudées sur la plaque inférieure. Entre les taches d'émail de tonalités diverses, ces fils d'or dessinent les traits des visages ou le plissé des vêtements selon un graphisme d'une remarquable pureté.

Autel portatif de Bégon

Porphyre rouge. Argent gravé et niellé. 1100 (0 m 26 × 0 m 16).

Outre son intérêt artistique – il s'agit de l'une des plus belles productions de l'atelier d'orfèvrerie de Conques à l'époque romane – ce petit autel, parfaitement daté, constitue un document de toute première importance pour l'histoire du monastère et même pour celle de la construction de l'église abbatiale.

Il est constitué d'une plaque rectangulaire de porphyre rouge sertie dans une armature d'argent (pl. 62). Les quatre tranches portent une série de vingt-deux personnages en buste logés, chacun, sous une arcade en plein cintre retombant sur de fines colonnettes torsadées ou ouvragées. L'ensemble est en argent gravé et niellé, c'est-à-dire bruni artificiellement. Ces personnages, identifiables par leur nom gravé au-dessous, se détachent sur un fond clair couvert d'un semis de points. Il s'agit d'une représentation du paradis : le Christ bénissant occupe le centre de l'un des grands côtés, la Vierge à sa droite et sainte Foy, qui se trouve ici encore à une place d'honneur, à sa gauche. L'une et l'autre tiennent la couronne de la vie éternelle. Sont présents aussi les saints agenais, Caprais et Vincent, les apôtres Pierre et Paul, saint Étienne, etc., tous dans des attitudes différentes.

Sur le dessus, aux deux extrémités, on peut lire la formule de dédicace de l'autel, dans une écriture particulièrement soignée : ANNO AB INCARNATIONE DOMINI MILLESIMO C SEXTO KL IULII DOMNUS PONCIUS BARBASTRENSIS EPISCOPUS ET SANCTE FIDIS VIRGINIS MONACHUS. HOC ALTARE BEGONIS ABBATIS DEDICAVIT ET DE (CRUCE)XPI ET SEPULTRO (sic) EIUS MULTASQUE ALIAS SANCTAS RELIQUIAS HIC REPOSUIT (L'an 1100 de l'Incarnation, le six des calendes de juillet, le seigneur Pons évêque de Barbastro, et moine de la vierge sainte Foy, a consacré cet autel de l'abbé Bégon et y a placé des fragments de la croix du Christ, de son sépulcre, avec bien d'autres reliques).

Ainsi apprenons-nous l'existence en 1100 de liens privilégiés et personnels entre l'abbaye de Conques et l'un de ses anciens moines, Pons, devenu, dans le cadre de la Reconquête de l'Espagne du Nord sur les Maures, évêque de Barbastro et de Roda de Isabeña. Ceci est à rapprocher de la fondation en 1101, l'année suivante, à Barbastro d'un monastère Sainte-Foy par le roi Pierre Ier d'Aragon désireux de remercier Dieu de la victoire remportée ici même sur les Infidèles.

Par ailleurs, comme l'a montré Xavier Barral i Altet la plaque de porphyre rouge foncé de cet autel apparaît absolument identique à celles qui étaient incrustées dans le pavement roman de l'église Sainte-Foy de Conques, dont le musée lapidaire du trésor II conserve trois dalles, en provenance du chœur (pl. 48). Ces matériaux précieux importés d'Italie – et il pourrait là encore s'agir d'un don royal – ont donc été réutilisés en même temps, c'est-à-dire durant l'abbatiat de Bégon III, sur l'autel portatif et dans le pavement de l'église. Mais, ce porphyre se trouvait peut-être depuis longtemps déjà à Conques.

Coffret-reliquaire de sainte Foy

Ame de bois revêtue de cuir clouté d'argent. Médaillons d'émail champlevé sur cuivre. Début XIIe siècle (0 m 52 × 0 m 18; h. : 0 m 26).

Comme l'indique l'inscription gravée sur la tranche de deux médaillons, c'est l'abbé Boniface (1107-1118) qui fit exécuter ce coffre (pl. 64), découvert en 1875 dans le mur qui fermait la colonnade du chœur depuis l'époque des guerres de Religion. Il se trouvait alors en fort mauvais état et des restaurations importantes, parfois un peu arbitraires, y ont été réalisées en 1878 par l'orfèvre parisien Poussielgue. Ce dernier d'ailleurs s'en inspira pour fabriquer des «coffrets de Conques» qui connurent un grand succès. L'un d'eux, de petite taille, figure dans la même vitrine du trésor I.

Seuls le bois et le cuir clouté d'argent du couvercle appartiennent intégralement au coffre primitif, ainsi que la serrure. Sur les trente et un médaillons, douze seulement, dont les huit du couvercle, sont anciens. Ils présentent dans des tons unis, bleu, vert, jaune et blanc, un décor végétal ou animal faisant appel alors à un bestiaire d'oiseaux fantastiques ou, de monstres (pl. 65). Ces œuvres comptent parmi les tout premiers émaux champlevés méridionaux, appelés aussi «limousins».

En 1875, on a découvert dans le coffre, entre autres objets, un fragment de vase en cristal de roche gravé. Son décor élégant de rinceaux terminés en volutes ou en palmettes, ferait penser à l'Égypte fatimide du XIe siècle; à moins qu'il ne s'agisse d'un travail d'imitation réalisé en Occident.

Phylactères

Il s'agit de deux tableaux reliquaires, l'un hexagonal (pl. 55), l'autre pentagonal (pl. 54), très hétérogènes, puisqu'ils réunissent sur une même âme de bois des fragments d'orfèvrerie provenant de reliquaires détruits qui s'échelonnent du VIIIe siècle à l'époque gothique.

Ils conservent de très anciens témoins de la technique de l'émail cloisonné avec ces plaques rectangulaires de verroterie rouge, à l'aspect fruste, qui remontent sans doute au début de l'époque carolingienne. De même, on remarquera au centre du reliquaire hexagonal un gros cabochon de verre bleu-gris entouré d'un anneau cloisonné de verres rouges disposés en zigzag.

Reliure d'évangéliaire

Sept fragments d'argent repoussé épars sur la majesté de sainte Foy ont été réunis en 1954 pour reconstituer un plat d'évangéliaire complet du XIIe siècle. Le Christ en gloire tenant le livre et bénissant y est entouré des symboles des quatre évangélistes.

Fragment d'antependium

Le jeu de puzzle auquel se sont livrés les restaurateurs de 1954, à partir de cinq fragments épars sur le dos de la sainte Foy, sur la base du «A» de Charlemagne et sur l'un des phylactères, a rendu possible la reconstitution de la partie centrale d'un revêtement d'autel, ou antependium, en argent repoussé et daté du Xe siècle. C'est une pièce rare, car le mobilier d'église du haut Moyen Age, surtout lorsqu'il s'agit d'orfèvrerie, n'a que très peu survécu.

Le Christ au nimbe rayonnant trône dans une gloire en forme d'amande; il est accosté par deux personnages, malheureusement incomplets (pl. 66). Cette plaque entend exprimer toute la symbolique de la Révélation : le Verbe créateur, la main droite levée pour enseigner, tient de l'autre le livre carré des Saintes Écritures, et transmet le divin message aux prophètes (ou, peut-être, à des anges). Il faut observer, malgré un dessin assez malhabile en général, la beauté de leurs mains aux doigts effilés, tendues vers le Christ dans un geste d'extase.

BIBLIOGRAPHIE

- A. Darcel, *Le trésor de l'église de Conques,* Paris, 1861.
- A. Bouillet et L. Servières, *Sainte Foy, vierge et martyre,* Rodez, 1900.
- B. de Gaulejac, *Histoire de l'orfèvrerie en Rouergue,* Rodez, 1938.
- J. Hubert, «La majesté de Sainte-Foy de Conques», dans *Bulletin de la Société nationale des antiquaires de France,* 1943-44, p. 391-393.
- P. Deschamps, «L'orfèvrerie à Conques vers l'an mille», dans *Bulletin monumental,* 1949, p. 75-93.
- R. Rey, «La sainte Foy du trésor de Conques et la statuaire sacrée avant l'an mille», dans *Pallas,* 4, mai 1956, p. 99-116.
- J. Taralon, «La nouvelle présentation du trésor de Conques», dans *Monuments historiques de la France,* 1955, n° 3, p. 121-141.
- J. Taralon, «Les trésors des églises de France», dans *Catalogue de l'exposition, Paris, 1965,* p. 289-312.
- J. Taralon, «La majesté d'or de Sainte-Foy du trésor de Conques», dans *Revue de l'art,* 40-41, 1978, p. 9-22.
- M.-M. Gauthier, «Le trésor de Conques», dans *Rouergue roman* 1e édition, 1963, Zodiaque.
- M.-M. Gauthier, *Corpus des émaux méridionaux,* t. 1, *L'époque romane, 1100-1190,* C.R.N.S., 1987.
- X. Barral i Altet, «Le pavement roman de l'église Sainte-Foy de Conques», dans *Bulletin monumental,* t. 123, 1975, p. 76.
- L. Mazars, *La Révolution en Rouergue, district d'Aubin, 1789-1795,* Villefranche-de-Rouergue, 1976.
- J. et M.-C. Hubert, «Piété chrétienne ou paganisme? Les statues-reliquaires dans l'Europe carolingienne», dans *Cristianizzazione ed organizzazione ecclesiastica delle campagne nell'alto medioevo. Settimano di studio del Centro italiano di studi sull'alto medioevo,* 28, 1982, p. 237-275.
- E. Garland, «Des remplois antiques en orfèvrerie médiévale», dans *Actes du 41e Congrès d'études régionales,* Montauban, 1986, Fédération des Société savantes, Languedoc, Pyrénées, Gascogne, p. 95-109.

DIMENSIONS DE L'ABBATIALE SAINTE-FOY

Longueur totale dans œuvre : 56 m.
Longueur de la nef : 26 m 70.
Largeur de la nef : 6 m 80.
Hauteur de la voûte de la nef : 22 m 10.
Largeur d'un collatéral : 3 m 80.
Hauteur de la voûte d'un collatéral : 10 m 50.
Longueur du transept : 34 m 80.
Largeur du transept : 14 m 80.
Hauteur de la voûte de la coupole : 26 m environ.
Profondeur de l'abside : 7 m environ.
Largeur du déambulatoire : 3 m 60.
Profondeur des chapelles rayonnantes : 3 m 60.
Épaisseur des murs de l'abside : 0 m 80.
Épaisseurs des murs de la nef : 1 m 30.

LES ÉGLISES DU ROUER

GUE SEPTENTRIONAL

ACCÈS

Il faut quitter Espalion en direction de l'Ouest par la D.556 qui suit la rive gauche du Lot, et, au bout de 3 km environ, tourner à gauche immédiatement après un petit pont. Signalé de loin par un cèdre séculaire, Saint-Pierre de Bessuéjouls occupe le débouché de l'une des petites vallées qui échancrent le pourtour du bassin d'Espalion. Le site est agréable, loin des grands axes de circulation.

1 SAINT-PIERRE DE BESSUÉJOULS (COMMUNE DE BESSUÉJOULS, CANTON D'ESPALION)

L'église, rebâtie au XVIe siècle dans le style gothique, est précédée d'un clocher-porche roman, à l'Ouest. Lui seul retiendra notre attention avec, à l'étage, ce joyau taillé dans le grès rose qu'est la chapelle dédiée à l'archange saint Michel. Deux escaliers symétriques, très étroits, partent du fond de la nef pour atteindre cette salle haute.

Histoire

L'occupation humaine, ici, remonterait au moins à l'époque gauloise, comme semble l'attester le suffixe celtique «oialos», latinisé d'abord dans Buxoialum, devenu au XIIe siècle Buissujol – c'est-à-dire «la clairière aux buis». Dans le cadre de la réforme grégorienne, nous savons que l'évêque de Rodez Pons d'Étienne donna l'église Saint-Pierre de Bessuéjols aux chanoines augustins du monastère de Pébrac, dans le Velay, en 1085.

Avec cette date, nous disposons d'un premier point de repère chronologique. Le second est fourni par le style même des chapiteaux et de l'autel de la chapelle haute. Ceux-ci, en effet, portent la marque de l'influence directe qu'exercèrent les plus anciennes sculptures de Sainte-Foy de Conques, celles du déambulatoire et du portail septentrional, avec une prédilection pour le décor d'entrelacs. En revanche, le

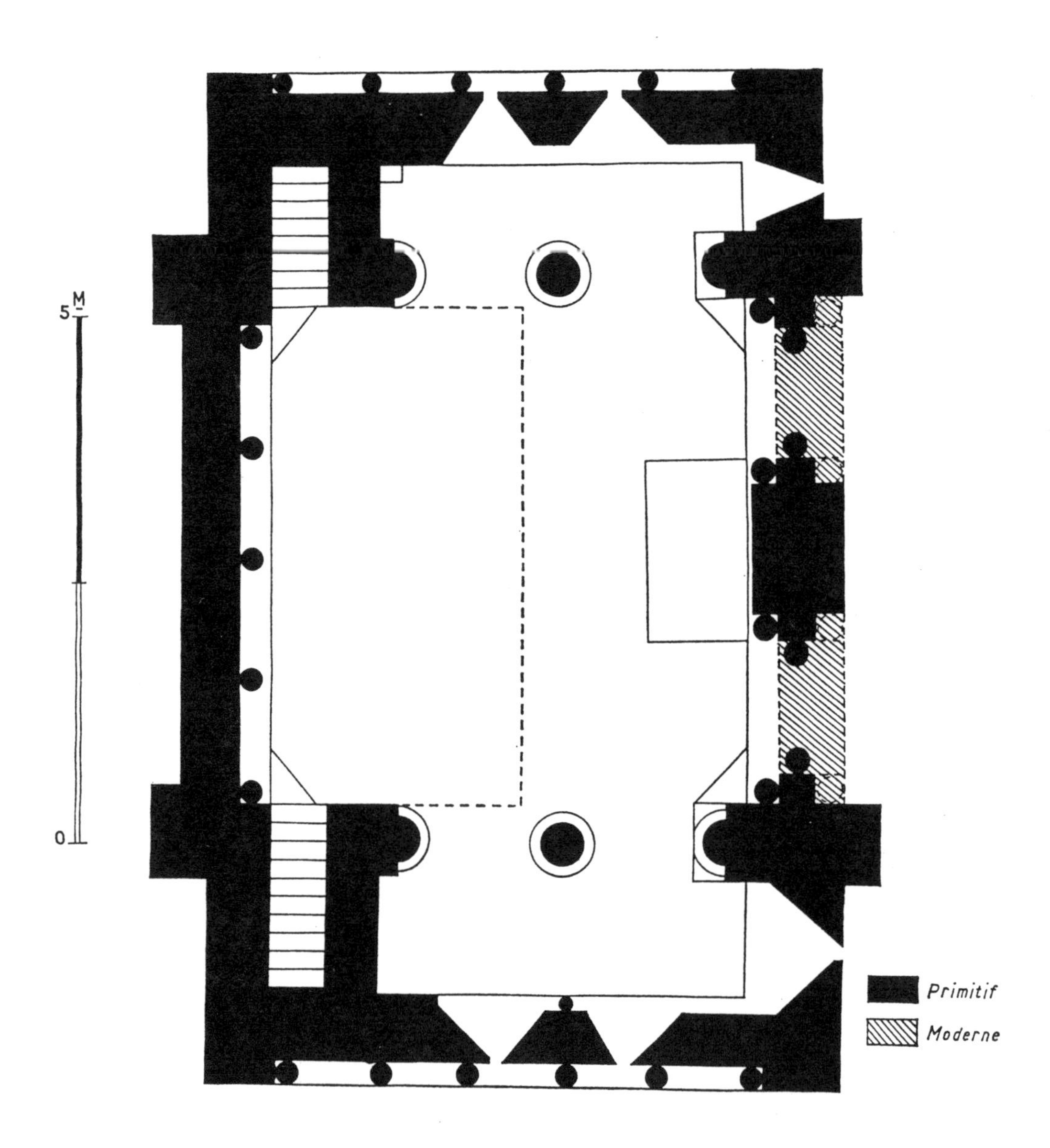

BESSUÉJOULS
SAINT-MICHEL

sculpteur de Bessuéjouls n'a certainement connu, à Conques, ni les chapiteaux du cloître, ni ceux des tribunes attribuées à l'atelier qui travailla sous l'abbé Bégon au début du XIIe siècle. Il paraît légitime, dans ces conditions, de prétendre que la construction de ce clocher-porche a suivi de très près la donation de 1085 au monastère de Pébrac. La dédicace KL. JUNII DEDICACIO ISTIUS LOCI ECCLESIE gravée autour du petit tympan de la porte placée au-dessus de l'entrée de l'escalier Nord, donne bien le jour et le mois, mais malheureusement pas l'année de cette dédicace.

Le clocher-porche

Il perpétue une tradition d'origine carolingienne, reprise vers le milieu du Xe siècle à l'église de Conques avec, là aussi, une chapelle Saint-Michel située à l'étage de la tour occidentale. Au siècle suivant, la marche des travaux de la nouvelle abbatiale Sainte-Foy progressant d'Est en Ouest parallèlement à la démolition de l'édifice antérieur, on peut imaginer ce clocher-porche encore debout lorsque débuta la construction de celui de Bessuéjouls. Mais l'hypothèse demeure invérifiable. Quoi qu'il en soit, à l'époque romane, la formule d'une chapelle installée au-dessus d'un porche connaît toujours un certain succès. Elle reparaît dans plusieurs autres églises de la région, à Bozouls, à Saint-Grégoire par exemple.

A Saint-Pierre de Bessuéjouls, cette salle basse du clocher ne joue pas actuellement son rôle initial de porche, à l'entrée de l'église, et elle ne constitue plus que la première travée de la nef, sans communication avec l'extérieur. Elle est couverte d'une voûte d'arêtes renforcée par des nervures traçant une sorte de croisée d'ogives primitive, un type de voûtement qui se retrouve, identique, au clocher-porche de Sainte-Fauste de Bozouls. Disons que son utilisation ici, dans une construction de la fin du XIe siècle, est d'une étonnante précocité.

Extérieurement, la tour quadrangulaire du clocher est épaulée, au Nord et au Sud, par deux avant-corps couverts chacun d'une toiture en appentis (pl. 67). Ils renferment les escaliers d'accès et, au-dessus, les collatéraux de la chapelle Saint-Michel. A ce niveau, la tour présente sur toute sa largeur un élégant décor mural avec une arcature aux colonnettes monolithes et des chapiteaux simplement épannelés. Sur les cinq arcades qui la composent, celle du centre offre un tracé trilobé, les quatre autres sont en plein cintre. Une disposition analogue caractérise le devant d'autel de la chapelle haute avec cet arc trilobé, hérité de l'art musulman, tout à fait exceptionnel dans les églises romanes du Rouergue. Et son emploi à la fois dans l'architecture et dans le mobilier traduit une remarquable unité dans la conception d'ensemble de l'édifice.

Pénétrons dans la salle supérieure aux murs de grès rose magnifiquement appareillés. On admirera, en particulier, les longs claveaux et l'arc monolithe des fenêtres latérales dont la taille atteint la perfection (pl. 77). Dans le mur oriental, deux baies maintenant murées, de part et d'autre de l'autel, ouvraient jadis sur la nef de l'église (pl. 69). La travée centrale, de plan carré, était coiffée d'une grande coupole octogonale dont il ne reste plus aujourd'hui que les trompes d'angle (pl. 70). Elle communique avec les bas-côtés, voûtés en demi-berceau, par deux arcs retombant sur une grosse colonne au centre, et sur deux colonnes engagées de chaque côté (pl. 71).

La beauté de cette pièce est majorée encore par la présence d'un décor sculpté particulièrement attachant.

Linteaux et chapiteaux

Les portes symétriques des escaliers, à leur débouché dans la chapelle, sont surmontées chacune d'un linteau orné d'entrelacs. Mais là s'arrête leur ressemblance.

Celui de la porte septentrionale, rectangulaire, présente trois cercles alignés et traversés par des rubans dessinant des méandres. Rien dans l'exécution, comme dans le décor, ne le différencie d'une œuvre du xe siècle. D'ailleurs, plusieurs indices sembleraient indiquer qu'il s'agit d'un remploi. Usé et abîmé, à la différence des autres sculptures, il est trop long et s'adapte fort mal à l'emplacement occupé, puisqu'il a fallu engager l'une de ses extrémités derrière le mur. Cet élément, de provenance inconnue, n'a-t-il pas été un point de départ, une sorte de référence aux yeux du sculpteur de Bessuéjouls, visiblement séduit par le style à entrelacs?

En considérant maintenant le beau linteau de la porte Sud, il est aisé de constater l'évolution réalisée. Sa forme en bâtière, mais aussi la présence d'élégantes palmettes issues d'un réseau compliqué d'entrelacs, sa facture plus habile enfin, accusent sans équivoque l'appartenance à l'époque romane (pl. 73).

Si, à l'arcature Nord, le volumineux chapiteau de la colonne médiane est resté lisse, son vis-à-vis méridional peut-être considéré, parmi tous les chapiteaux à entrelacs, comme un modèle du genre (pl. 76). L'épannelage, d'abord, paraît des plus caractéristiques : au-dessus de l'astragale imitant un cordage, la corbeille cylindrique s'évase vers le haut pour se transformer brusquement en un parallélépipède aux arêtes vives. Cette taille a l'avantage de ménager, dans le registre supérieur, quatre surfaces planes bien propices à recevoir les motifs linéaires d'entrelacs. La relation qui existe entre ces derniers et l'épannelage, dit «cubique», apparaît d'ailleurs évidente, puisque le sculpteur de Bessuéjouls est revenu à la forme classique pour les chapiteaux de type figuratif. L'ensemble du décor procède d'une géométrie savante, engendrée par l'emploi du compas et de la règle, avec une vannerie très serrée de rubans à trois brins autour de la partie tronconique, et, au-dessus, des demi-cercles adossés qui se recoupent pour dessiner une suite de croix de Saint-André.

La figure humaine fait son apparition sur les chapiteaux des colonnes engagées qui reçoivent des deux côtés l'arcade méridionale. Celui de l'Est présente le thème bien conquois des anges porteurs de phylactère (pl. 71). Répartis aux angles de la corbeille, ils tiennent chacun l'extrémité de la banderole. De l'autre main, ils paraissent soulever une petite figure nimbée et ailée, au milieu de la face principale. Et il faut sans doute souscrire à l'interprétation donnée par Jacques Bousquet à cette scène : le symbole de l'âme d'un défunt portée au ciel par les anges.

Sur le second chapiteau, vers l'Ouest, deux personnages nus cueillent des grappes de raisin accrochées à un réseau de tiges souples s'épanouissant en palmettes au-dessus du tailloir (pl. 68). Une incontestable saveur antique se dégage de ces amours vendangeurs évoluant dans une atmosphère paradisiaque. Ils ne sont pas sans évoquer, en effet, le décor de certains sarcophages paléochrétiens. Des scènes presque analogues se retrouvent dans la sculpture romane auvergnate, ainsi qu'à Sainte-Foy de Conques sur deux chapiteaux du déambulatoire.

Nous ne quittons pas l'Antiquité avec les êtres fabuleux de la mythologie, sirène et centaure, qui ornent le chapiteau occidental de l'arcature Nord (pl. 74). Au centre de la face principale, une sirène-poisson à la double queue divergente tient à bout de bras sa longue chevelure. Les deux centaures qui l'encadrent, saisissent d'une main l'extrémité de la queue de la sirène et, de l'autre, s'accrochent à une tige épanouie en palmettes sur les côtés de la corbeille. L'alignement des têtes sous le tailloir décoré de billettes donne à ces figures une allure de caryatides. En fait, cette œuvre n'est que la copie fidèle d'un chapiteau du déambulatoire de Conques, à l'entrée de la chapelle d'axe (pl. 26); et elle justifie pleinement l'affirmation de Georges Gaillard : «Le sculpteur de Bessuéjouls n'est pas un artiste créateur. Il emprunte ses meilleures formes à Conques». La seule différence notable par rapport au modèle conquois est le remplacement du ruban d'entrelacs à triple brin par une tige lisse, véritable rinceau végétal, un détail qui correspond sans doute à l'amorce d'une évolution stylistique.

Une dernière évocation de l'entrelacs apparaît pourtant sur le quatrième chapiteau, à l'Est, avec deux rubans disposés en V saisis par un personnage, nu lui aussi (pl. 75). Mais les volutes et les larges palmettes d'angle rattachent déjà cette corbeille au style corinthien classique.

L'autel roman

Le splendide autel en grès rose de la chapelle haute avait été jadis transporté dans le chœur de l'église, puis, au XVIIe siècle, masqué par un coffre de bois peint, en avant du grand retable. Découvert seulement en 1937, il a repris depuis son emplacement originel entre les deux baies du mur oriental (pl. 69). La table, creusée en évier avec un double rebord, est supportée par un massif quadrangulaire revêtu, sur les trois côtés visibles, de dalles monolithes couvertes de bas-reliefs.

Une arcature retombant sur des colonnettes mutilées et dont il ne subsiste plus guère que les bases, divise la face principale en trois panneaux. L'arc central, nous l'avons vu, est en forme de trilobe, les deux autres en plein cintre. A l'intérieur de ces derniers, s'inscrivent des cercles d'entrelacs donnant naissance à des motifs végétaux stylisés, palmettes et pommes de pin. L'ensemble du décor est très proche de celui des plaques de la corniche du portail méridional, à Sainte-Foy de Conques. Au centre, l'entrelacs règne seul, avec deux croix de Saint-André incluses dans des cercles superposés, bel exemple de survivance des motifs carolingiens à la fin du XIe siècle.

Sur les côtés, les tresses d'entrelacs ne servent plus que de cadre aux thèmes iconographiques. A gauche, sur un fond de nuages, l'archange saint Michel, protégé derrière un bouclier ovoïde, plonge une lance dans la gueule du dragon qui se tord sous ses pieds. Cette représentation de saint Michel dans la chapelle qui lui est dédiée, correspond à une très ancienne tradition avec, à l'origine, la vieille icône de la grotte du mont Gargano en Apulie où l'archange serait apparu à des bergers. Cette sainte caverne était devenue un des lieux de pèlerinage les plus célèbres d'Italie et, en souvenir de la montagne apulienne, on prit l'habitude d'élever sur des sommets les sanctuaires voués à l'archange, tels notre Mont-Saint-Michel normand ou Saint-Michel d'Aiguille au Puy. A défaut de montagne, ce fut aussi une habitude, et cela dès l'époque carolingienne, d'honorer saint Michel dans les parties hautes des églises; ainsi à Cluny, à Vézelay, à Tournus et, dans le voisinage, à Conques.

Sur le côté droit de l'autel, enfin, le panneau renferme à l'intérieur d'un cadre fait d'entrelacs et de palmettes, un ange tenant devant lui une banderole dont l'inscription, peinte ou gravée, a disparu. Elle permettait d'identifier ce message céleste, vraisemblablement l'archange Gabriel, associé, comme à la croisée du transept de Conques, à saint Michel.

Que ce soit sur l'autel ou sur les chapiteaux, tous les personnages présentent des caractères communs, teintés d'archaïsme : même type de visage aux traits à peine esquissés, même modelé sommaire des corps, systématiquement stylisés. On constate aussi quelques maladresses dans l'exécution. Ainsi, le sculpteur a manqué de place pour le saint Michel de l'autel et il a dû échancrer la bordure supérieure du panneau pour y loger le nimbe. Visiblement l'artiste, car il s'agit bien d'un seul et même auteur pour l'ensemble de la sculpture de Bessuéjouls, a été beaucoup plus à l'aise dans le traitement des motifs décoratifs à base d'entrelacs que dans celui de la figure humaine.

BIBLIOGRAPHIE

• P. Deschamps, «L'autel et les chapiteaux romans du clocher de Saint-Pierre de Bessuéjouls (Aveyron)», dans *Bulletin monumental,* t. 99, 1940, p. 69-80.
• J. Bousquet, *La sculpture à Conques aux XIe et XIIe siècles,* Lille, 1973, t. 2, p. 736-740.

DIMENSIONS DE L'ÉGLISE DE BESSUÉJOULS

Longueur de la partie centrale : 4 m 70.
Largeur de la partie centrale : 4 m 68.
Passage collatéral Nord, longueur : 3 m 72.
Passage collatéral Nord, largeur : 0 m 91.
Passage collatéral Sud, longueur : 3 m 72.
Passage collatéral Sud, largeur : 1 m 39.
Autel, longueur : 1 m 75.
Autel, largeur : 0 m 96.
Autel, hauteur : 1 m 17.
Largeur de la porte au linteau triangulaire : 0 m 57.
Hauteur de la porte au linteau triangulaire : 1 m 82.
Largeur du linteau : 0 m 93.
Hauteur du linteau : 0 m 52.
Hauteur d'une trompe de coupole, au sol d'arrivée : environ 6 m.
Hauteur de l'emmarchement : 0 m 27.

ACCÈS

Aujourd'hui isolée au milieu d'un cimetière, l'église Saint-Hilarian de Perse se situe à 1 km environ de la ville d'Espalion, à l'Est. On y accède par l'avenue de l'ancienne gare.

2 L'ÉGLISE DE PERSE A ESPALION

Histoire

Si l'on en croit la légende, la première église de Perse s'éleva à l'endroit même où saint Hilarian, originaire du village de Lévinhac à proximité, aurait subi le martyre lors des invasions arabes du VIIIe siècle. Ayant eu la tête tranchée, le saint serait allé la laver à la fontaine voisine. Par la suite, le prieuré de Perse fut donné à Sainte-Fóy de Conques par le seigneur Hugues de Calmont, sa femme Foy et leur fils Bégon, comme le rapporte un acte du Cartulaire de cette abbaye, daté de 1060.

Saint-Hilarian, en bordure de l'ancien chemin de Saint-Geniès sur la rive gauche du Lot, servit longtemps d'église paroissiale pour les Espalionnais. Mais la ville, progressivement, se déplaçait en direction de l'Ouest, attirée par le pont gothique qui enjambe ici la rivière, aux pieds du piton volcanique surmonté par la puissante forteresse des barons de Calmont. Ainsi, à la fin du XVe siècle, la construction de Saint-Jean-Baptiste au cœur de la nouvelle agglomération privait l'église de Perse de sa fonction paroissiale. Vers la même époque, le prieuré ne comptait plus que deux religieux bénédictins. Sécularisé en 1537, il disparut définitivement avec les guerres de Religion. Désormais, Saint-Hilarian ne jouera plus que le rôle modeste de chapelle de cimetière.

Contrairement à toute attente, l'église romane ne fut pas édifiée à la suite de la donation de 1060, mais plus d'un demi-siècle après, sans

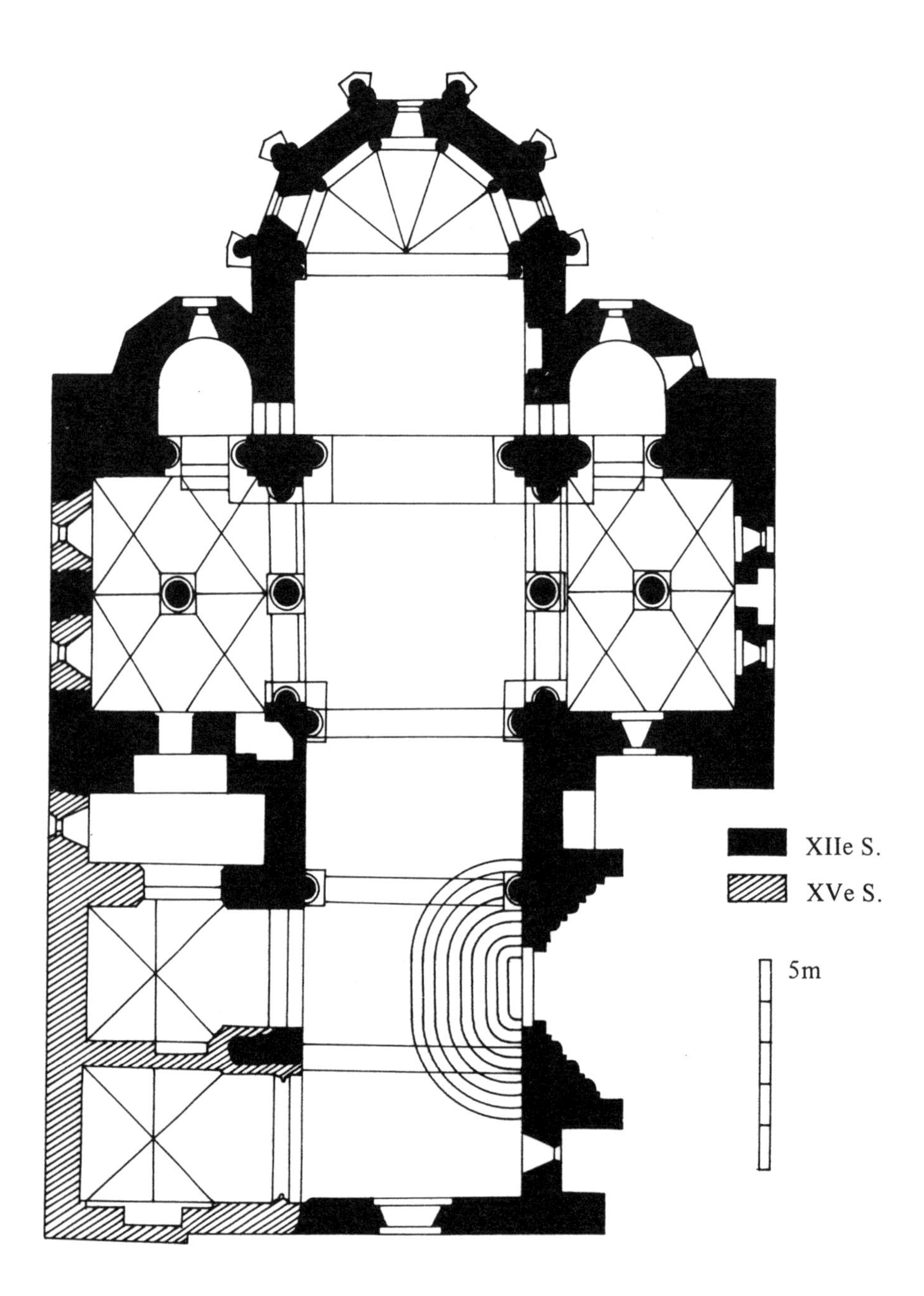

PERSE

doute. En effet, les rapprochements qu'il est possible d'établir avec Sainte-Foy de Conques, apportent la preuve que maîtres d'œuvre et sculpteurs, à la recherche de modèles, virent la grande abbatiale achevée, y compris les parties hautes de l'abside et le portail occidental. Ainsi, la construction de l'église romane Saint-Hilarian ne peut guère se placer avant la deuxième décennie du XIIe siècle, à l'exception probablement des absidioles et de la travée droite du chœur, un peu antérieures. Beaucoup plus tard, la nef fut agrandie, au Nord, de deux chapelles latérales, couvertes de voûtes sexpartites. Des inscriptions y indiquent, avec les noms des donateurs, la date du 10 avril 1471.

Le chevet

Construit dans un grès rouge de tonalité vigoureuse, comme tout l'édifice, le chevet en constitue la partie la plus remarquable (pl. coul. p. 279). Pour mieux apprécier l'harmonie de ses proportions, il faut prendre le recul nécessaire et descendre jusqu'au ruisseau voisin. De là, on se rendra compte aussi de sa parfaite adaptation à la déclivité du terrain, forte à cet endroit.

Les deux étroites absidioles à pans coupés, percées d'une petite fenêtre, ont des murs lisses et dépourvus de corbeaux, ce qui semble correspondre effectivement à une plus grande ancienneté. Très en retrait par rapport au volume important de l'abside, elles passent presque inaperçues et contrastent vivement avec celle-ci par leur nudité. Au contraire, l'abside centrale, de plan pentagonal, est animée par une suite d'arcades en plein cintre reposant sur des colonnes engagées par l'intermédiaire de chapiteaux à double collerette de feuilles en bec. Ces demi-colonnes sont montées sur de hauts socles prismatiques. Le principe même de la superposition des deux types de support, comme la présence de l'arcature supérieure, constituent de toute évidence des emprunts à l'ordonnance générale du chevet de Sainte-Foy de Conques. Mais, à Perse, nous sommes en présence d'un style déjà plus élaboré, plein de raffinement, avec une recherche évidente de la décoration murale. En effet, chaque pilastre s'agrémente d'une fine colonnette au milieu et de deux autres sur les côtés. La colonnette reparaît de part et d'autre des contreforts-colonnes, au-dessus du cordon en saillie qui individualise les deux niveaux de l'abside. Et il est permis de considérer cette dernière comme l'une des meilleures réussites de l'architecture romane en Rouergue.

En revanche, la simplicité a prévalu pour le clocher-mur, percé de quatre arcades sous une toiture en auvent, à la jonction de la nef et de l'abside.

L'intérieur

Un portail latéral, pris dans un massif en avancée sur le mur méridional, donne accès à la nef dont le sol se situe très en contrebas.

A l'intérieur, quelques détails architecturaux permettent de suivre la progression des travaux de construction, de l'Est vers l'Ouest. Ainsi, au berceau plein cintre de la travée droite du chœur, succèdent les voûtes légèrement brisées de la croisée et des trois travées de la nef (pl. 82). Leurs arcs-doubleaux sont portés par des colonnes engagées; mais celles-ci cèdent la place à de simples consoles entre la première et la deuxième travée, indice sans doute d'un achèvement tardif de l'extrémité de la nef.

Le transept, lui, présente une disposition très particulière et dont l'équivalent n'existe guère que dans la chapelle haute de Saint-Pierre de Bessuéjouls, non loin d'ici. La croisée, en effet, s'ouvre latéralement sur les croisillons par une double arcade dont la retombée centrale se fait sur une forte colonne (pl. 83). Mais, ici, une seconde colonne implantée au centre du croisillon vient le diviser en quatre travées couvertes de voûtes d'arêtes, peut-être montées ultérieurement. C'est ce que semblerait prouver l'extrême maladresse avec laquelle s'opèrent les retombées de leurs épaisses nervures entrecroisées, sortes d'ogives grossières, dans les angles. Ces voûtes se situent à un niveau inférieur par rapport à celles de la croisée du transept et de la nef. Enfin, une chapelle, semi-circulaire à l'intérieur, prend naissance sur chacun des croisillons et communique avec le chœur par un passage.

Un arc triomphal en plein cintre marque l'entrée du chœur (pl. 82.). Au-dessus d'un banc de pierre, le mur lisse de l'abside à cinq pans est interrompu par un cordon et laisse place à une arcature retombant sur des colonnettes. Trois de ces arcades sont percées de baies assurant l'éclairage du chœur, les deux autres restent aveugles, selon une alternance inspirée sans doute par la belle élévation de l'abside de Sainte-Foy de Conques dans ses parties hautes. Un second cordon court à la naissance du cul-de-four, lui-même compartimenté par quatre gros boudins rayonnant à partir d'une clef en demi-cercle, appuyée contre l'arc-doubleau de la travée droite du chœur. Ce type de voûte, à côtes, a été utilisé dans les églises de la région, à Coubisou, à Verlac ou à Saint-Saturnin-de-Lennes, en particulier.

Les chapiteaux

Saint-Hilarian de Perse possède quelques chapiteaux historiés. A la retombée de l'arc triomphal, à droite, le Christ en majesté, bénissant et tenant le livre sur sa poitrine, s'inscrit dans une gloire en amande au tracé irrégulier (pl. 85). En vis-à-vis, sur le chapiteau de gauche, on reconnaît une scène de chasse, ailleurs des guerriers se livrant à un duel, protégés par un bouclier ovale (pl. 84), ainsi que le thème traditionnel des colombes eucharistiques se désaltérant dans un calice. D'une façon générale, la rigidité des personnages, la gaucherie dans la manière de traiter les plis des vêtements, la faiblesse du modelé aussi, témoignent d'une facture bien malhabile. Ici, la sculpture apparaît de qualité très inférieure à celle de l'architecture. Et cette médiocrité se retrouve à l'extérieur, sur le tympan du portail méridional.

Les corbeilles historiées se caractérisent par leurs tailloirs plats ornés de billettes, un motif qui se poursuit encore sur le cordon supérieur de la travée droite du chœur, et dont l'utilisation pourrait correspondre ici à une première campagne de construction. Partout ailleurs sur les chapiteaux règne le décor classique des feuilles lisses en bec d'où pendent parfois de grosses boules. Et il est très significatif, sur le plan chronologique, de constater ici l'absence totale du vieux style à entrelacs, caractéristique de la fin du XIe siècle et si prisé à Saint-Pierre de Bessuéjouls.

A vrai dire, l'entrelacs apparaît sur une plaque funéraire au nom d'ADALGERIUS, maintenant scellée contre le mur du croisillon Sud, et provenant selon toute vraisemblance de l'édifice antérieur à celui-ci. D'après une hypothèse formulée par Jacques Bousquet, cet Adalgerius pourrait bien être le premier prieur venu de Conques, en 1060. Au-dessus de l'inscription gravée dans la dalle de grès rose, deux rubans parallèles à triple brin dessinent une croix de Saint-André, elle-même inscrite dans deux cercles concentriques, et entourée de palmettes en forme de cœur.

Le portail et son tympan

Faisons abstraction, au portail méridional, des chapiteaux, entièrement refaits avec leurs colonnettes lors d'une restauration récente. Les sculptures de l'archivolte elles, consacrées aux créatures célestes, sont dignes d'intérêt. La première voussure contient une série d'anges, assis ou debout, tenant des deux mains un livre ouvert, un thème conquois par excellence. A la troisième voussure, on reconnaît les archanges Gabriel et Raphaël, accompagnés d'un énigmatique personnage couronné, un marteau à la main.

Le tympan, lui, juxtapose curieusement deux sujets différents, sans aucun lien entre eux : le Jugement dernier sur le registre inférieur formant linteau, le thème de la Pentecôte sur le tympan proprement dit, appareillé par petits panneaux successifs avec, chacun, un ou deux personnages (pl. 80). Nimbés et porteurs de banderoles, ceux-ci se répartissent symétriquement de part et d'autre de la Vierge qui occupe le centre de la composition. Bien qu'ils soient au nombre de dix seulement, il s'agit des apôtres recevant le Saint-Esprit. En effet, dans la partie supérieure, la colombe descend du ciel, à la verticale, au-dessus de la Vierge, tandis que dix rayons, ou flammes, s'échappent obliquement des nuées en direction des apôtres. Disons que toute la maladresse du sculpteur transparaît ici, dans cet alignement de personnages au visage inexpressif, au corps informe. De chaque côté, le soleil et la lune sont personnifiés sous la forme de deux petits bustes, homme et femme, à l'intérieur d'un médaillon. Chacun est identifiable grâce à l'attribut qui le coiffe : une couronne irradiée pour l'un, un croissant pour l'autre. La présence des deux astres célestes dans une représentation de la Pentecôte est pour le moins insolite, puisque l'iconographie chrétienne du Moyen Age les associe uniquement à la scène de la Crucifixion. Une telle anomalie s'explique peut-être par l'ignorance de l'artiste de Perse, soucieux d'imiter, mais sans en bien comprendre le sens, le tympan de Conques où le soleil et la lune, traités de la même manière, figurent effectivement au-dessus de la croix du Christ.

Sur le linteau, se juxtapose une suite de scènes confuses qui n'ont, en fait, qu'un rapport assez lointain avec le Jugement dernier. Et sa composition anarchique ne doit rien, de toute évidence, à celle du tympan de Sainte-Foy. Au centre, là où l'on attendrait le Christ-Juge, un mort encore étendu sur son lit est la proie des démons. L'un tente de l'attirer à lui avec un crochet, un autre emporte son âme dans un sac, semble-t-il. Il s'agit là du thème de la mort du mauvais riche, tel qu'il figure au portail de Saint-Pierre de Moissac, où il est traité dans un style bien supérieur, évidemment. L'enfer se situe à gauche, c'est-à-dire dans une position inverse par rapport à celui de Conques. On y retrouve la gueule de Léviathan, aux longues dents, avalant un damné, ainsi que Satan, un serpent autour des jambes, qui trône à l'extrémité du linteau, entouré de diables grimaçants. Il fait pendant au Christ assis dans une gloire en amande, entre les symboles des quatre évangélistes.

Les autres sculptures extérieures

Au-dessus du portail, à gauche, sont encastrées des dalles sculptées représentant dans un style naïf la scène de l'Adoration des mages (pl. 78). D'une part, les trois rois, sous de petites arcades en plein cintre, apportent les présents. De l'autre, disposée perpendiculairement sur le côté du contrefort, une Vierge en majesté, l'Enfant Jésus sur les genoux, s'inscrit dans une autre arcade, de plus grande taille. La qualité de ces figures à la frontalité rigoureuse, n'est guère meilleure que celle des personnages du tympan.

Mais, quittons enfin le domaine de l'art populaire et rustique, pour retrouver la grande sculpture romane avec le haut relief de la Vierge en majesté remployé dans le mur au-dessus de la porte du croisillon Sud (pl. 79). Marie, assise dans un large fauteuil, porte sur les genoux son Fils dont la tête, sans doute mutilée, a été retaillée par une main bien malhabile. Cette œuvre est la réplique exacte dans la pierre des Vierges de style auvergnat sculptées dans le bois, et elle en constitue même un exemplaire très rare, sinon unique. Pour Jacques Bousquet, elle est «l'une des plus belles que nous connaissons dans ce style, au voisinage des chapiteaux de Mozat». On ne peut qu'admirer, en effet, le visage de Marie, tout empreint de noblesse et de gravité, ses mains aux doigts effilés ou le plissé stylisé de sa robe. La Vierge en majesté se loge sous une arcade en plein cintre ornée d'une grecque et retombant sur des colonnettes aux chapiteaux finement ouvragés : à droite, des palmettes disposées tête-bêche, à gauche un réseau d'entrelacs à perpétuel retour. Enfin, le soleil et la lune garnissent les écoinçons.

Au sommet de cette façade du croisillon méridional, les modillons eux aussi sont de bonne facture. On y reconnaît les quatre symboles des évangélistes, des animaux, et, à l'angle, un beau centaure-archer dont la flèche est venue se planter dans le dos d'un animal, lui-même en train d'en dévorer un autre (pl. 81).

BIBLIOGRAPHIE

- B. de Gaulejac, «Espalion. Église de Perse», dans *Congrès archéologique de France. Figeac, Cahors et Rodez, 1937,* p. 445-459.
- J. Bousquet, *La sculpture à Conques aux XIe et XIIe siècles,* Lille, 1973, t. 2, p. 741-744.

DIMENSIONS DE L'ÉGLISE DE PERSE

Longueur totale dans œuvre : 35 m 10.
Largeur de la nef : 5 m 50.
Longueur de la nef : 12 m 20.
Hauteur de la voûte de la nef : environ 10 m.
Profondeur de l'abside : 8 m 40.
Largeur de l'abside : 5 m 70.
Profondeur des chapelles absidales : environ 3 m 35.
Largeur des chapelles absidales : environ 2 m 40.
Hauteur de l'abside : environ 8 m 60.
Longueur du transept Nord et Sud : environ 5 m 70.
Largeur du transept Nord et Sud : environ 5 m 50.
Largeur de la croisée du transept : 4 m 40.
Hauteur de la voûte du transept : environ 6 m 10.
Largeur des passages entre le chœur et les absidioles Nord et Sud : 0 m 77.
Hauteur du passage Sud : 2 m 55.
Hauteur du passage Nord : 2 m 60.
Largeur du portail Sud : 5 m 40.
Largeur du tympan : 2 m 44.
Hauteur du tympan : 1 m 43.

ACCÈS

On quittera Espalion par la D.587, sur la rive droite du Lot; 1 km avant Saint-Côme, à droite, une allée de platanes mène directement au hameau de Lévinhac. De l'ancienne église romane, il ne subsiste plus que ce portail, solitaire et comme insolite, près d'une grande demeure de style néoclassique.

3 PORTAIL DE L'ANCIENNE ÉGLISE SAINT-JEAN-BAPTISTE DE LÉVINHAC (COMMUNE DE SAINT-CÔME D'OLT, CANTON D'ESPALION)

Dès 1028, l'abbaye bénédictine d'Aniane en Languedoc prenait possession de Saint-Jean-Baptiste de Lévinhac, contrôlant ainsi le gué sur le Lot emprunté par les troupeaux transhumant vers l'Aubrac. En 1209, d'ailleurs, le prieuré était cédé à la dômerie d'Aubrac. A l'exception du portail, l'église romane fut démolie de fond en comble par le sénateur Casimir Mayran, en 1852, pour utiliser les matériaux dans la construction de sa demeure.

Le portail, pris dans un massif de maçonnerie autrefois en saillie sur le mur de la nef, est particulièrement soigné. Trois colonnettes latérales portent les voussures en plein cintre de l'archivolte, ornées de divers motifs dont une suite de petits lions, la queue entre les jambes, copiés sur les étoffes d'origine orientale.

Sous une corniche à billettes, confondue avec leurs tailloirs, les chapiteaux de ces colonnettes présentent des feuilles stylisées, des oiseaux pris dans des liens ou encore le thème de l'homme mordu à la tête par des serpents. A gauche, le chapiteau central surtout mérite l'attention : au-dessus d'entrelacs noués en croissants, alterne une série de visages, trois d'homme et deux de femme, avec chacun une grosse coquille Saint-Jacques suspendue au cou. Le sculpteur a voulu sans doute évoquer les pèlerins de Compostelle qu'il voyait passer ici, en route vers Conques. La scène à personnages représentée sur le chapiteau suivant, en revanche, paraît bien difficile à interpréter.

Le tympan, lui, demeure encore plus énigmatique (pl. 86). Il juxtapose une série de panneaux sculptés disparates et de qualité très inégale, mêlant thèmes figuratifs et décor abstrait. Ce véritable puzzle est le résultat d'un montage, réalisé dès l'époque romane probablement, autour du bas-relief central. Là, deux anges debout sur de petits nuages présentent un médaillon circulaire sur lequel se devine un chrisme. Leurs visages sont malheureusement abîmés, mais on peut encore admirer le drapé savant de leurs vêtements aux galons brodés, ainsi que la justesse des gestes et des attitudes.

Ces très belles figures, qui ne seraient pas indignes du «Maître du tympan» de Conques, contrastent violemment avec les deux panneaux qui les encadrent : à gauche des cercles d'entrelacs perlés, à droite une gueule de lion avalant un petit personnage qui nous ramène au niveau des dessins d'enfant. Il ne s'agit plus ici de bas-reliefs, mais seulement de motifs taillés en réserve. En dessous, le linteau a été fortement échancré pour y encastrer l'extrémité du bloc portant les anges. Il s'orne de deux rosaces symétriques, à base de boucles d'entrelacs d'un côté, d'étoiles de l'autre.

Il ne faut pas quitter Lévinhac sans aller voir une croix de chemin en fer forgé, à peu de distance du portail, vers la droite, dont le socle est fait de deux demi-corbeilles renversées et accolées. D'après leur taille, elles devaient se situer aux retombées des arcs-doubleaux des voûtes de la nef, dans l'église disparue. On y reconnaît des rinceaux ondulés donnant naissance à des palmettes, des denticules, et sur le côté de l'un d'eux, une croix de Saint-André inscrite dans un cercle.

Dimensions du tympan

Largeur totale : 4 m 80.
Hauteur : 2 m 50.

ACCÈS

Depuis Espalion, il faut suivre la D. 120 en direction d'Estaing pendant 5 km environ avant de prendre, à droite, une route étroite qui serpente à flanc de coteaux. On aperçoit bientôt, sur la gauche, le modeste village de Vinnac, et un peu en contrebas, l'église Saint-Blaise accolée à son presbytère du XVIIIe *siècle. La terrasse qui les précède, au Midi, constitue un véritable belvédère ouvrant sur le paysage grandiose de la vallée du Lot et de l'Espalionnais.*

4 VINNAC (COMMUNE ET CANTON D'ESTAING)

Histoire

Certes, Vinnac est cité dès 961 dans un testament du comte de Rodez, mais nous ne savons rien sur les origines de l'église romane Saint-Blaise. Sa construction, comme semble l'indiquer le style décadent des chapiteaux, se place probablement à une époque tardive dans le XIIe siècle.

Bâtie dans un beau calcaire jaune vif, elle ne comportait à l'origine qu'une nef unique terminée par un chevet à pans coupés. On l'agrandit par la suite en élevant les chapelles latérales, au XVIe siècle d'abord, puis au XIXe siècle, en même temps que la sacristie. Le jeudi saint de l'année 1616, un incendie causa de graves dommages à l'édifice, détruisant en outre le bras-reliquaire de saint Blaise et diverses pièces d'orfèvrerie qui y étaient conservées. Après le sinistre, le clocher quadrangulaire, au-dessus de l'arc triomphal, fit l'objet d'une reconstruction complète. Les baies furent toutes remaniées au siècle dernier, mise à part l'étroite fenêtre d'axe de l'abside. Et en 1838, un curé de Vinnac crut bon de supprimer la rosace placée au-dessus du portail, sous un grand arc de décharge encore partiellement visible, pour la remplacer par une simple fenêtre.

Le portail

En saillie sur le mur méridional de la nef, le portail offre une très belle ordonnance (pl. 87). Il apparaît, en fait, comme une réplique de celui de Lévinhac, à quelques kilomètres seulement en amont d'ici, dans la vallée du Lot, mais une réplique simplifiée. Ainsi, il ne possède pas de tympan et compte seulement deux colonnes au lieu de trois, de part et d'autre.

L'archivolte, en plein cintre, se divise en deux grosses voussures cylindriques, séparées par une autre garnie de billettes, motif qui couvre aussi les tailloirs des chapiteaux et se prolonge même sur le linteau de la porte. Les chapiteaux qui surmontent les colonnettes engagées, à la retombée des voussures, présentent dans leur épannelage, comme dans leur ornementation, cette dualité si fréquente dans les églises romanes du Rouergue. Les deux corbeilles internes de type «cubique», et dont le décor fait appel aux rubans d'entrelacs, s'opposent en effet aux deux autres, de forme classique et couvertes de feuilles nervurées.

Sur le chapiteau interne, à droite, une chaîne de cercles entrelacés ceinture le bas de la corbeille. La séparation avec le registre supérieur se fait par de petits festons surmontés de fleurons et, sous le tailloir, de six minuscules têtes animales, des chats peut-être. En face, le chapiteau de gauche voit la superposition de boucles de rubans perlés, et d'une suite de masques traités avec réalisme, alternativement masculins et féminins (pl. 91). Les hommes, aux yeux globuleux, sont reconnaissables à leur barbe, les femmes à leurs tresses de cheveux encadrant le visage. Suivant leur emplacement, ces têtes remplissent les fonctions de volutes d'angle ou bien de rosette centrale. Visiblement, le sculpteur de Vinnac est allé chercher comme modèle un chapiteau, presque similaire, de Lévinhac.

Au-dessus du portail, la corniche moulurée de l'auvent repose sur six modillons (pl. 90) dont l'un porte la petite sirène à double queue des chapiteaux de Conques (pl. 26) ou de celui de Saint-Pierre de Bessuéjouls (pl. 74). Les modillons sculptés du mur méridional de la nef et du chevet présentent eux aussi des thèmes traditionnels en Rouergue : aigle, taureau et lion, symbolisant les évangélistes, ainsi qu'un saint Michel terrassant le dragon et des anges porteurs de livre, d'une stylisation étonnante (pl. 89).

La Vierge en majesté

A l'entrée de l'église, un bas-relief de forme rectangulaire, posé sur le bénitier, représente la Vierge à l'Enfant (pl. 92). La mère du Christ couronnée, assise dans un fauteuil dont on aperçoit les quatre pieds, tient sur ses genoux son Fils bénissant, un livre à la main gauche. La facture, notamment la manière de traiter les visages, est assez grossière et malhabile. Alors que la tête et le buste du Christ accusent une rigoureuse frontalité, le bas du corps est représenté de profil, par

exemple. Nous voici bien loin de la magnifique Vierge en majesté du croisillon Sud de l'église de Perse! Mais à Vinnac, il faut noter la présence, exceptionnelle, du donateur offrant à Marie un fruit rond, en bas à gauche. Le tout s'inscrit dans une grande arcade qui retombe sur des colonnettes à chapiteaux, à l'intérieur d'une architecture incontestablement romane avec de petites fenêtres en plein cintre et des créneaux.

Les chapiteaux intérieurs

Tout comme ceux du portail, les chapiteaux de la nef, disposés sur des consoles rondes, attestent la continuité du style à entrelacs, malgré une dégénérescence évidente, dans la deuxième moitié du XIIe siècle.

Ainsi, deux lions dressés aux angles de la corbeille agrippent le nœud de ruban perlé qui les sépare. Ailleurs, un personnage vêtu d'une longue robe, au visage terminé par une barbe de patriarche, tend les mains pour saisir de part et d'autre une tige à trois brins. Celle-ci s'épanouit vers le haut en larges palmettes d'angle surmontant un nœud circulaire d'entrelacs. Deux figures identiques, mais appuyées sur un bâton, garnissent les côtés.

Ces œuvres naïves, très proches de l'art populaire, apparaissent comme les témoins d'une décadence; et ceci moins d'un siècle peut-être après l'apparition de la grande sculpture romane de l'autre côté de la vallée du Lot, dans la chapelle haute de Saint-Pierre de Bessuéjouls.

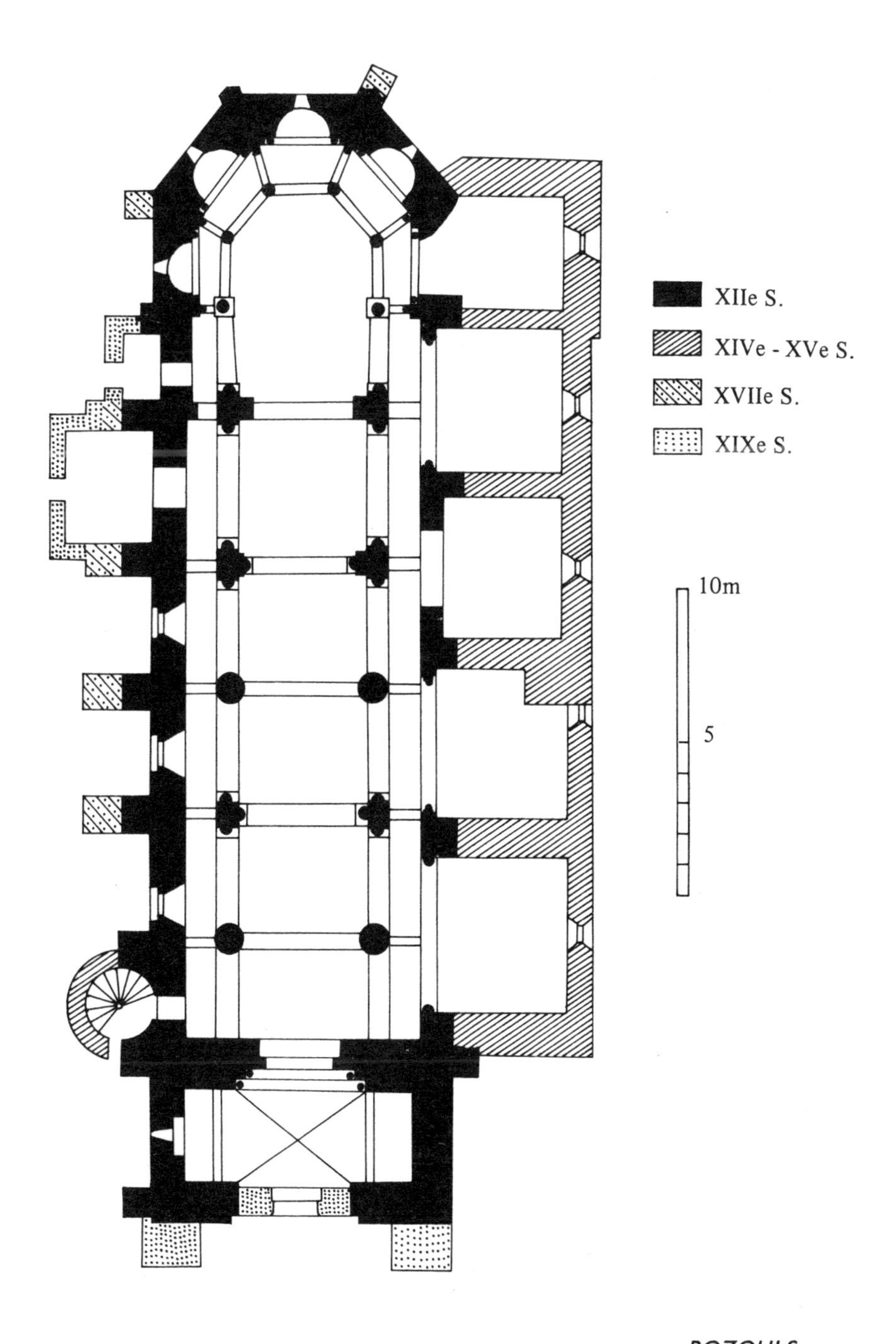

BOZOULS

5 BOZOULS

A cet endroit, le Dourdou, modeste affluent du Lot, a scié sur plus de 1 km les assises de calcaire du lias pour encaisser son méandre à une soixantaine de mètres en dessous de la surface du causse Comtal. Le cañon, ou «trou de Bozouls», en forme de fer à cheval, a isolé un promontoire étroit cerné de falaises, accessible seulement à partir du Sud (pl. 93).

Le village, étiré sur l'éperon au-dessus de l'abîme, occupait ainsi un remarquable site défensif. Et ce quartier de Bozouls s'appelle toujours «le Château», en souvenir de la forteresse construite ici par les comtes de Rodez, et dont il ne reste rien. Mais, près du cimetière, un mur fait de blocs énormes parfaitement appareillés, visible sur une cinquantaine de mètres de longueur, barrait l'entrée de l'éperon. Cette très belle maçonnerie, à l'allure cyclopéenne, n'est pas sans rappeler certaines fortifications antiques.

Au-delà, l'exiguïté de la terrasse rocheuse constituait un handicap et, très tôt sans doute, l'extension de l'agglomération se fit hors les murs, dans le quartier du Pont au fond de la vallée, et, surtout, sur le plateau de la rive droite où s'est développé le bourg actuel, entre le «Trou» et la route nationale.

L'église romane, dédiée, à sainte Fauste, s'est implantée à l'extrémité du vieux Bozouls et son chevet repose sur le rebord même de la falaise (pl. 93). Elle se trouve à peu près désaffectée depuis la construction en 1962 d'une église neuve, de l'autre côté du ravin.

A quelques mètres d'elle seulement, au Nord, la chapelle du Saint-Esprit, aujourd'hui propriété privée, est en réalité constituée de deux édifices distincts : d'une part, le chœur quadrangulaire d'une chapelle préromane avec un arc triomphal légèrement outrepassé, maintenant muré, et, dans son prolongement, une bâtisse du XIIIe ou du XIVe siècle terminée, elle aussi, par un mur plat, au-dessus du vide.

Historique

Les données historiques concernant l'église Sainte-Fauste sont peu nombreuses et fragmentaires. Le prieuré qui dépendait primitivement de Saint-Amans de Rodez, fut donné en 1079 à l'abbaye Saint-Victor de Marseille en même temps qu'un certain nombre d'églises de la région, rattachées elles aussi au monastère ruthénois. La donation est confirmée en 1120 par l'évêque de Rodez, Adhémar. Pourtant, vingt ans plus tard, les moines marseillais se voient contraints de renoncer à leur prieuré au profit du chapitre de la cathédrale. Et, après une tentative de retour en force en 1162, ils durent l'abandonner définitivement.

On peut penser que Sainte-Fauste, dans sa plus grande partie, a été édifiée par les victorins après leur installation, en remplacement sans doute d'une église plus ancienne dont subsistent quelques éléments de marbre, linteau, colonnes et chapiteaux.

L'étage haut du clocher date du XIVe siècle. Au cours des deux siècles suivants, une suite de chapelles latérales vient se greffer sur le côté méridional de l'édifice roman, auquel elles s'intègrent fort mal. Ces implantations malheureuses ont sans nul doute affecté la stabilité de l'ensemble, provoquant notamment cet écartement des piliers vers le haut, assez impressionnant pour le visiteur qui pénètre dans la nef (pl. 98). Le contrebutement des poussées des voûtes ne pouvant plus s'exécuter par l'intermédiaire des contreforts, un système d'arcs-boutants a été mis en œuvre au début du XVIIe siècle. Et divers travaux de consolidation seront progressivement réalisés pour sauver l'église de la ruine : surélévation des murs goutterots, dépose complète de la pesante toiture de lauses remplacées par des ardoises, et peut-être reconstruction des voûtes de la nef. En 1783 encore, des réparations urgentes ont lieu, en particulier l'exécution des deux puissants contreforts venant contrebuter la façade occidentale du clocher.

Ainsi, les structures romanes de l'église se trouvent en grande partie dénaturées, du moins extérieurement.

Le linteau et les éléments en marbre

Ce petit linteau en bâtière (120 cm × 40 cm) dont l'existence fut signalée pour la première fois en 1937 par B. de Gaulejac, se trouve actuellement déposé dans l'église neuve de Bozouls (pl. 99). Son emplacement originel demeure inconnu, mais ses dimensions paraissent insuffisantes pour qu'il ait eu sa place au portail de l'édifice roman actuel.

Il retient l'attention autant par l'originalité de son décor que par le matériau dans lequel il est taillé. Il s'agit, en effet, non du grès ou du

calcaire, mais d'un marbre blanc de forme dolomitique extrait des carrières de Saint-Béat, dans les Pyrénées. Nous avons donc là, sans doute, une œuvre d'importation. L'origine pyrénéenne du matériau n'interdit d'ailleurs pas de supposer que le linteau soit un remploi de marbre antique. On songe alors à l'atelier narbonnais qui avait livré l'autel (pl. 145) et les chapiteaux de marbre à entrelacs de la cathédrale de Rodez (pl. 143 et 144). Outre l'entrelacs et la palmette, un petit détail d'ornementation paraît confirmer cette provenance. L'ensemble de la composition est encadré par un cordon formé de grains alternativement ronds et losangés, motif dérivé de l'art antique qui se retrouve identique sur la bordure externe des tables d'autel de Rodez ou de Quarante (Hérault). L'étude stylistique du linteau fait apparaître encore d'autres parentés qui ne peuvent pas être de simples coïncidences. A l'intérieur du cadre perlé, quatre rubans à triple brin issus, à chaque extrémité, de deux bouquets de feuillages tracent une série de cercles enlacés. Ces derniers, au nombre de neuf, sont de taille décroissante de part et d'autre du cercle central, suivant la forme en bâtière. Chacun d'eux, recoupé en son milieu par les entrelacs, se trouve partagé en quatre quartiers. Deux types de motifs floraux garnissent les intervalles : soit la palmette symétrique, soit la petite fleur de lis si fréquente entre les lobes des tables d'autel narbonnaises ou sur les tailloirs de l'église de Saint-Pierre de Rodes, en Catalogne. Ces ornements se détachent en très faible relief du fond plat. Ils sont traités selon le procédé de la taille «en gouttière», et l'on peut observer, à la base du fleuron, le même petit trou foré au trépan qui caractérise les feuilles du linteau de Saint-Genis-des-Fontaines, en Roussillon. L'identité de la technique s'ajoutant à celle des thèmes et du matériau, permet d'affirmer que nous nous trouvons bien en présence d'une œuvre de marbrier septimanien.

Mais ce décor serait en somme assez courant pour le XIe siècle, si le cercle central ne renfermait une étrange figure humaine, aux traits à peine esquissés sous une sorte de calotte de cheveux, les bras rigoureusement horizontaux terminés par des mains ouvertes, paumes en avant. Le bas du corps a été malheureusement mutilé par une cassure de la pierre, mais on distingue encore le pied droit posé sur le ruban inférieur. Ce personnage renferme tout un symbolisme témoignant, malgré l'absence du nimbe traditionnel, qu'il s'agit sans doute du Christ. Superposé à deux rubans qui se croisent en X, il reproduit exactement le chrisme, complété par le bras horizontal de la croix et inscrit dans un cercle. Ce type de chrisme se retrouve dans le Rouergue méridional aux tympans des églises de Coupiac (pl. 140) et de Plaisance (pl. 141). Certes, la présence de Jésus crucifié peut paraître insolite dans l'iconographie de cette époque. Pourtant Paul Mesplé a démontré à ce sujet, l'équivalence qui existait alors entre le chrisme et la représentation même du Christ. Et, citant les linteaux de Saint-Genis-des-Fontaines ou de Saint-André de Sorède, il précise : «Alors que plus à l'Ouest, on se bornait à tracer sur le linteau le sigle symbolisant le Christ, commencement de toutes choses, les prêtres du Roussillon faisaient parler le symbole aux yeux en produisant l'image même du Christ». C'est ce même sentiment qui a certainement inspiré l'auteur du linteau de Bozouls.

Il est même possible d'y déceler une seconde signification symbo-

lique, celle de l'Arbre de Vie. Les quatre rubans d'entrelacs qui courent sur le linteau, semblent en effet prendre naissance dans le corps même du Christ, au centre de la composition, avant de s'épanouir en feuillages stylisés. De la même façon, sur le tympan de l'église portugaise de São Pedro de Aguias (*Portugal roman,* I, pl. 57), les entrelacs sont issus des quatre extrémités de la croix qu'ils entourent.

Chronologiquement, ce linteau de Bozouls ne peut se trouver très éloigné de ceux du Roussillon, datés du premier quart du XIe siècle. Par ailleurs, il est à rapprocher d'une série de fûts de colonne et des deux chapiteaux de l'arc triomphal, à l'entrée de la travée droite du chœur, taillés dans un marbre blanc de même composition et de même provenance que celui du linteau. Il s'agit bien de remplois : les chapiteaux ont été bûchés et amputés pour s'ajuster au diamètre, plus étroit des colonnes. Ils laissent deviner un décor sans grand caractère, fait d'une rangée de feuilles lisses surmontées de palmes nervurées. Nous voici donc en présence de témoins d'un édifice antérieur, sans doute, à la prise de possession de Bozouls par Saint-Victor de Marseille en 1079.

Visite intérieure

Bien que dépourvu de transept, le plan de Sainte-Fauste s'inspire visiblement de celui de l'abbatiale de Conques. Il comprend une nef de cinq travées à bas-côtés (pl. 98), un chœur entouré d'un déambulatoire dans le prolongement des étroits collatéraux de la nef, et sur lequel s'ouvrent cinq chapelles rayonnantes. On observe un certain nombre d'irrégularités dans le plan; en particulier, les axes de symétrie du clocher, de la nef, du chœur et de la chapelle d'axe ne sont pas les mêmes, ni parallèles entre eux.

A ces irrégularités, s'ajoute une grande variété dans les matériaux utilisés, entraînant à son tour l'application de différentes techniques de construction. L'appareil à assises régulières de pierres de taille, soit en calcaire, soit en grès rouge ou gris, plus rarement jaune, voisine avec les murs en moellons équarris de calcaire. Quelques marques de tâcherons, des lettres surtout, apparaissent sur les pierres de taille en grès rouge.

Cinq arcades, à double rouleau, délimitent le chœur éclairé, en dessus, par trois grandes fenêtres en plein cintre. Cette architecture austère, mais d'une grande pureté, est égayée par un ensemble de chapiteaux à motifs exclusivement végétaux, de bonne facture. On y retrouve, selon les modèles conquois, les collerettes de feuilles lisses à bec, parfois refendues, ou bien portant des boules à leur extrémité. Les grosses corbeilles, de la colonnade du chœur, échancrées en V selon une formule largement utilisée en Rouergue, ont été tirés de blocs de grès de même provenance et d'une couleur nuancée, passant du gris au rouge.

Le déambulatoire, voûté en berceau, épouse la forme polygonale de l'abside. Autour, cinq chapelles rayonnantes, de dimensions modestes, présentent la particularité d'être prises dans l'épaisseur du mur du chevet. Il s'agit, en fait, de véritables niches. Un rapprochement s'impose à ce sujet avec l'église de Palmas, dans le voisinage, et plus encore avec Notre-Dame de l'Espinasse à Millau, une autre construc-

tion des moines de Saint-Victor de Marseille, dont les pans du chevet se creusent ainsi de petites absidioles. Celles-ci sont séparées par des colonnes engagées, coupées à mi-hauteur comme dans le déambulatoire de Sainte-Fauste, par un cordon qui court tout le long de l'abside.

Les hautes arcades à double rouleau de la nef ouvrent sur des collatéraux extrêmement étroits. L'alternance des supports recevant les arcs-doubleaux de la voûte, destinée à rompre la monotonie dans le vaisseau central, et qui existe aussi à Conques ou à Saint-Amans de Rodez, s'exprime ici de manière originale. Dans les quatre premières travées, il s'agit successivement de piles cylindriques et de piliers à colonnes engagées. La cinquième travée, elle, est plus longue que les précédentes et ses quatre piliers sont plus forts, comme pour supporter un voûtement autre que le berceau actuel, une coupole peut-être, surmontée d'une tour-lanterne. Et le plan carré de cette travée laisse supposer qu'elle fut initialement conçue comme la croisée d'un transept dont les bras n'ont jamais été construits.

A l'intérieur de la nef, les chapiteaux se disposent soit à la retombée des doubleaux, soit au sommet des piles cylindriques où trois demi-corbeilles se regroupent alors sous un tailloir commun, de forme cruciforme. Ils présentent une parenté de style évidente avec ceux du chœur. Mais, aux feuilles lisses en bec, s'ajoute sur la troisième pile méridionale un décor original fait de lanières enroulées à leur extrémité, à la manière de copeaux de bois. Ce motif peu commun dans la grammaire décorative romane reparaît sur des chapiteaux de l'église du Cambon, dans l'Espalionnais. Son origine, une fois de plus, est à rechercher à Conques, au cloître de l'abbé Bégon, qui a livré un fragment de tailloir en calcaire gris portant des copeaux identiques.

La figure humaine fait son apparition sur certaines corbeilles de la nef, surtout sous la forme de masque en remplacement de la rosette centrale. Dans tous les cas, on constate que le sculpteur a fait preuve de beaucoup plus de maladresse que dans le traitement des motifs purement ornementaux. Ainsi, une tête assez caricaturale avec sa longue barbe à double pointe, et encadrée par deux animaux (chiens ou renards) (pl. 96), émerge au-dessus des feuilles stylisées enserrant la corbeille Sud-Est de la deuxième travée de la nef. Sur celle d'en face, le mot RUSTICUS est gravé au-dessus d'une tête bien naïve, les lèvres retroussées comme pour «montrer les dents». L'auteur a-t-il voulu ainsi signer son œuvre, ou bien désigner le campagnard, le paysan ? Plus loin, l'homme à barbe bifide, mais représenté en buste sur toute la hauteur de la corbeille, la bouche grande ouverte, écarte ses bras dans l'attitude de l'orant. Ce type de personnage se retrouve aussi sur des chapiteaux du Cambon, et, dans les deux cas, il s'agit sans doute du même sculpteur.

Signalons, enfin, à la retombée Sud du deuxième doubleau, des aigles adossés dont le corps vient souligner harmonieusement le profil de la corbeille, l'un des thèmes de prédilection des artistes conquois.

(suite à la p. 315)

TABLE DES PLANCHES

78

80

81

83

84

85

LEVINHAC ▶

VINNAC

89

90

BOZOULS ▶

93

96

97

99

SAINTE-EULALIE D'OLT

101

102

104

LE CAMBON

105

107

108

ESTABLES

112

CAYSSAC 114

CANAC ▶

Comme à Saint-Pierre de Bessuéjouls ou à Saint-Grégoire, on a choisi ici la formule archaïsante du clocher-porche occidental, établi sur toute la largeur de la nef et des bas-côtés. L'accès se fait uniquement aujourd'hui par le portail de la façade Ouest qui ne date que de 1817. Mais le porche s'ouvrait aussi sur ses faces latérales, selon la disposition habituelle, puisque nous remarquons une arcade, maintenant murée, sur la paroi Nord. Celle du Sud s'est vu masquée à son tour par la construction d'un enfeu, surmonté d'une grande baie du XVIe siècle. La partie centrale est couverte d'une voûte sur croisée d'ogives à profil carré, comme à Bessuéjouls, retombant sur des culots.

Le portail d'entrée de l'église, quelque peu modifié en 1817, ne comprend pas de tympan, mais ses voussures retombent sur quatre colonnettes à chapiteaux historiés, l'ensemble se trouvant taillé dans un grès de couleur rouge violacé (pl. 95). A gauche, la première corbeille est consacrée à la luxure incarnée par une femme à la poitrine dénudée et mordue par des crapauds. A côté, le sculpteur a servilement recopié l'ange porteur de banderole, signé BERNARDUS, à la fenêtre haute du croisillon Sud de Sainte-Foy de Conques, mais en y ajoutant pour combler les vides, des petites rosettes empruntées, elles, au chapiteau voisin, celui de la sirène à double queue. De même, le tailloir au-dessus de cette corbeille, qui porte sur un fond de billettes deux têtes d'ange «cravatées» d'ailes, n'est que la copie fidèle d'un tailloir de l'enfeu de Bégon, à Conques.

A Bozouls, l'ange à la banderole s'intègre dans une représentation de l'Annonciation qui vient s'opposer au thème de la Luxure, à proximité (pl. 94). L'inscription : NE TIMEAS MARIA INVENISTI GRATIAM APUD DEUM (Ne crains pas, Marie, tu as trouvé grâce auprès de Dieu), reproduisant un verset de saint Luc (1,30), est gravée sur le phylactère. La Vierge, pour sa part, a pris place sur le piédroit de la porte, les mains croisées sur la poitrine, à l'intérieur d'une petite arcade en plein cintre. On y devine, à droite, les mots : ECCE ANC(ILLA DOMINI) (Voici la servante du Seigneur).

Toutes ces figures révèlent une exécution fort malhabile et très inférieure à celle des œuvres similaires de l'atelier de Bégon, à Conques. Le plissé de la robe de la Vierge, pour prendre cet exemple, se réduit ici à une série de stries parallèles. A vrai dire, la mauvaise qualité du grès, sa tendance à s'effriter, ne font qu'accentuer encore les déficiences de la facture. Pour cette double raison, les chapiteaux des colonnes de droite du portail sont particulièrement difficiles à déchiffrer. Faut-il reconnaître Adam et Ève dans les deux personnages qui en encadrent un troisième, nimbé, à l'angle de la corbeille? Et un saint Michel terrassant le dragon, ensuite?

Au-dessus de ce porche, le premier étage constitue une véritable chapelle haute, avec une nef centrale séparée de ses bas-côtés par deux arcades retombant sur des colonnes. Mais celles du Nord demeurent seules en place. La colonne médiane, un fût monolithe de 1 m 57 de hauteur, taillé dans un calcaire cristallisé très dur, est remarquable. Les chapiteaux, de type ornemental, appartiennent au même style que ceux

de la nef ou du chœur. L'un d'eux, toutefois, fait exception et doit être rapproché des sculptures du porche : sur un fond d'imbrications, trois personnages debout, dont un joueur de viole, représentant peut-être les musiciens du roi David. La chapelle communique maintenant avec la nef par une très large baie en arc brisé, ouverte au XIVe siècle. Dans l'angle Nord-Ouest, un escalier donne accès aux deux derniers étages du clocher qui datent sans doute du XIVe siècle.

Le chevet

Si l'église Sainte-Fauste a été défigurée extérieurement par des adjonctions et des transformations successives, son chevet conserve, en grande partie du moins, l'aspect qu'il pouvait avoir au XIIe siècle. Du fait de son implantation audacieuse sur le rebord de la falaise, on ne peut l'apercevoir que depuis la terrasse aménagée au bas de la place du monument aux morts, de l'autre côté du Trou de Bozouls (pl. 93).

Les volumes à pans coupés du chœur et du déambulatoire sont exprimés avec la plus grande franchise. L'existence des chapelles rayonnantes, prises dans l'épaisseur du mur, se révèle seulement par leurs fenêtres d'axe. Elles sont en effet incluses dans un épais massif, soigneusement appareillé, qui se termine par une corniche décorée de petits arcs évoquant le décor mural des «bandes lombardes». Il faut aussi noter la présence, sur les trois pans de ce massif, de niches à fond plat, aujourd'hui murées avec des moellons, qui ne descendent pas en dessous du sol intérieur de l'église. il ne s'agit donc pas de baies d'éclairage; et ces niches ne peuvent apporter la preuve de l'existence d'une crypte, comme il l'a été supposé. Il est intéressant de les rapprocher de celles du chevet de l'église Saint-Pierre de Nant (pl. 129) qui présente une disposition analogue.

Une série de contrebutements, établis après l'époque romane, vient quelque peu altérer l'ordonnance initiale du chevet. L'important massif maçonné servant de soubassement a fait l'objet, nous le savons, de travaux de consolidation au début du XVIIIe siècle. C'est à la même époque que les gros contreforts surmontés d'arcs-boutants ont été mis en place, afin de maintenir la voûte en cul-de-four de l'abside.

Les deux campagnes de travaux

L'étroitesse extrême des collatéraux, le rythme des baies indépendant de celui des travées, le désaxement des murs goutterots par rapport aux piliers de la nef, sont autant d'éléments attestant que ces murs sont les témoins d'une première église, à l'intérieur de laquelle aurait été édifiée postérieurement la nef de cinq travées que nous connaissons.

Des sondages pourraient sans doute le confirmer, mais il semble bien que la construction initiale comprenait une nef unique, de plus de 8 m de largeur, couverte d'une charpente apparente. Ce serait en somme la formule nef unique et chevet à absidioles-niches, utilisée déjà à Notre-Dame de l'Espinasse à Millau, au lendemain de sa donation à

Saint-Victor de Marseille en 1070. A Bozouls, rien ne s'oppose, semble-t-il à ce que cette première campagne de construction se place immédiatement après l'arrivée des victorins en 1079.

Le manque d'ampleur du déambulatoire, tout aussi sensible que dans les collatéraux, pourrait alors s'expliquer par la mise en œuvre, au cours d'une seconde campagne, de la partition de l'édifice à l'intérieur de l'enveloppe initiale. L'utilisation exclusive du grès rouge permet d'y rattacher les travaux d'achèvement du chœur, les travées de la nef, et, sans doute, le clocher-porche.

Les chapiteaux révèlent de la part de leurs auteurs une parfaite connaissance de la sculpture conquoise. Et les points de similitude relevés concernent essentiellement les productions de l'atelier dit de Bégon qui travailla au cloître et aux tribunes de l'abbatiale Sainte-Foy aux environs de 1107, l'année de la mort de l'abbé Bégon. ainsi cette seconde campagne de travaux à Sainte-Fauste, pendant laquelle les chapiteaux sont exécutés, pourrait se placer peu après la première décennie du XIIe siècle.

Le puissant rayonnement exercé par l'architecture, comme par la sculpture de Sainte-Foy de Conques, le désir aussi de mettre l'église au goût du jour, seraient à l'origine de ces transformations internes de Sainte-Fauste, à l'époque romane.

BIBLIOGRAPHIE

• B. de Gaulejac, «Bozouls», dans *Congrès archéologique de France. Figeac, Cahors et Rodez, en 1937*, p. 434.

• B. de Gaulejac, «Le linteau à entrelacs de l'église de Bozouls», dans *Bulletin monumental*, t. 99, 1940, p. 81-83.

• J.-C. Fau, «L'apparition de la figure humaine dans la sculpture du Rouergue et du Haut-Quercy au XIe siècle», dans *Congrès des Sociétés savantes, Montauban, 1972*, p. 130.

• J. Bousquet, *La sculpture à Conques aux XIe et XIIe siècles*, t. 2, p. 750-754, Lille, 1973.

• *Corpus des inscriptions de la France médiévale*, 9, p. 8, Paris, 1984.

DIMENSIONS DE SAINTE-FAUSTE DE BOZOULS

Longueur totale dans œuvre (y compris le clocher-porche) : 36 m.
Hauteur de la voûte de la nef : 12 m.
Largeur de la nef : 4 m 20.
Largeur d'un bas-côté : 1 m 20.
Largeur du déambulatoire : 1 m 20.
Profondeur des chapelles rayonnantes : 1 m 20.
Épaisseur des murs du chevet : 1 m 24.
Épaisseur des murs de la nef : 0 m 90.

6 SAINTE-EULALIE D'OLT (CANTON DE SAINT-GENIEZ D'OLT)

Sainte-Eulalie se situe sur la rive gauche du Lot, au fond d'un bassin fertile ouvert entre les monts d'Aubrac et le Causse. Ces régions, économiquement complémentaires, furent très tôt reliées entre elles selon des axes Nord-Sud, par des gués, puis des ponts sur la rivière. Ils ont permis le développement de deux localités voisines et rivales, qui conservent l'une et l'autre la vieille appellation du Lot, l'Olt : Saint-Geniez, la ville du comte de Rouergue, puis du roi de France, et Sainte-Eulalie, possession de l'évêque et du chapitre de Rodez.

Son église s'éleva au débouché du pont, sans doute d'origine romaine, emporté par les crues du Lot à une époque inconnue, mais dont on voit encore une pile au milieu de l'eau. Par là passait la Draye, l'une des grandes voies de transhumance entre la Montagne et le Causse. De par sa situation, Sainte-Eulalie fut appelée aussi à jouer un rôle stratégique important et la ville médiévale s'entoura de remparts. Aujourd'hui, une série de belles demeures à tourelles, des XVIe et XVIIe siècles pour la plupart, évoque la richesse perdue de cette petite cité commerçante, centre de fabrication des draps jusqu'au siècle dernier.

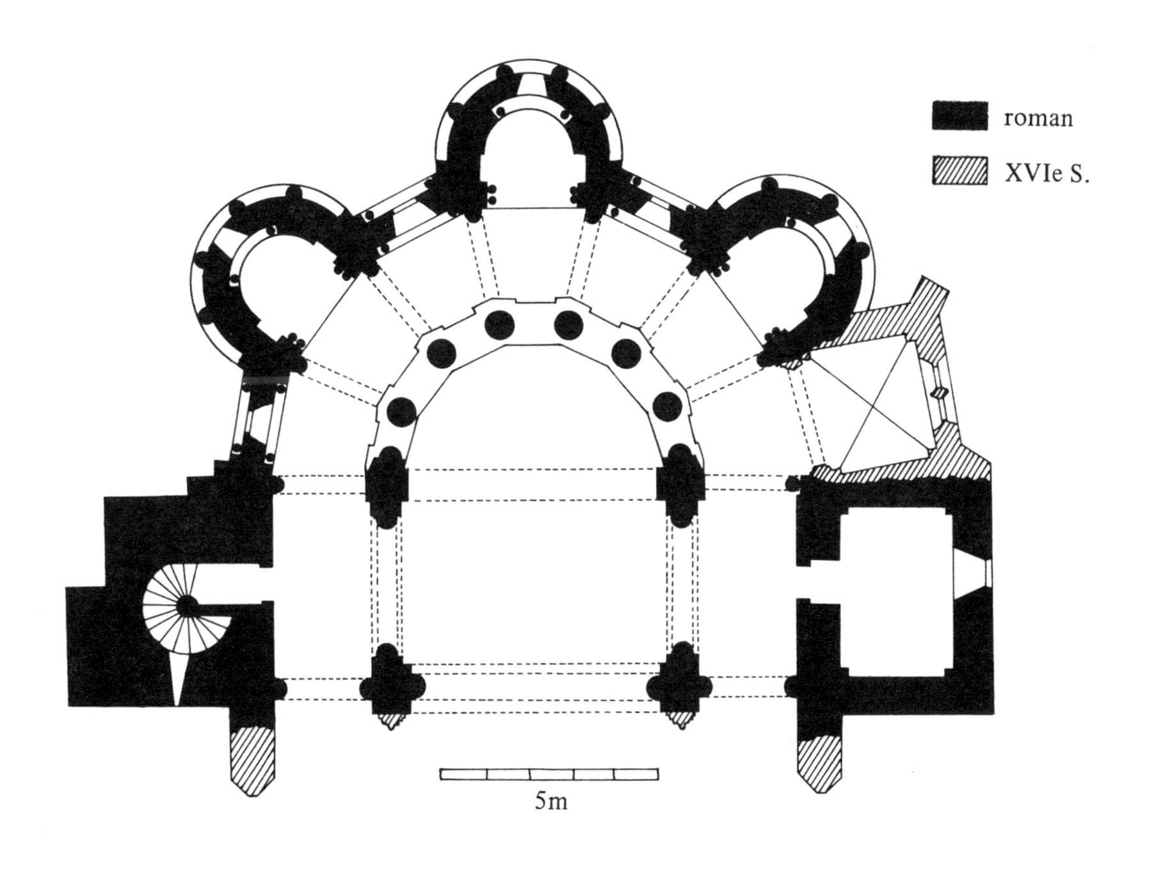

SAINTE-EULALIE D'OLT

Un document de 909 mentionne cette terre comme appartenant à l'évêque de Rodez. Elle devait demeurer en sa possession jusqu'en 1720, date à laquelle la seigneurie fut vendue à la famille de Curières de Castelnau dont une belle demeure Renaissance garde le souvenir dans le bourg. Entre-temps, la sollicitude épiscopale en faveur de Sainte-Eulalie n'a jamais fait défaut.

Aux environs de l'an mille déjà, une église était construite ici. C'est ce que révèlent les inscriptions d'une ancienne table d'autel, maintenant conservée dans la chapelle d'axe (pl. 100). Le dessus de cette épaisse dalle rectangulaire (96 cm × 70 cm), taillée dans le calcaire des carrières de Malescombes proches de Sainte-Eulalie, est plat, et ne présente pas le creusement «en évier» caractéristique des autels romans. Cinq croix de Saint-André y sont gravées, au centre et aux angles, et les inscriptions courent à l'intérieur d'un cadre, gravé lui aussi, sur tout le pourtour. On peut lire, à gauche et en haut : ALDEMARUS AC SI INDIGNUS SACERDUS AEDIFICAVIT HIC DOMUN DOMINI PRO ANIMA ODGERII ARKIDIACONI (Aldémar prêtre, bien qu'indigne, édifia ici la demeure du Seigneur pour l'âme de l'archidiacre Odger). En bas et à droite : DEUSDET EPISCOPUS DEDICAVIT HANC MENSAM VII IDUS MADII : ANNO AB INCARNACIONE DOMINI (blanc). UGONE SACERDOTE + RAINALDO LEVITA (L'évêque Deusdet dédia cette table le 7 des ides de mai, l'an de l'Incarnation du Seigneur... Hugues, prêtre + Raimond, lévite).

La première partie concerne donc l'édification d'un sanctuaire par Aldémar, en mémoire d'un archidiacre, le personnage le plus important du diocèse après l'évêque. La seconde relate la consécration de la table d'autel par l'évêque Deusdedit, assisté sans doute de Hugues et de Rainaud. L'année n'est pas précisée, mais cette cérémonie qui, vraisemblablement accompagna la bénédiction de la nouvelle église, a été dirigée par Deusdedit III qui occupa le siège épiscopal de Rodez de 961 à 1004 et fit ériger aussi la table d'autel en marbre conservée dans la cathédrale. L'étude paléographique permettrait de placer les inscriptions de l'autel de Sainte-Eulalie dans les toutes dernières années de son épiscopat, c'est-à-dire à une date proche de l'an mille.

Un siècle plus tard environ, l'édifice actuel est mis en chantier selon un programme architectural inspiré directement par Sainte-Foy de Conques dont il reprend le plan à déambulatoire et à chapelles rayonnantes. Mais le projet est peut-être trop ambitieux, et les travaux s'interrompent après la construction du chœur (pl. 102). La surélévation de ce dernier, dans un but défensif, intervient ultérieurement (pl. 103). Elle s'accompagne de la mise en place, au-dessus du déambulatoire et des bas-côtés, d'une galerie voûtée en berceau brisé sur doubleau, qui pourrait appartenir encore au XIIe siècle.

Lors d'une visite à Sainte-Eulalie d'Olt, en 1524, l'évêque de Rodez, François d'Estaing, ému de ce que l'église s'avérait «à peine suffisante pour contenir la moitié des paroissiens», décida d'entreprendre son agrandissement. Les deux travées de la nef ogivale et les bas-côtés, la chapelle logée entre la sacristie et l'absidiole méridionale,

la façade et son portail gothique, enfin, ne furent achevés que sous le successeur de François d'Estaing, le cardinal d'Armagnac, dont on reconnaît les armes au-dessus du porche d'entrée, à droite.

Le chevet roman

En débouchant sur la place, devant la façade et la nef du XVIe siècle dominées par la masse du chœur, lui-même coiffé de la tour trapue du clocher, rien ne permet de discerner une construction de l'époque romane.

Mais, contournons l'église pour admirer l'harmonieuse disposition de son chevet qui, lui, appartient à la partie de l'édifice réalisée en premier, au début du XIIe siècle (pl. 103). Au bas de la haute abside à pans coupés, aux allures de forteresse, viennent se greffer les volumes semi-cylindriques des trois chapelles rayonnantes. De même taille, elles sont séparées entre elles par une fenêtre en plein cintre percée dans le mur du déambulatoire, selon un agencement qui existe au chevet de l'abbatiale de Conques (pl. 9). Sur les colonnettes encadrant ces ouvertures, les chapiteaux portent un décor élégant, mais en très faible relief, composé de palmettes et de tiges à trois brins qui s'enroulent aux angles pour former des volutes en forme de coquille.

Chacune des chapelles correspond à un type d'abside qui connut une grande faveur dans un groupe d'églises romanes de la région, entre Lot et Aveyron, à Lapanouse, à Lavernhe, à Saint-Saturnin de Lenne, par exemple. Des colonnes engagées faisant office de contreforts viennent compartimenter et animer l'arrondi du mur. Elles prennent appui sur un soubassement en saillie, et montent jusqu'à la corniche du toit où leurs chapiteaux alternent avec des modillons à copeaux.

Visite intérieure

Intérieurement, la partie du XIIe siècle peut être considérée comme l'une des meilleures réussites de l'architecture romane en Rouergue. Et c'est ici que le rayonnement du modèle conquois s'est exercé avec le plus de force. Nous sommes en effet en présence d'une réplique réduite de Sainte-Foy dont le plan, comme l'élévation du chœur, ont été fidèlement reproduits, mais sur une bien plus petite échelle.

Après la travée droite, on retrouve les six fortes colonnes du rond-point, très rapprochées les unes des autres (pl. 102). Elles reposent sur un mur-bahut continu et se trouvent reliées entre elles par de petites arcades à double rouleau qui portent un mur plein sur une hauteur de 1 m environ. Au-dessus d'un cordon en saillie, une arcature dont les retombées se font sur de fines colonnettes, est plaquée contre la paroi. On constate, à ce niveau, une alternance entre les arcs aveugles, au nombre de deux, et les trois autres percés d'une baie en plein cintre. C'est exactement la même disposition que dans le chœur de Conques, mais avec un seul étage d'arcatures ici, au lieu de deux.

Partout, il faut le souligner, la stéréotomie atteint la perfection. Cependant, cette architecture si élaborée ne s'accompagne pas d'une

sculpture digne d'elle. Le décor des chapiteaux, des feuilles lisses à bec essentiellement, est d'une sobriété extrême. Il disparaît même complètement sur les gros chapiteaux en tronc de pyramide de la colonnade du chœur. Ici, les pans coupés de l'hémicycle ont déterminé l'échancrure en V des tailloirs et des corbeilles, à la façon d'un livre ouvert, échancrure caractéristique des églises du Rouergue oriental, mais inconnue à Conques.

Mais revenons à la belle ordonnance intérieure. Les six colonnes du chœur sont ceinturées par les sept travées tournantes du déambulatoire sur lequel ouvrent les trois chapelles rayonnantes (pl. 101), autant de nombre qui s'appliquent à ces mêmes parties de l'abbatiale Sainte-Foy.

D'autres influences, mineures à vrai dire, se sont exercées à Sainte-Eulalie. Ainsi, à l'entrée des chapelles, on retrouve les colonnes géminées de Saint-Pierre de Nant (pl. 131) et de plusieurs églises du Rouergue méridional. Et la colonne elle-même est divisée en deux par une bague épaisse dont on constate aussi la présence sur des fûts de Canac et de Verrières.

7 LE CAMBON
(COMMUNE DE CASTELNAU-DE-MANDAILLES, CANTON D'ESPALION)

On peut atteindre le hameau du Cambon, à 1 km environ au Nord de Mandailles, soit à partir de Saint-Geniez d'Olt par la D.19, puis la D.141 qui suit le plan d'eau du barrage de Castelnau-Lassouts sur le Lot, soit en sens inverse depuis Saint-Côme, par cette même D.19.

L'église Saint-Julien du Cambon, à côté de son vieux prieuré à tourelle, est installée sur un replat du versant. Il faut signaler, dans la dernière chapelle à droite, une belle pietà de pierre de la fin du Moyen Age, où la Vierge est accompagnée de sainte Catherine et de sainte Madeleine.

Historique

Nous ignorons tout sur les origines de ce prieuré et sur la construction de son église. Une tradition, rapportée par les anciens historiens du Rouergue, en ferait une possession des templiers de la commanderie d'Espalion au XIIe siècle; mais aucun document ne permet de la confirmer. Aux siècles suivants, Saint-Julien du Cambon était desservi par des prieurs séculiers à la nomination de l'évêque de Rodez, et constituait le centre d'une vaste paroisse qui, en 1349, comptait environ deux cents feux. Jusqu'au concordat, en effet, les églises des deux villages voisins, Castelnau et Mandailles, n'étaient que

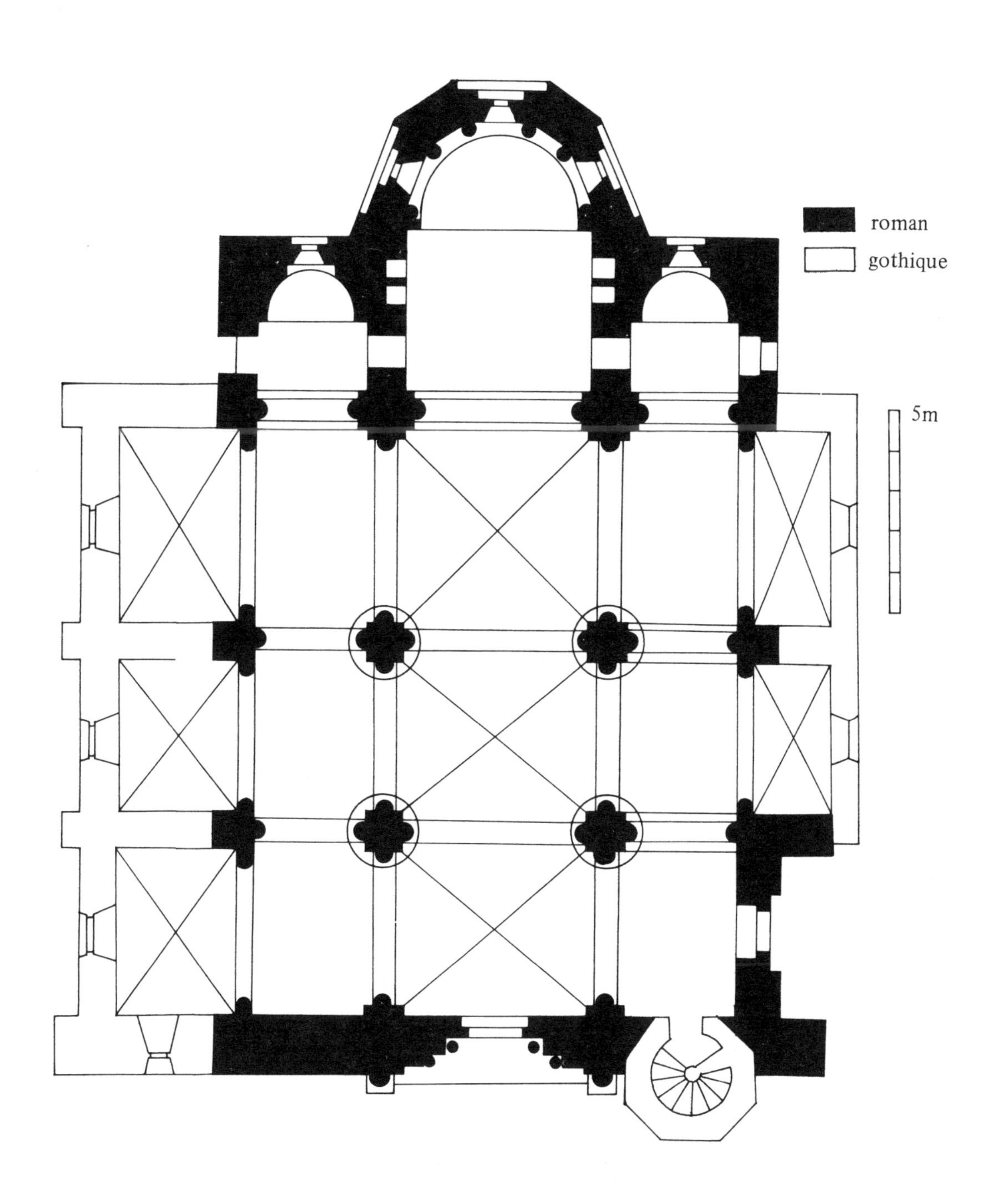

LE CAMBON
SAINT-JULIEN

de simples annexes de celle du Cambon, ce qui explique sans doute ses dimensions relativement importantes pour un édifice isolé.

Celui-ci fait partie de ce groupe d'églises rouergates pour lequel l'abbatiale de Conques servit de prototype et il ne saurait être antérieur au XIIe siècle. A la fin du Moyen Age, l'église romane à triple nef fit l'objet d'importants travaux d'agrandissement : trois chapelles latérales vinrent se greffer sur le bas-côté, au Nord, deux autres au Midi. La seconde chapelle, à droite, porte à sa clef de voûte les armes de Pierre de Chalençon, frère de l'évêque de Rodez, qui était prieur du Cambon en 1497. C'est probablement à la même époque que fut reconstruite, en croisées d'ogives, la voûte du vaisseau central.

Le portail occidental

Du fait même de ces remaniements, il est malaisé, en abordant Saint-Julien, d'en distinguer d'emblée les parties romanes (pl. 104). Pourtant, le portail percé dans la façade occidentale, par son ordonnance harmonieuse, par le style de ses chapiteaux à entrelacs, aussi, appartient à un modèle assez répandu dans l'Espalionnais au début du XIIe siècle (pl. 106). Il est à rapprocher plus particulièrement du portail de l'église de Cruéjouls (canton de Laissac).

Une voussure médiane, couverte d'un décor de billettes, en sépare deux autres, simplement moulurées, et prolongées vers le bas par les colonnettes latérales. L'arc interne retombe sur des consoles qui dessinent un décrochement en haut des jambages. De part et d'autre du portail, deux grosses colonnes engagées et couronnées par des chapiteaux plus tardifs, aujourd'hui sans fonction apparente, étaient peut-être destinés à soutenir un avant-porche.

Pour les chapiteaux, le sculpteur a fait appel à un décor couvrant à base d'entrelacs épanouis en palmettes dans le style de Sainte-Foy de Conques ou de Saint-Géraud d'Aurillac. Le chapiteau externe, à gauche, est garni de nœuds d'entrelacs en forte saillie, au contact de l'astragale, et de palmettes inscrites dans des motifs en forme de cœur. Cette belle ornementation a pour origine les trois masques humains qui, au-dessus, crachent les rubans à trois brins enroulés en torsade (pl. 105). Sur les chapiteaux internes, ornés de deux collerettes de palmettes issues de l'entrecroisement des entrelacs, un petit détail de facture, deux trous forés au trépan à la base de la palmette, se retrouve au portail de l'église de Cruéjouls.

A l'extérieur encore, deux chapiteaux en calcaire jaune supportent l'arc de décharge d'une fenêtre ouvrant sur le collatéral Sud. La forme cubique des corbeilles, la facture en méplat et, surtout, les motifs d'entrelacs «en boucle de ceinture» en font les homologues des deux chapiteaux externes du portail de l'église de Cruéjouls. Il faut y voir le travail d'un seul et même sculpteur.

L'intérieur

La nef apparaît comme une réplique réduite de celle de l'abbatiale de Conques. Et le bel appareil de calcaire jaune vif vient renforcer

encore cet air de famille. Les arcades en plein cintre qui séparent les trois travées du vaisseau central et les bas-côtés, retombent sur des piles à quatre colonnes engagées, assises elles-mêmes, comme à Conques, sur de puissants socles circulaires maçonnés (pl. 109). Par contre, le plan ne comportait pas de transept; la nef et ses collatéraux sont immédiatement suivis de l'abside et des deux absidioles dont il faut remarquer les belles voûtes en cul-de-four nervuré. Un passage fait communiquer la travée droite du chœur avec celle qui précède les absidioles, comme dans beaucoup d'églises rouergates. Enfin, l'hémicycle de l'abside correspond extérieurement à un chevet à pans coupés.

A l'intérieur, le décor d'entrelacs a complètement déserté les chapiteaux, d'un tout autre style que ceux du portail. On en est revenu à l'épannelage classique et à ce schéma corinthien simplifié, avec des feuilles lisses à bec enserrant la corbeille sur une ou deux rangées, qui s'est diffusé dans tout le Rouergue septentrional à partir du foyer artistique conquois. Parfois, l'extrémité recourbée de la feuille laisse pendre une petite boule.

Les thèmes figuratifs permettant de rattacher l'ensemble de ces chapiteaux à une équipe de sculpteurs qui a travaillé aussi dans l'église de Bozouls et dans celle, déjà plus éloignée, de Saint-Amans du Ram, sur le Levézou. Il s'agit d'abord de deux oiseaux aux ailes repliées, des hiboux probablement, identiques à ceux du Ram (pl. 108). Ils se perchent aux angles sur d'étroits rubans terminés par un enroulement évoquant le copeau sorti du rabot; ce motif, très original, garnit aussi la face principale. On le retrouve, employé isolément, sur un chapiteau de la nef de Bozouls. Le modèle est sans doute à rechercher sur un fragment de tailloir en provenance du cloître de l'abbé Bégon, à Conques.

A l'entrée du chœur, à droite, ces oiseaux d'angle viennent encadrer, au centre de la face principale, un personnage debout, les pieds sur l'astragale, au corps informe d'une rigoureuse frontalité. Son geste est insolite; les avant-bras repliés sur la poitrine, il saisit de ses deux mains les extrémités de sa barbe bifide. L'aspect caricatural du visage, barré d'un grand nez triangulaire, reparaît sur le masque barbu qui garnit chacun des côtés. La couronne posée sur la tête du personnage indique sans équivoque que nous sommes en présence d'un roi, ce que vient préciser l'inscription gravée dans une écriture irrégulière, au-dessus de lui. Les deux premières lettres manquent, mais il est quand même possible de déchiffrer le nom de (ME)LKISEDEC, Melchisédech, roi de Salem et grand prêtre. Cité avec Abraham au canon de la messe, il représente selon la tradition une préfiguration du Christ, ce qui justifierait l'emplacement du chapiteau, non loin de l'autel. Le même visage, avec la même barbe à double pointe, reparaît sur un personnage de Saint-Amans du Ram et, à deux reprises, dans la nef de Sainte-Fauste de Bozouls. A côté, à l'entrée de l'absidiole Sud, deux singes, tout aussi caricaturaux, ont pris place sous les volutes d'angle.

Les figures (pl. 107) et les animaux des chapiteaux du Cambon, au dessin schématique, traduisent une certaine maladresse de la part de leur auteur. Ils se localisent dans la nef et les absidioles, c'est-à-dire dans la partie de l'édifice construite avant le portail de façade, selon toute vraisemblance. Que l'on ait préféré ici le vieux style à entrelacs,

inconnu dans la nef peut paraître paradoxal. Mais c'est aussi la preuve que ce dernier demeurait encore très en faveur au XIIe siècle, du moins dans les églises rurales.

8 LASSOUTS (CANTON D'ESPALION)

A mi-chemin entre Sainte-Eulalie et Saint-Côme d'Olt, l'église de Lassouts, une possession du chapitre cathédral de Rodez, fit l'objet d'une reconstruction complète au XVe siècle après les destructions provoquées par la guerre de Cent ans. Mais quelques éléments romans dignes d'intérêt, en provenance de l'édifice antérieur, y ont été remployés.

Sur la façade, un petit tympan (largeur : 1 m 78, hauteur : 1 m 07) inclut dans sa surface semi-circulaire, comme au tympan de Conques, un linteau en bâtière (pl. 142). Au centre, le Christ en majesté, à l'intérieur d'une mandorle ovale superposée à la croix, s'entoure des symboles des quatre évangélistes selon l'iconographie traditionnelle. De part et d'autre, de petites arcades en plein cintre abritent les figures des apôtres assis, un livre à la main. Ils sont au nombre de six seulement, trois de chaque côté, car, visiblement, la place a fait défaut ici pour loger le collège apostolique au complet. Un curieux motif végétal, sorte de demi-palmier, garnit l'espace compris entre les arcades et les pentes du linteau que vient souligner un ruban à trois brins, rappel du vieux motif d'entrelacs. Ce ruban donne naissance, au-dessus du linteau, à trois grosses palmettes inscrites dans des cercles qui alternent avec deux médaillons où se trouvent gravés à gauche, le mot PAX, à droite, l'alpha et l'oméga.

La facture est correcte dans l'ensemble et, en tout cas, bien supérieure à celle de l'autre tympan roman de l'Espalionnais, celui de

Perse. Malgré le procédé archaïque consistant à loger les personnages sous des arcades, ce tympan de Lassouts n'est sans doute pas antérieur au XIIe siècle.

On a disposé autour de lui, une série de modillons romans de l'ancienne église, ornés de têtes de taureau pour deux d'entre eux et d'une chouette pour le troisième.

A l'intérieur, dans la deuxième chapelle méridionale, un bloc de pierre, en bâtière lui aussi, s'ajoure de trois arcades, celle du centre étant de forme trilobée, suivant une disposition qui reparaît sur l'autel de la chapelle haute de Saint-Pierre de Bessuéjouls. Elles reposent sur des colonnettes par l'intermédiaire de chapiteaux d'épannelage cubique, sans ornement. Le tout s'inscrit dans un cadre formé de grains alternativement ronds et losangés, motif dérivé de l'antique qui se retrouve sur deux œuvres de marbre appartenant à la première moitié du XIe siècle, la table d'autel de Deusdedit à la cathédrale de Rodez (pl. 142) et le linteau à entrelacs de Bozouls (pl. 99). Ce bloc sculpté semblerait ainsi plus ancien que le tympan extérieur. Il a été réutilisé ultérieurement en piscine, mais nous ignorons sa destination originelle. Peut-être s'agit-il d'une armoire destinée à abriter des reliquaires ou des statues.

9 ESTABLES
(COMMUNE DE SAINT-LAURENT D'OLT, CANTON DE CAMPAGNAC)

Aux confins des départements de l'Aveyron et de la Lozère, sur la D.88, le village d'Estables se situe à l'endroit où la vallée du Lot s'élargit soudain, en amont de Saint-Laurent d'Olt.

Son nom, du latin *stabulum* pris dans le sens d'auberge, évoque le rôle d'étape, de relais routier qu'il a joué depuis l'Antiquité, à la frontière des pays des Ruthènes et des Gabales, puis du Rouergue et du Gévaudan.

L'église se distingue facilement, parmi les maisons environnantes, grâce à ses murs en grès de couleur rouge foncé, presque pourpre, au-dessus de la route.

L'église

L'édifice roman au plan très simple, une nef de trois travées suivie d'une abside de forme pentagonale, à l'intérieur (pl. 112) comme à l'extérieur, a été agrandi au XIXe siècle par la construction d'un bas-côté méridional et, à l'Ouest, d'un porche que surmonte le clocher.

Les quatre chapiteaux de la nef, aux retombées des arcs-doubleaux de la voûte, présentent des scènes à personnages, traitées dans un style assez fruste, il faut en convenir. A gauche, le premier porte la figure énigmatique d'un homme vêtu d'une longue robe écartant sa bouche à

deux mains; à côté de lui, un cavalier tient la lance et le bouclier. Et c'est armé de la sorte que l'archange saint Michel affronte le dragon, sur la corbeille suivante (pl. 111). Du côté droit de la nef, on reconnaît d'abord le thème, rare en Rouergue, de Daniel entre les lions (pl. 110), puis celui du personnage attaqué par des serpents, symbole de la luxure, beaucoup plus fréquent. Enfin, pour les deux chapiteaux de l'arc triomphal, le sculpteur s'est contenté d'un simple décor de feuilles en bec.

La sculpture monumentale s'enrichit encore d'une belle série de modillons. Atlante, joueur de vielle, homme aux bras croisés, mais aussi chouette et serpent s'y succèdent, en haut du mur Sud de la nef.

La Vierge à l'Enfant

Au milieu du chœur, trône Notre-Dame d'Estables (pl. 113), l'une des deux seules vierges romanes, avec celle de Lenne, que possède le Rouergue depuis la perte de la Vierge de Thérondels qui figura à l'exposition de Rodez en 1892, puis disparut sans laisser de trace.

On sait l'origine de ce type de statue en bois peint, dérivé de la fameuse majesté d'or de la cathédrale de Clermont, et le succès extraordinaire qu'il connut dans toute l'Auvergne. Depuis cette province, rien d'étonnant à ce qu'il ait pénétré les régions septentrionales du Rouergue.

Très souvent, la légende vient accompagner l'image miraculeuse de la Mère de Dieu. C'est le cas à Estables : les habitants abandonnant peu à peu la montagne inhospitalière pour s'établir dans la plaine du Lot, la statue entendit les suivre dans leur exode. Aussi quittait-elle journellement l'ancienne chapelle qui l'abritait, pour venir s'installer ici, dans les branches d'un sureau. Ceci jusqu'au jour où une noble dame du voisinage décida de faire construire pour elle l'église actuelle. Détail curieux, lors de la démolition du mur méridional de la nef pour agrandir l'édifice, en 1854, on y découvrit, noyé dans la maçonnerie, un vieux tronc de sureau avec ses racines. Il a été placé alors sous les degrés du maître-autel.

But d'un pèlerinage réputé, surtout dans le diocèse de Mende, la statue fut cachée chez l'habitant pendant les époques troublées et échappa ainsi à la destruction par les protestants, puis par les révolutionnaires de Saint-Laurent d'Olt, en 1793. Un incendie survenu dans l'église en 1854 consuma la robe dont elle était revêtue, et l'endommagea, sans gravité heureusement. Confiée à un restaurateur de Clermont-Ferrand, elle se vit alors redorée, un peu outrageusement peut-être. Les couronnes de métal sur la tête de Marie et celle de Jésus, ainsi que le dais, datent de cette restauration.

Une cavité destinée à recevoir des reliques s'ouvre au sommet de la tête de la Vierge. Celle-ci est assise dans un fauteuil supporté par de fines colonnettes, avec des boules aux accoudoirs, comme sur le trône de la majesté de sainte Foy de Conques. Elle paraît en quelque sorte s'effacer derrière son Fils offert, sur ses genoux, à la dévotion populaire, l'avant-bras levé pour bénir, la main gauche tenant le livre. Marie a revêtu un manteau aux manches très amples et, par-dessous, une robe

dont les plis écrasés en V, entre les jambes, viennent encore accuser la symétrie rigoureuse établie selon un axe médian.

On peut observer aussi un étirement exagéré, mais voulu, des corps, surtout pour celui un peu grêle du Christ. Mais le visage allongé de sa mère, aux traits impassibles, est d'une incontestable beauté. Et seul un artiste de talent pouvait lui conférer autant de dignité, de majesté même.

DIMENSIONS DE L'ÉGLISE D'ESTABLES

Longueur à l'extérieur : 2 m 78.
Largeur à l'extérieur : 2 m 77.
Hauteur actuelle extérieure : 2 m 35.
Hauteur de l'ouverture : 1 m 26.
Longueur à l'intérieur : 1 m 72.
Largeur à l'intérieur : 1 m 62.
Médaillon du Christ à la clef de voûte, diamètre extérieur : 0 m 36.
Hauteur des arcs : 1 m 20.
Hauteur des piliers de soutènement : 1 m 27.

ACCÈS

Le village de Cayssac se situe sur la petite route qui, à travers le causse Comtal, relie la N.595 et la D.88 entre Gages et Lioujas, à une dizaine de kilomètres au Nord-Est de Rodez. On découvre la fontaine romane un peu en contrebas de la route.

10 LA FONTAINE ROMANE DE CAYSSAC (COMMUNE DE LA LOUBIÈRE, CANTON DE BOZOULS)

L'église Saint-Pierre de Cayssac, rebâtie sous sa forme actuelle au XVe siècle, fut donnée par l'évêque de Rodez aux moniales cisterciennes de l'abbaye de Nonenque, dans le Rouergue méridional, en 1188. La construction de la fontaine pourrait avoir suivi cette donation, vers l'extrême fin du XIIe siècle.

Dans un état de conservation remarquable, ce petit monument en pierre de taille offre aujourd'hui l'un des rares exemples de l'application de principes architecturaux et décoratifs, habituellement réservés aux églises, à un édifice de caractère purement utilitaire. Certes, il existe d'autres fontaines romanes de ce type, en particulier dans le bourg de Conques, mais aucune n'apparaît comme aussi soignée.

L'eau de la source se déverse dans un réservoir de plan carré, à demi enterré, auquel on accède par une porte en plein cintre ouverte dans le mur de façade. L'arc extérieur repose sur des pilastres très courts par l'intermédiaire de chapiteaux cubiques et ornés, assez grossièrement, d'une double rangée de rainures verticales. On remarque, de part et d'autre, les margelles destinées à recevoir les récipients. A l'intérieur, le souci ornemental reparaît avec le motif, typiquement roman, des billettes courant le long des deux corniches latérales, à la naissance de la voûte. Celle-ci se renforce par le croisement de deux arcs légèrement outrepassés, et de section quadrangulaire, reposant aux angles sur le même type de supports qu'en façade.

Au sommet, une clef de voûte circulaire renferme le bas-relief du Christ, les bras en croix, la tête inclinée sur le côté (pl. 114). Faut-il voir dans cette figure naïve, encadrée de quatre étoiles, la volonté de christianiser une source sacrée d'époque païenne?

ACCÈS

Pour gagner Canac, le visiteur a le choix entre deux itinéraires, l'un à partir de Séverac-le-Château, au Sud, en traversant le causse du même nom, l'autre depuis Saint-Laurent, dans la vallée du Lot, à l'opposé. Ainsi, aux limites du grand plateau calcaire et du pays d'Olt, Canac se situe dans une zone de contact géographique et, de ce fait, particulièrement réceptive aux influences artistiques venues de l'une et de l'autre de ces régions, nous le verrons.

Cette église de cimetière, placée sous le double vocable de Saint-Cyr et de Sainte-Juliette, est implantée un peu à l'écart du village, au fond de la verdoyante vallée de la Serre encore proche de sa source.

11 CANAC (CANTON DE CAMPAGNAC)

Historique

Le toponyme même de Canac – du sobriquet latin *canus* (gris) – ainsi que les traces d'habitat gallo-romain repérées dans la région, démontrent ici l'ancienneté du peuplement. Une voie antique, utilisée encore jusqu'au siècle dernier, reliait Rodez au Gévaudan par la vallée de la Serre, jalonnée d'églises romanes comme Pierrefiche ou Saint-Saturnin de Lenne, en aval.

L'église de Canac tomba sous la dépendance de Sainte-Foy de Conques au cours du XIe siècle, en même temps que celle de Campagnac, à la suite de la donation d'un certain Rajenaldus, surnommé le Sarrasin.

L'édifice actuel fut construit en deux étapes par les bénédictins de Conques, ce qui explique son absence totale d'unité, ainsi que les anomalies relevées dans le plan : tout d'abord, le chœur et les absidioles, qui appartiennent encore au XIe siècle, puis, après une assez longue interruption dans les travaux, la nef et le portail occidental. L'aspect extérieur de l'édifice, déjà amputé de son absidiole méridionale à une époque inconnue, se vit quelque peu modifié par les restaurations réalisées en 1888 : exhaussement des couvertures, construction d'une façade à pignon, etc.

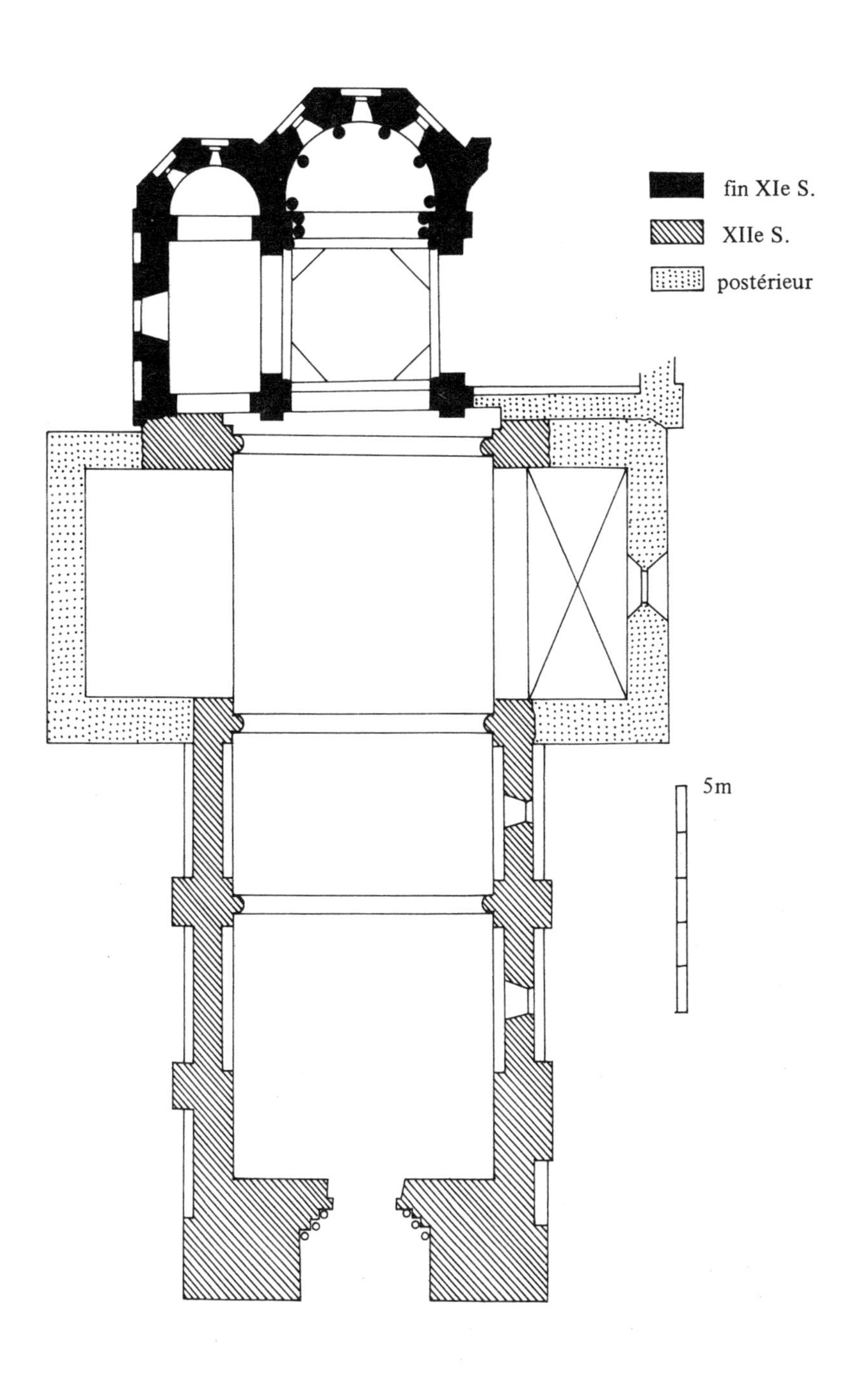

CANAC

Le chevet

Bâti selon les principes architecturaux utilisés dans les églises de la vallée du Tarn, à partir du prototype de Notre-Dame de l'Espinasse à Millau, il est l'homologue à peu près exact du chevet de Mostuéjouls (pl. coul. p. 347). De la sorte, Canac représente le témoin le plus septentrional de ce groupe homogène d'églises romanes du Sud du Rouergue. Tout s'est passé comme si, malgré l'éloignement, avait prévalu l'appartenance à un même ensemble géologique, celui des Grands Causses, et à une même région historique, celle de la vicomté de Millau qui, au XIe siècle, s'étendait jusqu'à la vallée de la Serre.

Extérieurement, l'abside et l'absidiole subsistante, à pans coupés, sont revêtues chacune d'une massive arcature en pierre de taille, dont les arcs reposent sur des contreforts très épais (pl. coul. p. 313). Dans les angles, ces derniers présentent une section pentagonale de façon à s'adapter aux pans coupés du chevet. L'extrême dépouillement de l'ensemble témoigne d'une recherche toute fonctionnelle, excluant la sculpture monumentale qu'il est habituel de rencontrer dans cette partie de l'édifice, sur les modillons et les corniches, ou encore sur les chapiteaux des colonnes engagées.

Mais tout souci décoratif n'a pas été écarté pour autant. Outre les reliefs créés par les contreforts et leurs arcades, il faut remarquer, sous la toiture de l'abside, un décor mural particulièrement original et dont l'équivalent en Rouergue n'existe qu'au chevet de l'église de Mostuéjouls. Les plus hautes assises, sous la corniche du toit, présentent sur deux rangs un alignement de petits trous carrés, assez comparable aux trous de boulins destinés à fixer les échafaudages, alternant avec des pierres de taille de même dimension. Nous voici bien en présence d'un art de maçon. Avec les moyens les plus simples et les plus économiques qui soient, la juxtaposition de pleins et de vides, on est parvenu à animer le haut des murs en créant des jeux d'ombre et de lumière. Et il faut aller sans doute jusqu'en Catalogne romane, à la petite église de plan circulaire Sant Miquel de Lillet, pour y retrouver un tel procédé décoratif. Ce dernier est aussi à rapprocher des dents d'engrenage ou bien des «bandes lombardes» utilisées, au même endroit, dans les édifices du premier art roman.

La tour du clocher, de plan carré, s'élève au-dessus de la travée droite du chœur, couverte d'une coupole sur trompes (pl. 115). Si la présence de celle-ci paraît une exception dans ce groupe d'églises, les paires de colonnes géminées qui marquent l'entrée de l'abside y sont, en revanche, d'un emploi fréquent, tout comme l'arcature intérieure supportée par des colonnettes.

La nef

Là où on attendrait une nef à bas-côtés aboutissant normalement sur l'abside et ses deux absidioles latérales, il n'existe en fait qu'un

vaisseau unique, plus large que la travée droite du chœur, et très mal raccordé avec elle. Comment expliquer une telle anomalie dans le plan?

Cette nef, de toute évidence, a été édifiée après coup. Avec ses colonnes engagées à chapiteaux et son portail à colonnettes, elle marque en effet une rupture complète par rapport à l'abside et se rattache étroitement au groupe des églises de la vallée du Lot voisine. A l'époque de sa construction, on a peut-être envisagé d'abattre le chevet ancien, jugé démodé, et de le remonter dans le même style que la nef; mais, pour une raison inconnue, ce projet n'a pas été réalisé. Les chapiteaux ornementaux de la nef et du portail occidental reprennent les motifs en faveur dans les églises romanes de la région de Saint-Geniez d'Olt, en particulier celles de Lapanouse, Lunet, Saint-Saturnin de Lenne et Verlac où travailla vraisemblablement une même équipe de sculpteurs. A Canac, signalons, à la retombée d'un arc-doubleau de la nef, une élégante corbeille garnie de rubans perlés donnant naissance à de grosses palmettes gonflées en boules, à la place des volutes d'angle. Et les feuilles triangulaires issues de tiges d'entrelacs, en dessous, reparaissent sur deux chapiteaux du portail, associées à des palmettes en éventail inscrites dans des cœurs.

LES ÉGLISES DU ROU

RGUE MÉRIDIONAL

ACCÈS

Mostuéjouls, dominé par la masse de son château, ne renferme qu'une église de construction moderne, sans intérêt. La vieille église Saint-Pierre, elle, connue aussi sous l'appellation de Notre-Dame-des-Champs, se trouve assez loin du village, isolée au milieu du cimetière, en contrebas de la D.107. Le site, sur la rive droite du Tarn à la sortie de ses célèbres gorges, est d'une grande beauté. L'église romane, entre les cyprès et sur fond de falaises, fait la joie du peintre, comme du photographe.

1 ÉGLISE SAINT-PIERRE DE MOSTUÉJOULS (CANTON DE PEYRELEAU)

Prieuré de Saint-Victor de Marseille depuis 1082, Saint-Pierre de Mostuéjouls sera cédé, au XIIIe siècle, au monastère de la Canourgue (Lozère) qui, dépourvu jusqu'alors de vignes, était désireux d'assurer son approvisionnement en vin.

L'église dont la construction débuta sans doute au lendemain de la donation de 1082, porte la marque de cette architecture massive et austère, très en vogue alors dans les vallées caussenardes. Et l'air de parenté avec ses voisines de Liaucous, du Rozier ou de Verrières, par exemple, est indéniable. Il tient tout d'abord à l'utilisation d'un même matériau, de petits moellons calcaires montés par assises régulières, ainsi qu'à la présence de profondes arcades sur contreforts autour de l'abside à pans coupés, un caractère commun à toutes les églises de ce groupe.

Si la sculpture monumentale est totalement absente de l'édifice, on trouve en haut des murs de l'abside, comme à Canac (pl. coul. p. 313), ce décor original obtenu à partir de l'alternance régulière de petits trous et de moellons carrés, mais ici sur un seul rang (pl. coul. p. 347). Deux chapelles latérales de plan carré, ajoutées au XVe siècle, viennent rompre quelque peu l'harmonie du chevet, en l'alourdissant. Mais l'un des charmes incontestables de Saint-Pierre réside dans son gracieux clocher-peigne à quatre ouvertures, établi au-dessus de l'arc triomphal, tout à fait inhabituel, il faut le souligner, dans les églises romanes du Rouergue méridional.

La courte nef, de trois travées seulement, communique avec ses collatéraux par des arcades retombant sur de grosses piles circulaires, identiques à celles des églises de Liaucous ou du Rozier. Par ailleurs, le système de voûtement, assez exceptionnel lui aussi, consiste à contre-buter le berceau de la nef centrale par les berceaux transversaux des bas-côtés. Le tout, selon Vallery-Radot, n'est pas sans évoquer «le rez-de-chaussée d'un édifice célèbre du premier art roman, le narthex de Tournus». Cette structure n'a cependant pas suffi pour assurer l'équilibre des voûtes, semble-t-il; et il fallut ajouter ultérieurement une série d'énormes contreforts le long des murs de la nef.

Signalons enfin la présence, ici, d'un intéressant Christ en bois du XVe siècle.

Saint-Pierre de Mostuéjouls
L'église vue du Sud-Est ▶

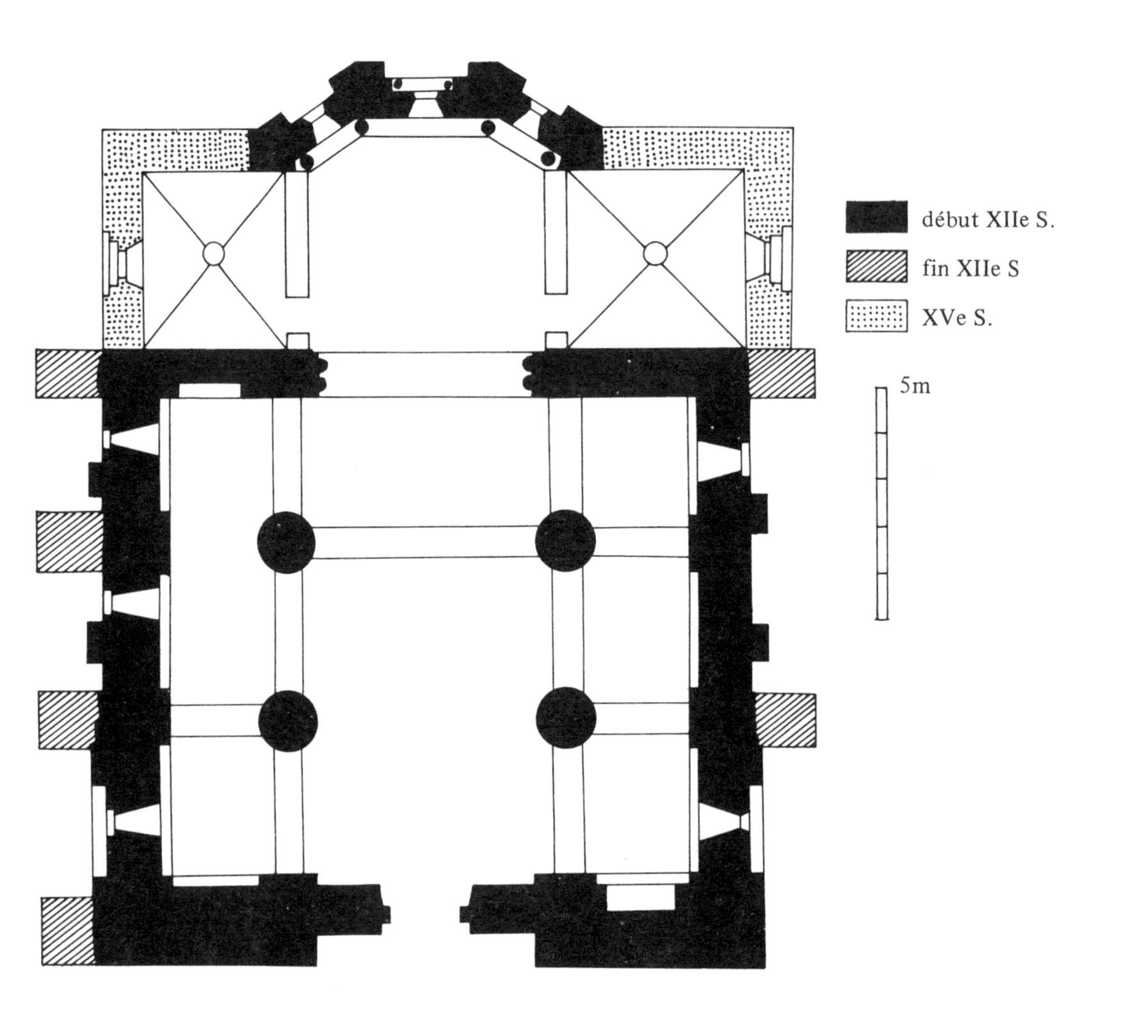

MONSTUÉJOULS
SAINT-PIERRE

ACCÈS

Installé sur le rebord du plateau du Levézou entre Saint-Bauzély et Montjaux, ce vieux bourg s'appelait d'ailleurs Castelnau-de-Levézou jusqu'à l'acquisition du château, au début du XVIIIe siècle, par Jacques Julien de Pégayrolles (et non Pégayrols, comme il est mentionné à tort sur les cartes routières), conseiller au Parlement.

Aujourd'hui, Castelnau-Pégayrolles que domine toujours son « château neuf », a le rare privilège de posséder deux églises romanes, Saint-Michel et Notre-Dame, l'une et l'autre en bon état de conservation (pl. 116). La première, sur la place centrale, faisait partie d'un prieuré bénédictin dont il subsiste un bâtiment d'époque romane, en cours de réhabilitation. La seconde, l'ancienne église paroissiale dédiée à Notre-Dame, est implantée à l'extrémité du village sur un promontoire d'où l'on peut jouir d'un splendide panorama sur deux profondes vallées adjacentes. Elle ne joue plus que le rôle de chapelle de cimetière.

2 ÉGLISES SAINT-MICHEL ET NOTRE-DAME DE CASTELNAU-PÉGAYROLLES (CANTON DE SAINT-BEAUZÉLY)

Historique

Une fois de plus, nous prenons conscience de l'emprise exercée sur le Rouergue méridional par la toute-puissante abbaye de Saint-Victor de Marseille à la fin du XIe siècle. Saint-Michel lui fut cédé dès 1071, tandis que l'église paroissiale Notre-Dame fera partie de la grande donation réalisée en sa faveur par l'évêque de Rodez, Pons d'Étienne, en 1082.

Rien ne s'oppose à ce que la mise en chantier des deux édifices ait commencée peu de temps après leur prise de possession par les moines marseillais. En outre, les ressemblances architecturales que nous aurons à constater entre elles et l'église de l'Espinasse à Millau, consacrée par le pape Urbain IV en 1095, fournissent ici un solide point de repère chronologique.

Le prieuré roman

Le prieuré bénédictin de Saint-Michel se compose de deux corps de bâtiments disposés en équerre. Le premier, à l'Est, d'époque gothique, renferme un passage conduisant directement à la tribune de l'église. L'aile orientée Est-Ouest, quelque peu remaniée au cours des siècles,

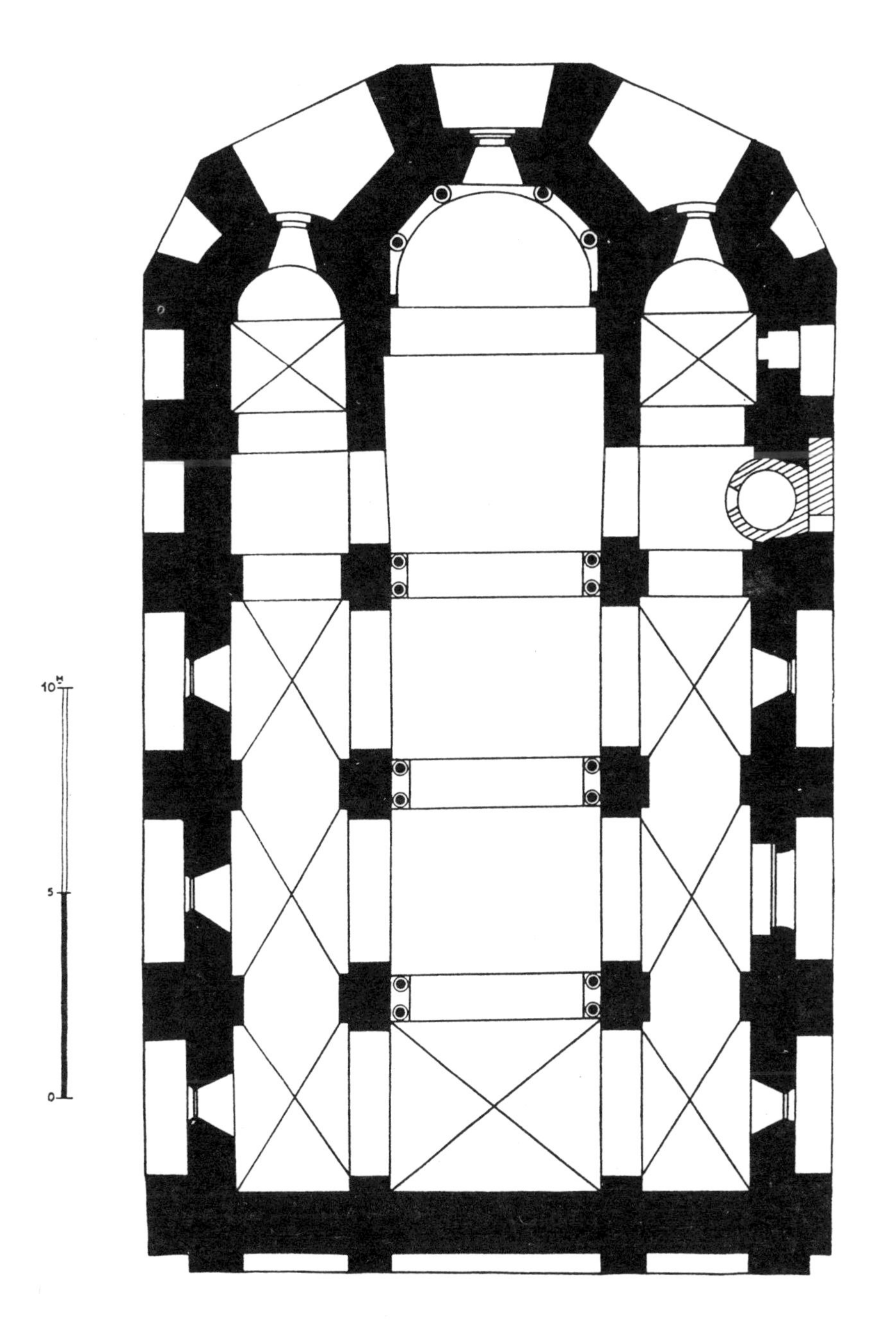

CASTELNAU-PÉGAYROLLES
SAINT-MICHEL

garde encore plusieurs ouvertures romanes, en particulier du côté du jardin, une belle fenêtre géminée en plein cintre : ses deux arcs, couverts de motifs en «nids d'abeille», retombent sur la colonnette centrale par l'intermédiaire d'un chapiteau de forme cylindrique, orné d'entrelacs perlés.

La façade septentrionale qui a conservé dans le haut tous ses modillons, offre un intéressant décor mural obtenu par l'alternance de lits de pierres de taille, un grès gris très bien appareillé, et de schistes simplement équarris.

Enfin, sur le côté Est, il faut remarquer l'alignement des trous d'accès à un pigeonnier incorporé dans les combles, avec, au-devant, la corniche d'envol portée par des modillons sculptés.

L'ÉGLISE SAINT-MICHEL

Fait exceptionnel à une époque où artistes et maîtres d'œuvre préféraient en général conserver l'anonymat, le nom de Jean Ingobard qui «construisit cette maison», avant d'être enseveli sous le seuil, est mentionné par une épitaphe gravée sur le linteau en bâtière de la porte : NON(I)S FEBR(UAR)II OBIIT IOHANNES INGOBAR Q(UI) HANC DOMU(M) CONSTRUX(IT) SED SUBTUS INTROITUM PORTE REQU(I)ESCIT. Hélas, l'inscription omet, selon la règle habituelle, de mentionner l'année de sa mort.

Extérieur

L'église Saint-Michel, avec ses murs épaulés d'énormes contreforts reliés les uns aux autres par une arcature, offre exactement le même aspect de forteresse que l'église millavoise de Notre-Dame de l'Espinasse. Et le grès des murs, par sa couleur grisâtre, vient encore renforcer l'impression générale de sévérité qui se dégage de l'édifice.

Implanté au-dessus de la dernière travée de la nef, le clocher initial se présentait comme une tour carrée. Par la suite, mais à l'époque romane encore, on y accole une seconde tour, de même hauteur, au-dessus du bas-côté méridional. L'ensemble constitue ainsi un volumineux et lourd massif barlong, dont les fenêtres en plein cintre ne sont pas toutes au même niveau. Pour en renforcer la base, il fallut murer l'une des grandes arcades extérieures de la nef.

Au chevet, l'abside à pans coupés et les deux absidioles semi-circulaires se trouvent englobées dans le pentagone que tracent au-devant les puissants contreforts-arcades. De la sorte, le plan n'est absolument plus lisible de l'extérieur. Il est à remarquer combien les retombées des arcs s'adaptent mal à leurs supports, de section rectangulaire, une anomalie qui permet peut-être de considérer cette arcature comme un ajout, postérieur à la construction des contreforts. Enfoncée à l'intérieur de l'arcade centrale, la fenêtre d'axe de l'abside se situe à une grande hauteur. En dessous, une seconde ouverture, de plus petite taille et encadrée de colonnettes, assure l'éclairage de la crypte dont la présence permet ici de rattraper la déclivité du terrain.

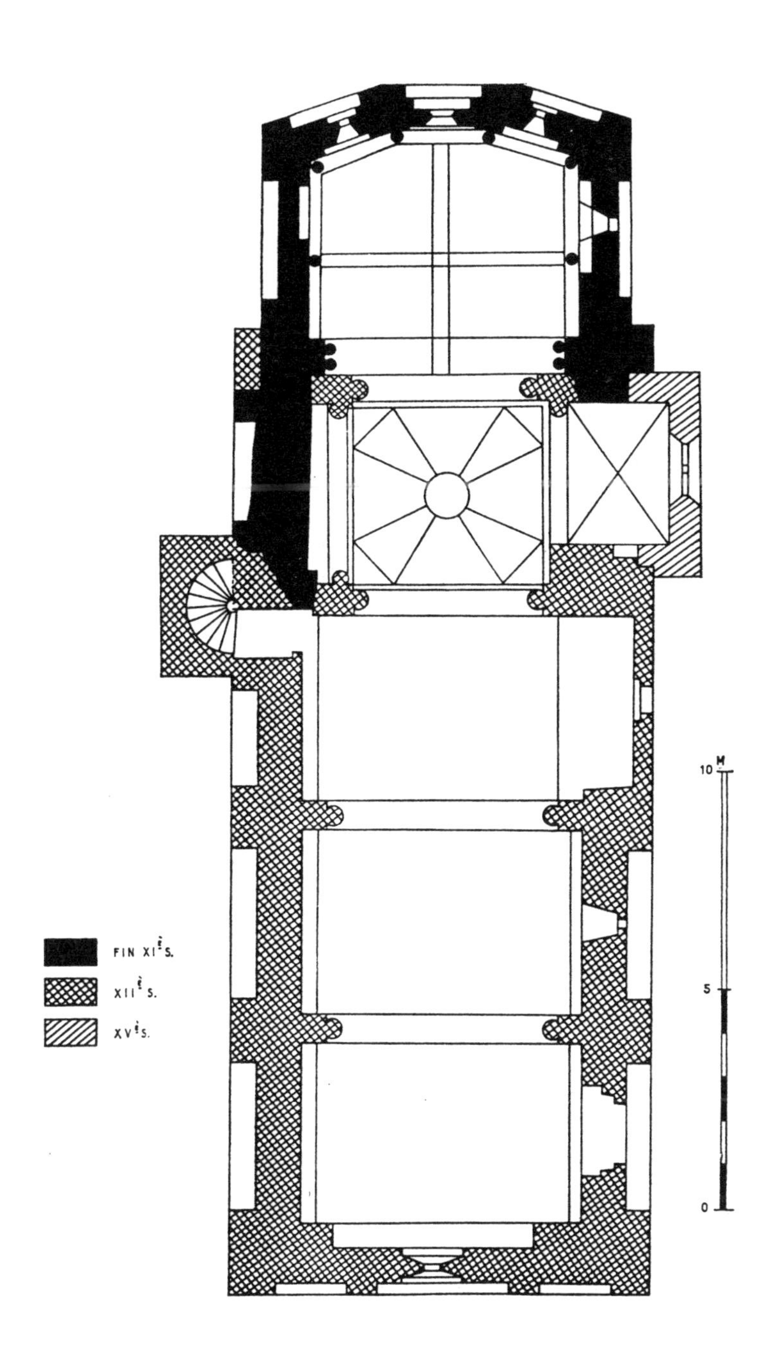

CASTELNAU-PÉGAYROLLES
NOTRE-DAME

Sur la façade occidentale, terminée par un pignon, le grand arc aveugle reposant sur des contreforts plats et les deux arcs qui le flanquent, correspondent à la structure interne d'un édifice à trois nefs.

Intérieur

On y pénètre par la porte ouverte dans la seconde travée du bas-côté méridional. Le vaisseau central dont le sommet de la voûte atteint 14 m de hauteur, surprend par son élévation (pl. 119). Et il nous ramène non plus à l'Espinasse de Millau, mais à Saint-Pierre de Nant, avec cet emploi systématique de colonnes géminées montant d'un seul jet jusqu'aux retombées des arcs-doubleaux de la voûte, et contribuant à la sensation d'élancement. Deux cordons de pierre, l'un à la naissance de la voûte, l'autre au-dessus des arcades latérales, viennent recouper perpendiculairement les verticales tracées par ces colonnes. Enfin, les ouvertures percées en pénétration dans les reins de la voûte, au Sud, n'ont d'équivalent, en Rouergue, que celles de l'abbatiale de Nant.

Depuis la fin du XVe siècle, une tribune occupe la première travée, au fond de l'église. A l'autre extrémité, la dernière travée, plus étroite, est surélevée de deux marches pour marquer l'entrée du chœur.

Les chapiteaux des colonnes géminées de la nef sont seulement épannelés. En revanche, le décor sculpté se concentre sur les impostes des grandes arcades latérales, avec des motifs linéaires délicatement traités : tresses de ruban à trois brins (pl. 123), rinceaux (pl. 121), palmettes juxtaposée (pl. 117 et 124). A la troisième travée, du côté gauche, on remarquera une tige ondulée, crachée à ses extrémités par une gueule d'animal, et d'où pendent des petits fleurons évoquant les fleurs de lis (pl. 118). La présence d'impostes peut être interprétée ici comme un signe d'archaïsme. Ce type de support fréquent dans les édifices carolingiens, l'église de Germigny-des-Près par exemple, devient l'exception à l'époque romane.

Les collatéraux, très étroits, sont voûtés de deux manières différentes, soit un berceau en plein cintre pour la dernière travée, soit une voûte d'arêtes renforcée par une croisée d'ogives primitive ailleurs – ce qui correspond sans doute à un changement de programme en cours de travaux (pl. 122).

Une arcature, dont les colonnettes prennent appui sur un banc de pierre, décore les pans coupés de l'abside. La fenêtre d'axe s'inscrit à l'intérieur de l'arcade centrale, plus haute et plus large que les autres.

Un escalier partant du collatéral Sud donne accès à la crypte qui, implantée sous le chœur et les absidioles, en reproduit le plan tripartite. Il serait d'ailleurs plus exact de parler de chapelles basses, et non de cryptes, puisqu'elles ne se trouvent pas enterrées. Les trois chapelles, couvertes de voûtes d'arêtes, communiquent entre elles par un arc en plein cintre. Contre celle de droite, coule une source, accessible aussi de l'extérieur, qui passait pour guérir les maladies des yeux.

Extérieurement, elle offre avec l'église Saint-Michel, un incontestable air de famille, fait à la fois de simplicité et de robustesse : mêmes matériaux, mêmes contreforts-arcades sur tout le pourtour de l'édifice que domine la tour carrée du clocher. La volonté délibérée de copier la grande église prieurale est manifeste sur la façade Ouest. On y reconnaît en effet la même disposition qu'à Saint-Michel : trois arcs de décharge correspondant à une division intérieure en trois nefs, ce qui n'est pas le cas pour cet édifice à nef unique (pl. 125).

Le sol de l'église se situe en contrebas par rapport à la porte, ouverte au Midi. Le plan, d'une grande simplicité, comporte donc un vaisseau de quatre travées et une abside polygonale, presque carrée, de même forme que celle de Saint-Pierre de Mostuéjouls (pl. 128). Au XVe siècle, une chapelle a été ajoutée au Sud de la dernière travée, entre les contreforts.

L'ensemble est loin d'offrir la belle unité architecturale des parties extérieure. Comme pour l'église de Canac, il s'agit d'une construction réalisée en deux temps et dans deux styles différents. Le chœur, garni d'une arcature à colonnettes, présente d'étonnantes ressemblances avec ceux de Mostuéjouls et de Canac (pl. 115). Son cul-de-four, égayé par des peintures murales du XVIIIe siècle représentant des anges musiciens, est renforcé par deux arcs qui se recoupent en angle droit (pl. 127). Au-dessous, la table d'autel romane, creusée en évier, est demeurée en place.

Dans une seconde campagne de travaux, la nef vint se greffer, bien maladroitement d'ailleurs, sur le chœur ancien. C'est ainsi que l'arc triomphal, tel qu'on l'aperçoit du fond de l'église, en cache complètement un second, soutenu par des colonnes géminées, à l'entrée du chœur. La dernière travée de la nef porte une coupole octogonale sur trompes (pl. 126), non prévue initialement, semble-t-il. Pour la supporter, en effet, il parut nécessaire de renforcer les quatre piliers d'angle et d'y ajouter des colonnes engagées. Les trois autres travées possèdent une voûte en berceau, sur doubleaux. Et de grands arcs de décharge plaqués contre les murs de la nef contribuent à épauler cette voûte.

En fait, l'église Notre-Dame est beaucoup plus complexe qu'il n'y paraît au premier abord. Les principales étapes de sa construction pourraient peut-être se concevoir ainsi : dans un premier temps, sans doute au lendemain de la donation de 1802, on élève un chœur de même type que celui de Canac. Après une interruption des travaux, la nef est bâtie dans un style nouveau, une coupole remplaçant le berceau prévu sur la quatrième travée. Nous voici au XIIe siècle. Saint-Michel sert désormais de modèle, en particulier pour la façade Ouest; cette église, par conséquent, est terminée alors, ou du moins en voie d'achèvement. Enfin, vers la même époque, les arcades extérieures de la nef sont prolongées autour de l'abside préexistante.

BIBLIOGRAPHIE

• B. de Gaulejac, «Castelnau-Pégayrolles», dans *Congrès archéologique de France. Figeac, Cahors, Rodez, 1937*, p. 410-424.

DIMENSIONS DE CASTELNAU-PÉGAYROLLES

SAINT-MICHEL

Longueur totale dans œuvre : environ 27 m.
Longueur de la nef : 18 m 50.
Largeur totale de la nef : 14 m 70.
Largeur d'un collatéral : 2 m 70.
Hauteur de la voûte de la nef : environ 14 m.
Épaisseur des murs : environ 1 m 10.

NOTRE-DAME

Longueur totale de l'église : environ 28 m.
Longueur de la nef : 14 m 20.
Largeur de la nef : 6 m 50.
Profondeur de l'abside : environ 6 m.
Largeur du transept : 5 m 40.
Hauteur de la voûte de la nef au ras de la coupole : 10 m 15.
Épaisseur des murs : de 0 m 80 à 1 m 25.

3 SAINT-PIERRE DE NANT

La petite ville de Nant, à l'extrême Sud-Est du Rouergue, doit son nom à sa position géographique, puisque «nantos» en gaulois signifiait «vallée». Elle semble en effet se blottir au fond d'un bassin fertile et verdoyant dominé par le désertique Larzac, là où la Dourbie a élargi sa vallée pour recevoir le Durzon, sur la rive gauche.

Tout ici apparaît comme une création des moines bénédictins du Moyen Age : ils assèchent les marais et creusent un réseau d'irrigation encore en place, construisent le pont de la Prade qui enjambe la Dourbie. Autour de leur abbaye, se développe une cité commerçante avec son marché hebdomadaire et ses quatre grandes foires annuelles réglementées par un décret royal de 1369; celle de novembre durait trois jours pleins. En bordure de la place, la halle attirait ainsi les populations descendues du Larzac, du causse Noir ou des Cévennes. Des martinets à battre le cuivre fonctionnaient sur le Durzon ou la Dourbie, et la fabrication des chaudrons resta longtemps une activité importante pour la ville. A la fin du XVIIe siècle, celle-ci ne comptait pas moins de quatre cents familles. Et l'abondance des églises, aux alentours, prouve que la population rurale était particulièrement dense.

A partir de Nant, il faut rendre visite à sa couronne d'églises romanes :

– Saint-Martin du Vican, isolée au milieu des jardins, à 1 km au Sud-Ouest;

– dans la vallée de la Dourbie : Notre-Dame des Cuns (cf. notice);

– et Saint-Michel de Rouviac, à 2 km, vers Saint-Jean du Bruel.

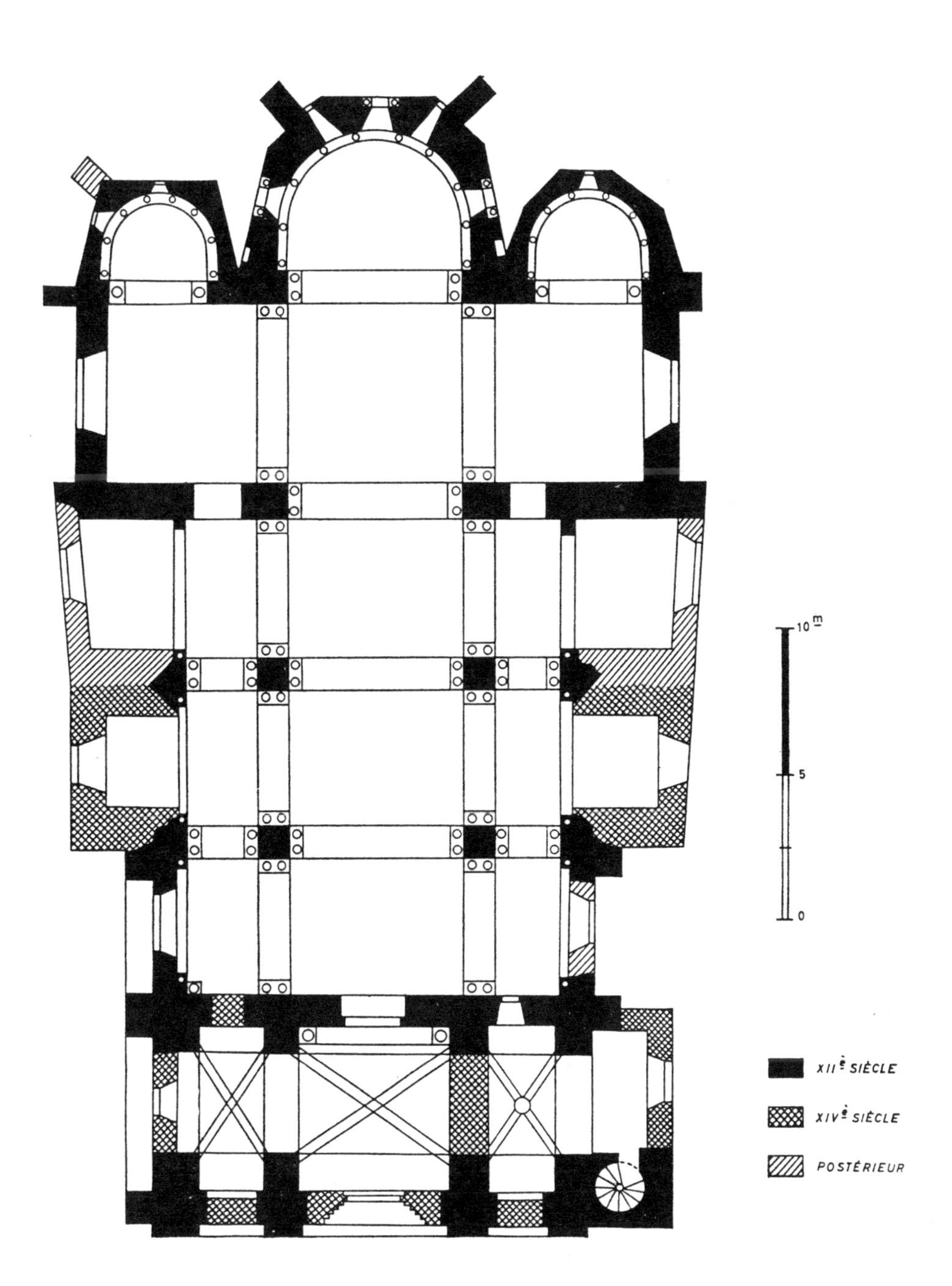

SAINT-PIERRE DE NANT

Les origines de l'église Saint-Pierre de Nant demeurent incertaines. A en croire les auteurs de la *Gallia christiana,* saint Amand, évêque de Maastricht aux Pays-Bas, dans l'intention d'évangéliser la Gaule méridionale, aurait reçu ce lieu de Childéric II, roi d'Austrasie, vers la fin du VIIe siècle pour y fonder un monastère. Celui-ci aurait été, par la suite, entièrement ruiné par les invasions arabes. Or, l'identification avec le Nant rouergat n'est pas du tout prouvée.

En revanche, un acte daté de 926 nous apprend, de façon certaine, l'existence d'une église à cette époque. Le vicomte de Rouergue Bernard et son épouse Udalgarde donnent en effet à l'abbaye de Vabres, près de Saint-Affrique, «les biens qu'ils possèdent à Nant, en particulier l'église, à charge d'y créer un monastère en l'honneur de Saint-Pierre de Rome». Mais, un siècle et demi plus tard, celui-ci prenait place dans le puissant empire monastique édifié en Rouergue par Saint-Victor de Marseille, lorsque l'évêque de Rodez, Pons, soumit aux moines victorins Vabres avec toutes ses dépendances. C'était en 1082. A Nant, on accepta fort mal, semble-t-il, ce nouveau patronage et on fit appel à Rome. Finalement, le pape Innocent II, dans une bulle de 1135, faisait du monastère Saint-Pierre une abbaye indépendante, avec Raymond comme premier abbé, et il lui rattachait une vingtaine d'églises de la région.

On a prétendu que l'église romane actuelle aurait été élevée à ce moment-là, au lendemain de l'indépendance. Or, une date aussi avancée dans le XIIe siècle paraît difficilement compatible, nous le verrons, avec le style des chapiteaux à entrelacs de Saint-Pierre. Celle de 1082 semblerait, au contraire beaucoup mieux convenir pour le début de la construction. Sur le cordon inférieur de l'abside, une inscription gravée rappelle la dédicace de l'église, mais sans la mention de l'année, malheureusement : PAX UIC DOMUI + VIe IDUS AGUSTAS DEDICATIO (S)ANCTE ECLESIE (Paix à cette demeure + le 6 des ides d'août dédicace de la sainte église).

L'analyse épigraphique permet cependant de situer l'inscription vers la fin du XIe siècle.

Au XIVe siècle, Saint-Pierre de Nant connaît une certaine prospérité, et l'église fait l'objet de nouveaux travaux : mise en place du portail occidental avec son archivolte trilobée et ses pinacles, construction des deux chapelles latérales, à hauteur de la seconde travée des bas-côtés, au Nord comme au Sud. Si la guerre de Cent ans épargna à peu près Nant, protégé par ses remparts, il n'en fut pas ainsi pour les guerres de Religion. En 1564, les huguenots de Saint-Jean-du-Bruel s'emparent de la ville, y accumulant les ruines. Le monastère, en partie brûlé, son cloître démoli, aura beaucoup de mal à se relever. Les religieux, faute de salle capitulaire se réunissent dans l'église derrière le maître-autel; certains doivent loger dans des maisons particulières. Et la situation ne fit qu'empirer à la fin du XVIe siècle lorsque l'abbaye [illegible] commende. Elle ne sera pourtant supprimée qu'en 1777. Au [illegible] siècle, ce qui restait des bâtiments conventuels va

disparaître. Mais l'église abbatiale échappe à la démolition en devenant paroissiale. On l'agrandit même, en 1805, de deux nouvelles chapelles latérales, au niveau de la troisième travée de la nef.

Visite extérieure

Saint-Pierre de Nant est une église surprenante, aussi bien par l'originalité de certaines des formules architecturales utilisées, que par l'étrangeté du décor de ses chapiteaux. Elle n'est pas sans poser aux archéologues un certain nombre de problèmes.

On l'aborde par l'énorme massif quadrangulaire précédant la nef (pl. 130); il renferme le porche d'entrée, sorte de narthex, et, à l'étage, une chapelle haute. Avec le clocher octogonal de construction plus tardive, implanté sur sa terrasse, il domine de très haut le bourg. A l'origine, ce monumental coffre de pierre s'ouvrait largement sur l'extérieur, au rez-de-chaussée, par une série d'arcades, trois en façade, une sur chacun des côtés, maintenant murées. Et l'accès ne se fait plus que par un portail central, refait à l'époque gothique. Trois grands arcs aveugles en saillie, reposant sur des pilastres plats, viennent animer le mur de façade. Ils reflètent la structure interne de l'édifice, avec la nef flanquée de collatéraux, à un niveau légèrement inférieur, selon une disposition qui se retrouve sur la façade de Saint-Michel et sur celle de Notre-Dame (pl. 125) de Castelnau-Pégayrolles.

En contournant l'église, on ne rencontre d'abord que des constructions dépourvues de tout caractère. Les murs romans des bas-côtés, en effet, ont disparu avec le percement des chapelles latérales, aménagées postérieurement. Le plan en croix latine n'est plus lisible, puisque ces adjonctions ont eu pour effet de supprimer la saillie formée par les croisillons du transept. Mais des départs d'arcs encore visibles sur les murs des croisillons et du porche apportent la preuve qu'il existait, latéralement, une suite de contreforts-arcades analogues à ceux de Notre-Dame de l'Espinasse, à Millau, ou à ceux des deux églises de Castelnau-Pégayrolles.

Le chevet, maintenant entièrement dégagé, constitue la partie la plus digne d'intérêt de l'abbatiale à l'extérieur, mais aussi la plus énigmatique (pl. 129). Il n'existe aucune unité de plan entre l'abside principale et ses deux absidioles. La première se présente comme un pentagone irrégulier, avec deux contreforts disposés en biais sur les petits côtés, dans les angles. L'absidiole Nord, de forme trapézoïdale, ne compte pour sa part que trois côtés. Et que dire de la chapelle méridionale? Ses cinq pans, au profil nettement concave, évoqueraient beaucoup plus un édifice de style baroque qu'une construction de l'époque romane. Faut-il songer à un remontage tardif du parement extérieur avec réutilisation des pierres de taille d'origine?

La seconde originalité du chevet réside dans la présence de niches, hautes et étroites, terminées par une espèce de trompe au niveau de l'arc des fenêtres, qui se répartissent aux angles de l'absidiole Nord et de l'abside. Ce procédé, peu répandu dans l'architecture romane, répond sans doute au besoin de renforcer les angles des murs, tout en simplifiant le tracé de la toiture. Nous l'avions déjà rencontré en Rouergue, au chevet de Sainte-Fauste de Bozouls. Mais les ni[illegible]

angulaires les plus voisines de celles de Nant sont celles de l'abside de l'église prépyrénéenne de Saint-Just de Valcabrère, au pied de la cathédrale de Saint-Bertrand de Comminges (voir *Pyrénées romanes*, pl. 60), abside datée du dernier tiers du XIe siècle par Jean Cabanot.

Seule l'abside principale a bénéficié d'un décor mural. Elle est ceinturée dans sa partie supérieure, au-dessus d'un cordon sculpté, par une arcature reposant sur des colonnettes trapues aux chapiteaux de type ornemental. Colonnettes et chapiteaux reparaissent aux fenêtres ouvertes au milieu des trois grands côtés.

Ajoutons que l'aspect général du chevet a été bien modifié par la démolition, au début du XIXe siècle, d'un clocher central implanté sur la croisée du transept.

Visite intérieure

La division intérieure du narthex en trois travées par des arcs-doubleaux reparaît dans la chapelle haute formant tribune, largement ouverte sur l'église. Sa coupole centrale, bien visible depuis la nef, se renforce de puissantes nervures de profil carré, qui se rejoignent au sommet pour tracer une splendide corolle renversée à huit pétales. Un tel type de voûtement et, surtout, la forme brisée des doubleaux portant la coupole, laissent penser que ce clocher est postérieur à l'église proprement dite où règne partout le plein cintre. D'ailleurs, la liaison entre la nef et sa tribune ne se fait que maladroitement.

L'impression d'élégance, d'harmonie qui s'impose d'emblée lorsqu'on pénètre dans la nef, réside avant tout dans la structure, fort savante, de ses supports latéraux (pl. 131). Les doubleaux de la voûte d'une part, les grands arcs de communication entre vaisseau central et bas-côtés, de l'autre, reposent sur des piles auxquelles s'adossent, jusqu'à 2 m 50 du sol environ, un soubassement cruciforme, faisant office de piédestal. Il supporte lui-même des colonnes jumelées dont l'emploi est ici systématique, sur chacune des faces des piliers de la nef, à l'entrée du chœur et dans les bas-côtés. Ce système de colonne montée sur un piédestal, ou stylobate, largement utilisé dans les monuments de l'Antiquité romaine, est repris dès le XIe siècle par les architectes romans, ceux de la Catalogne en particulier, avec une colonne unique, à Saint-Pierre de Rodes et à Saint-André de Sorède. Mais les colonnes géminées sur stylobate apparaissent à l'intérieur de la petite église de tradition mozarabe de San Juan de Busa, dans le Serrablo, en Haut-Aragon (voir «Los amigos de Serrablo,» *Zodiaque*, nº 158, pl. 12).

On les retrouve de l'autre côté des Pyrénées à Saint-Just de Valcabrère, et il ne peut s'agir là d'une simple coïncidence, pour la seconde fois. Par la suite, l'architecture cistercienne aura une prédilection marquée, à Silvanès, à Fontfroide, à Flaran, par exemple, pour ce type de support. Et il semble bien que Saint-Pierre de Nant soit à l'origine de la diffusion des colonnes jumelles auprès d'un groupe d'églises romanes échelonnées dans le Rouergue oriental, de Canac à Castelnau-Pégayrolles.

(suite à la p. 397)

TABLE DES PLANCHES

117

118

120

121

123

124

NANT ▶

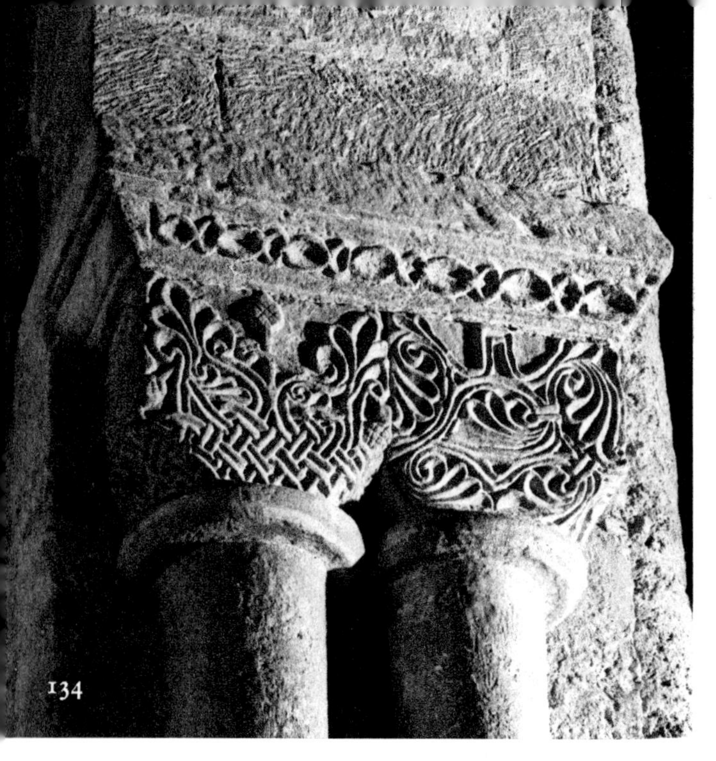
134

135

136

137

138

LAPEYRE

139

140 *COUPIAC*

141 *PLAISANCE*

142

LASSOUTS

RODEZ

145

147

Un bandeau orné de billettes, de chaque côté, marque la naissance de la voûte en berceau de la nef, percée de trois fenêtres, en pénétration, qui se retrouvent, là encore, à Saint-Michel de Castelnau-Pégayrolles (pl. 119). Un grand arc diaphragme marque la séparation entre la nef et la croisée du transept, couverte d'une coupole sur trompe. L'abside, comme les deux chapelles qui l'encadrent, de tracé semi-circulaire et voûtées en cul-de-four, sont décorées d'une arcature sur leur pourtour.

Les chapiteaux

Les structures de l'église de Nant paraissent avoir été conçues pour multiplier le nombre des chapiteaux. Aux corbeilles doubles sous un tailloir commun surmontant les colonnes géminées, s'ajoutent les chapiteaux des colonnettes d'angle à la retombée des arcs venus renforcer les murs des collatéraux. Il faut mentionner encore ceux des fenêtres et de l'arcature du chevet, extérieurement. On arrive ainsi à un total de quelque cent vingt chapiteaux, l'ensemble le plus important du Rouergue roman, après celui de l'abbatiale de Conques. Ils sont tous taillés dans un grès de couleur claire.

Tous, aussi, appartiennent par leur épannelage au type «cubique», c'est-à-dire un parallélépipède à arêtes vives raccordé à l'astragale par un tronc de cône. Mais la place respective occupée par chacun des deux volumes varie beaucoup d'une corbeille à l'autre. Ce genre d'épannelage semble intimement lié à la présence des entrelacs, comme si, par les surfaces planes qu'il ménage, il était plus propice à recevoir ce décor purement linéaire.

Pour les tailloirs, on a fréquemment fait appel au cartouche dit, à tort, «carolingien», faits de baguettes en saillie traçant une sorte de cadre, utilisé sur les plus anciens chapiteaux de Sainte-Foy de Conques. On y a employé aussi un alignement de perles et de petits losanges en alternance, comme sur le pourtour du linteau à entrelacs de Bozouls, ainsi que des motifs d'entrelacs, autant d'éléments de décor qui appartiennent au XIe siècle.

L'abondante décoration sculptée des corbeilles de Nant témoigne d'une prédilection très marquée pour l'entrelacs. Mais, ces chapiteaux, répartis sans aucun ordre apparent à l'intérieur de l'édifice et présentant entre eux des disparités importantes, sont l'œuvre de sculpteurs différents. Beaucoup de corbeilles à arêtes vives, aux motifs traités en méplat, demeurent très proches des plaques de chancel en vogue au Xe siècle. Il s'agit de rubans à perpétuel retour qui enserrent la corbeille sous un réseau dense, pour tracer les combinaisons habituelles : grille, tresse de vannerie, nœuds à double pointe (pl. 134 et 135), etc. Tout se passe comme si le sculpteur, ignorant l'évolution artistique générale du XIe siècle, s'était contenté d'adapter aux chapiteaux les motifs géométriques utilisés par ses prédécessuers. On parlerait volontiers ici d'art résiduel.

Mais, à côté de ces formules stéréotypées issues des bas-reliefs carolingiens ou préromans, certains artistes de l'ancienne Septimanie, du Quercy ou du Rouergue, réussirent à intégrer avec bonheur dans le vieux décor d'entrelacs des éléments végétaux stylisés, tels que palmettes et fleurons, transformant le ruban d'entrelacs en rinceau (pl. 134

et 135). Cette évolution dont le point de départ est à rechercher à Saint-Pierre de Rodes, apparaît à Nant dans une deuxième série de corbeilles, en particulier celles de l'arc triomphal. On y voit, se détachant d'un fond de vannerie, une suite de palmettes creusées en coquille pour mieux accrocher la lumière sur la corbeille, car il s'agit aussi d'un progrès très net réalisé dans le domaine du modelé.

Le décor sculpté des chapiteaux de Nant a fait appel à d'autres motifs que l'entrelacs : damiers (pl. 135), palmes, ou bien une sorte d'éventail en creux. On y voit la survie des petites arcades, parfois perlées, garnies de fleurons qui sont apparues dès l'époque mérovingienne sur les plaques-boucles de ceinture ou les couvercles de sarcophage. Une corbeille de l'absidiole Nord présente une arcature avec ses voussures, ses minuscules chapiteaux à feuillage, ses colonnettes, le tout rendu avec un souci extrême du détail (pl. 136).

Il n'existe ici aucun chapiteau historié et la figure humaine est seulement représentée par quelques masques, dont un de moine, reconnaissable à sa coiffure, sur fond d'entrelacs. D'étranges mufles de bovidés (pl. 133) garnissent deux chapiteaux à l'entrée de l'absidiole Nord, à droite. Ils sont à rapprocher de la tête d'animal qui orne un écoinçon du cloître du XIe siècle à Saint-Gulhem-le-Désert (voir *Languedoc roman,* pl. 26). Dans le collatéral Sud, deux lions adossés, traités en méplat sur la corbeille, crachent un rinceau végétal (pl. 132). A l'extérieur, deux autres lions sculptés sur les pierres du parement encadrent la fenêtre de l'abside méridionale. Et une tête d'ours en ronde-bosse, fort bien identifiable, semble surgir du claveau central de la niche, à l'angle de l'abside.

Cette sculpture de Saint-Pierre de Nant manifeste presque constamment des tendances archaïsantes, alliées à une incontestable maladresse. Il faut en situer la réalisation à la fin du XIe siècle, sans doute après la donation de 1082 à Saint-Victor de Marseille, c'est-à-dire à la grande époque de l'entrelacs. Mais ici on demeure très en retrait par rapport aux belles réalisations que ce style a pu produire, notamment à Sainte-Foy de Conques. C'est là peut-être la raison pour laquelle la sculpture de Nant, contrairement à l'architecture, n'eut qu'un très faible rayonnement, limité aux environs immédiats. On ne le constate guère que dans les deux petites églises rurales de Saint-Michel de Rouviac et de Saint-Sauveur du Larzac.

BIBLIOGRAPHIE

• J. Vallery-Radot, «Les églises romanes du Rouergue», dans *Bulletin monumental,* 1940, p. 22-26.
• Dom J.-M. Berland, *Nant,* s.d.
• J. Bousquet, *La sculpture à Conques...,* t 2, p. 793-797.
• J. Cabanot, *Les débuts de la sculpture romane dans le Sud-Ouest de la France,* 1987.
• N. Andrieu, *Vallée de la Dourbie : ses églises romanes,* Millau, 1989.

DIMENSIONS DE L'ÉGLISE DE NANT

Longueur totale dans œuvre : 39 m 80.
Longueur de la nef : 18 m.
Longueur sous clocher : 6 m 80.
Largeur du bas-côté sous le clocher Nord : 3 m 10.
Largeur du bas-côté sous le clocher Sud : 2 m 30.
Largeur de la nef : 6 m 30.
Longueur du transept : 19 m 60.
Largeur du transept : 6 m 50.
Longueur du chœur : 5 m 65.
Diamètre du chœur : 6 m 95.
Diamètre de l'absidiole Est-Ouest : 3 m 50.
Diamètre de l'absidiole Nord-Sud : 3 m 80.
Largeur du bas-côté Nord : 2 m 40.
Largeur du bas-côté Sud : 2 m 35 à 2 m 50.
Largeur de la façade : 15 m 20.
Largeur de la façade, avec la tour : 19 m 20.
Épaisseur des murs : environ 1 m.
Hauteur du sol aux tribunes : 7 m 25.
Hauteur du sol à la terrasse : 17 m 20.
Hauteur de la voûte de la nef : 14 m 45.
Hauteur du sol aux cloches : 20 m 60.
(Hauteur de la coupole : 20 m 60).
Hauteur du sol au dessus de la corniche : 28 m.
Hauteur du sol aux chapiteaux : 11 m 40.

ACCÈS

A la sortie Sud de Saint-Affrique, la D.7 remonte l'agréable vallée de la Sorgue, au pied du Larzac. Une fois à Lapeyre, au bout de 8 km, il est conseillé de laisser la voiture dans le village pour gagner à pied le cimetière sur l'autre versant, où se dresse le clocher de l'ancienne église Saint-Caprazy, entre les cyprès. Le portail roman, avec son tympan historié, y est demeuré en place, sous un énorme arc de décharge (pl. 139). Un second tympan, de même provenance, mais uniquement décoratif, a été remployé sur une porte de la grande bâtisse appelée « le château », à l'entrée du village, dans un tournant (pl. 138).

4 LES TYMPANS DE L'ÉGLISE SAINT-CAPRAZY DE LAPEYRE (COMMUNE DE VERSOLS ET LAPEYRE, CANTON DE CAMARÈS)

C'est à Lapeyre que les bénédictins de la puissante abbaye Saint-Victor de Marseille prirent pied pour la première fois en Rouergue, dès 1058. La confirmation de cette donation apparaît dans un acte du Cartulaire de Saint-Victor en 1082.

Les moines marseillais choisirent d'implanter leur église prieurale en dehors du village, sur la rive gauche de la Sorgue, respectant ainsi l'église primitive, dont on aperçoit encore quelques vestiges, de grandes arcades outrepassées incluses dans un édifice du XVe siècle, en face, sur le rocher dominant la rivière.

Saint-Caprazy fut rasé pendant les guerres de Religion, à l'exception de la tour du clocher, appuyée contre le mur Nord de la nef. Mais, à partir de ses fondations, maintenant bien dégagées, il est aisé de lire le plan de l'église romane : trois nefs et une abside flanquée de deux absidioles. Le portail d'entrée s'ouvrait au bas du clocher, transformé aujourd'hui en chapelle funéraire.

☆

Le tympan est en grande partie occupé par une suite d'arcades en plein cintre, décorées de rinceaux, et supportées par des colonnes géminées (pl. 139). Elles abritent cinq personnages qui, malgré la maladresse d'exécution et la naïveté de leur pose, méritent une observation attentive. Deux d'entre eux sont faciles à identifier grâce à leur attribut : la crosse de l'abbé et le bâton en tau de l'ermite. Les autres, avec trois gestes différents, les bras en croix, les mains jointes et les avant-bras levés, veulent sans doute évoquer une même attitude, celle de la prière. Plus énigmatiques sont, aux extrémités, les deux hommes accroupis représentés nus, semble-t-il. Faut-il y voir des damnés ?

Dans la partie supérieure du tympan, où le sculpteur a eu visiblement beaucoup de mal à le loger, un autre orant encadré par des animaux qui viennent lécher le bas de son vêtement, représente probablement Daniel entre les lions. Autour de ces scènes, les voussures portent un décor alvéolé, en «nids d'abeilles», puis des palmettes disposées par groupes de trois à l'intérieur d'un réseau d'entrelacs. Enfin, une tresse de rubans à deux brins garnit le linteau, ainsi que les jambages du portail. De toute évidence, l'artiste a été beaucoup plus à l'aise dans le traitement de ces motifs décoratifs que dans celui de la figure humaine. Son talent d'ornemaniste transparaît encore sur le petit tympan en provenance d'une porte latérale de Saint-Caprazy, maintenant réutilisé sur une maison du village (pl. 138). Ici, le sculpteur fait appel à une série d'arcs concentriques qui, à partir d'une coquille centrale, présentent tout à tour des cercles enlacés, une tige lisse terminée en tête de serpent, un rinceau à palmettes, une torsade, des «nids d'abeilles» enfin. Il existe un tympan très voisin de celui-ci au portail de l'église des Canabières, près de Salles-Curan, sur le Levézou.

Les deux tympans de Lapeyre, où la palmette romane se mêle étroitement aux tresses et entrelacs de tradition carolingienne, appartiennent encore au XIe siècle sans doute. Et ils peuvent être considérés comme les plus anciens du Rouergue. Certains rapprochements avec des chapiteaux de la nef de Saint-Pierre de Nant viennent confirmer cette datation. Dans les deux cas, en effet, on retrouve les palmettes quadrilobées inscrites dans des entrelacs. Il faut également tenir compte d'influences venues du Midi méditerranéen, par exemple les personnages disposés sous des arcades, selon la formule des très anciens linteaux romans de Saint-Genis-des-Fontaines ou de Saint-André-de-Sorède, en Roussillon.

BIBLIOGRAPHIE

- J. Bousquet, *Ouvrage cité,* t. 2, p. 798-801.

ACCÈS

Les églises de ces deux villages voisins, aux confins de l'Albigeois, possèdent l'une et l'autre un tympan roman en remploi, de même type, et caractérisé par la présence – fort rare en Rouergue – du chrisme.

Au Nord-Ouest de Saint-Sernin-sur-Rance, la D.33 descend la pittoresque vallée du Rance, de plus en plus encaissée en approchant de Plaisance. Le village de Coupiac, au pied d'un imposant château du XVe siècle, est à 7 km au Nord.

5 LES TYMPANS DE COUPIAC ET DE PLAISANCE (CANTON DE SAINT-SERNIN-SUR-RANCE)

Coupiac

On a encastré au-dessus du portail latéral de l'église – édifice moderne dépourvu d'intérêt – un petit tympan provenant de l'ancienne église Notre-Dame de Massiliergues (pl. 140).

Au centre, le chrisme, complété par la branche horizontale de la croix et porteur des lettres grecques traditionnelles, s'inscrit dans un cercle torsadé, lui-même inclus à l'intérieur d'un carré posé sur l'une de ses pointes, avec quatre fleurons aux angles. Extérieurement, ce carré est accosté par deux autres fleurs dans le haut, et par deux étoiles faites de triangles enlacés, en bas. L'ensemble, avec ses combinaisons de figures géométriques et de nombres, est – on le pressent – chargé de ce symbolisme familier à l'homme médiéval, mais si difficile à décrypter pour celui du XXe siècle.

De chaque côté, un ange aux grandes ailes déployées, vêtu d'une robe plissée, tient un livre d'une main et de l'autre, l'index pointé, désigne le chrisme. Il faut observer l'attitude de l'ange de droite, bizarrement renversé en arrière et comme déséquilibré. Ces figures se détachent en assez fort relief sur le fond plat. Mais il demeure beaucoup de vides dans la composition, encadrée par une torsade et, sur le bas, par un rinceau à palmettes.

Plaisance

Les maisons du village entourent la butte servant de socle à la grande église Saint-Martin, à la fois romane et gothique, mais remaniée à l'époque moderne. Le clocher octogonal à deux étages correspond intérieurement à une coupole sur trompes à huit pans. Il domine un chevet polygonal ceinturé de contreforts, avec sur l'un d'eux, du côté du cimetière, un beau chapiteau plat orné de nœuds d'entrelacs et de fleurettes. Au portail occidental, les voussures retombent sur de très curieux chapiteaux en forme de boule, probablement dus au même sculpteur que ceux des églises de Combret-sur-Rance et d'Ambialet, dans le Tarn.

Un tympan, de provenance inconnue, a été retaillé – et transformé de ce fait en linteau – pour l'encastrer au-dessus de la porte latérale de l'église (pl. 141). Il est directement inspiré de celui de Notre-Dame de Massiliergues : même bordure inférieure faite d'une tige ondulée garnie de palmettes, même chrisme central, mais encadré ici par deux lions, la tête retournée vers l'arrière et crachant une sorte de palmette. Le thème très ancien du chrisme entre les lions, qui est en somme une double évocation du Christ, apparaît déjà dans l'art des catacombes. Et comment ne pas songer aussi aux tympans romans espagnols de la cathédrale de Jaca ou bien de Santa Cruz de la Seros?

A Plaisance, la facture s'avère très inférieure à celle du tympan de Coupiac qui, de toute évidence, a servi de modèle. Contrairement à ses anges, les lions de Plaisance, traités en méplat et selon le procédé de la taille en réserve, ne sont que des silhouettes dépourvues de tout modelé. Mais, dans les deux cas, le sculpteur a utilisé la même technique inspirée de l'orfèvrerie, en particulier des émaux champlevés.

Dimensions

Tympan de Lapeyre
Largeur : 3 m 16
Hauteur : 1 m 58

Tympan de Coupiac
Largeur : 1 m 55.
Hauteur : 0 m 92.

Tympan de Plaisance
Largeur : 1 m 02.
Hauteur : 0 m 50.

MOBILIER D'ÉGLISES

1 LA TABLE D'AUTEL DE MARBRE DE L'ANCIENNE CATHÉDRALE DE RODEZ ET SES CHAPITEAUX A ENTRELACS

A Rodez, lorsque la cathédrale primitive s'écroula, en 1275, l'évêque venait de faire mettre à l'abri le maître-autel consacré à la Vierge; et il reprit sa place dans l'édifice gothique jusqu'au XVIe siècle. Sa table de marbre blanc, de forme rectangulaire, se trouve maintenant fixée contre le mur de la chapelle d'axe de la cathédrale (pl. 145).

Cette pièce importante (2 m 31 × 1 m 40), creusée en cuvette, se caractérise par la présence d'une série de lobes taillés en méplat sur son rebord. Elle se rattache ainsi à tout un groupe de tables d'autel du Bas-Languedoc et de la Catalogne. Elles avaient d'abord été attribuées à l'activité de sculpteurs installés à Saint-Pons-de-Thomières (Hérault). Mais l'analyse a montré que son marbre n'était pas celui des carrières de Saint-Pons; il ressemblait plutôt à celui de certains sarcophages d'Arles ou de Marseille, d'origine grecque. Or, M. Marcel Durliat a pu établir l'existence d'ateliers réutilisant les marbres antiques, dont les principaux se seraient installés à Narbonne au Xe siècle. Ils y auraient prospéré, diffusant au loin leurs productions.

Les ornements fleuronnés d'inspiration hispano-arabe, sculptés entre les lobes, rattachent la table de Rodez à celles de Gérone, en Catalogne, et de Quarante (Hérault). A l'époque moderne, on y a peint deux anges agenouillés devant une Vierge à l'Enfant dans un soleil, avec une inscription. Une autre inscription, gravée celle-ci, se divise en quatre parties, sur les côtés : HANC ARAM DEUSDEDIT EPISCOPUS INDIGNUS

FIERI JUSSIT, c'est-à-dire : «Deusdedit évêque, (quoique) indigne, ordonna de faire cet autel». Le formulaire de l'inscription est très voisin de celui de la table de marbre conservée au château de Herrebouc, dans le Gers, datée de 990. Trois évêques dénommés Deusdedit ayant occupé le siège de Rodez au Xe siècle, il s'agirait ici du dernier dont l'épiscopat a duré de 960 à 1004.

Cette table possédait quatre supports faits, chacun, d'une colonnette de section octogonale et d'un chapiteau, tirés l'une et l'autre d'un même bloc de marbre, aujourd'hui déposés au musée Fenaille de Rodez (pl. 143 et 144). Si les chapiteaux s'adaptent parfaitement aux angles de la table, leur style à entrelacs permet difficilement de les faire remonter à la fin du Xe siècle. Il paraît plus vraisemblable de penser que la table reçut une disposition nouvelle, avec ces supports, dans le courant du siècle suivant.

Ce type de colonnettes à pans coupés appellent d'abord une remarque. Il demeure exceptionnel dans l'art roman du Sud-Ouest, mais à chaque fois qu'il apparaît, comme dans la nef de Saint-André de Sorède (Pyrénées-Orientales) et au chevet de Saint-Pierre-Toirac (Lot), il se trouve associé à une corbeille à entrelacs et palmettes. Si trois cas isolés ne permettent guère d'étayer solidement une hypothèse, il n'en reste pas moins que le rapport établi entre le motif ornemental de l'entrelacs et la forme architecturale de la colonne octogonale soulève un problème. Le monde byzantin, en revanche, semble avoir affectionné ce genre de supports, plus spécialement pour les iconostases. Ici, les colonnettes sont parfois couronnées de chapiteaux de marbre où l'entrelacs, dans un style certes différent de celui qui nous intéresse, est présent sous la forme d'enroulement de ruban à triple brin. Il en est ainsi, par exemple, à l'église de la Théotokos au monastère d'Hosios Loukas, dans la Grèce byzantine. Ne faut-il voir là qu'une simple coïncidence?

Mais revenons aux quatre chapiteaux, dans un remarquable état de conservation. Leur très haute qualité s'explique du fait qu'il s'agit d'un travail de marbrier. Leur décor est constitué d'une alternance de palmettes et de nœuds d'entrelacs disposés sur trois registres. Les palmettes inférieures et médianes naissent de la terminaison de deux rubans; aux angles, elles s'incurvent en coquille pour épouser le cavet de la corbeille. Sur deux chapiteaux, de larges feuilles en éventail viennent s'affronter aux angles supérieurs, soulignant ainsi les arêtes vives de l'épannelage, de type cubique. On reconnaîtra facilement, ici, à la fois le modelé vigoureux et les thèmes caractéristiques de certains chapiteaux de Saint-Pierre de Rodes, en Catalogne, la seule nouveauté notable, sur les chapiteaux de Rodez, étant la palmette d'angle en forme d'éventail. Les uns et les autres appartiennent bien à la même famille stylistique.

Il est aisé d'imaginer l'admiration dont ces chapiteaux durent faire l'objet à leur arrivée à la cathédrale de Rodez. Ils allaient offrir fort à propos, avec sans doute d'autres œuvres d'importation aujourd'hui disparues, les modèles qui manquaient sur place, en Rouergue, au moment de la grande fièvre de construction romane. Et cette source d'inspiration a prévalu à Sainte-Foy de Conques, auprès, surtout, du sculpteur des corbeilles à entrelacs du portail du croisillon Nord (pl. 37).

BIBLIOGRAPHIE

• P. Deschamps, « Tables d'autel de marbre », dans *Mélanges d'histoire du Moyen Age offerts à F. Lot,* 1925.
• M. Durliat, « Tables d'autel à lobes de la province ecclésiastique de Narbonne, IXe-Xe siècles », dans *Cahiers archéologiques,* 16, 1966, p. 51-75.
• J. Bousquet, *La sculpture à Conques,* ouv. cit., p. 704-706.
• J.-C. Fau, « Un décor original : l'entrelacs épanoui en palmettes sur les chapiteaux romans de l'ancienne Septimanie », dans *Cahiers de Saint-Michel de Cuxa,* n° 9, 1978, p. 129-139.
• *Corpus des inscriptions de la France médiévale,* 9, Aveyron-Lot-Tarn, p. 68-69.

2 LES CHRISTS ROMANS DE SAINT-AUSTREMOINE ET DE SALLES-LA-SOURCE

Le Rouergue possède quatre grands Christs romans en bois polychrome, conservés, tous, dans des églises romanes ou en partie romanes, à Thérondels, Aubin, Saint-Austremoine et Salles-la-Source. Ils appartiennent au type du Christ «auvergnat» caractérisé par de longues jambes parallèles et par la courbe régulière que dessinent les bras. La tête, barbue, est légèrement penchée vers la gauche et les cheveux retombent en mèches sur les épaules. Leur parenté avec le Christ de Montsalvy (Cantal) en terre auvergnate, mais à proximité du Rouergue, est évidente. L'ensemble de ces œuvres se rattache sans doute à un atelier de sculpteurs travaillant à la fin du XIIe siècle en Velay, où il a laissé les beaux Christs de la Voûlte-Chilhac, d'Auzon ou d'Arlet (Haute-Loire), et dont la production connut une large diffusion dans tout le Massif central.

Le Christ de Saint-Austremoine (pl. 147) (1 m 63 × 1 m 55), dans le vallon de Marcillac, a fait l'objet d'une restauration en 1966; et on put vérifier alors que tout le corps, à l'exception des bras, était taillé dans un seul bloc de bois. La principale originalité, par rapport aux autres Christs du Rouergue, réside dans le drapé savant du périzonium, dissymétrique, dont la retombée descend très bas pour couvrir le genou gauche, la cuisse droite restant découverte.

Le Christ de la petite église romane Saint-Paul dans le village bas de Salles-la-Source (pl. 146), possède l'avantage d'avoir conservé sa place initiale sur la «poutre de gloire», posée sur les deux tailloirs de l'arc triomphal. Il est de très grande taille (2 m × 1 m 90).

La restauration réalisée en 1983 a démontré l'origine romane du Christ (on songeait jusque-là à une copie du XIXe siècle), ainsi que celle de la croix, contrairement aux croix des trois autres Christs rouergats qui sont modernes. Elle a permis aussi de découvrir la polychromie romane, bien conservée sous quatre couches de peinture d'âges différents. La croix, en chêne, présente une bande centrale verte à bordure rouge. Le Christ lui, est en bois de tilleul. On remarque, sur tout son corps, les marques de la flagellation rendues par de petits ronds bleus avec un point central rouge d'où s'échappent des traits rouges. De même, apparaissent les plaies des mains et des pieds, ainsi que la trace du coup de lance sur le flanc droit où des morceaux de bois rapportés simulent le flot de sang qui s'écoule.

Le visage allongé aux yeux mi-clos, comme celui du Christ de Saint-Austremoine, est d'une grande noblesse. «Ce Christ vient de mourir, toutes les traces de son supplice sont inscrites sur son corps, et pourtant il en émane une impression de paix» (Claire Delmas).

BIBLIOGRAPHIE

- J. Bousquet, «Sur quelques Christs romans du Rouergue», dans *Actes du Congrès d'études de Rodez*, juin 1974, p. 333-359.
- C. Delmas, «Le Christ roman de Salles-le-Source», dans *Bulletin monumental*, 1986, t. 144-II, p. 145-148.

INDEX DES NOMS DES ÉDIFICES ÉTUDIÉS DANS CE VOLUME

Abréviations employées : p. *signifie la page ou les pages du texte;* pl. *le numéro des planches hélio;* pl. coul. p. *renvoie à la page où se trouve une planche en quadrichromie;* plan p. *signale celle où figure le plan d'un édifice.*

CE VOLUME
DIX-SEPTIÈME DE LA COLLECTION "la nuit des temps"
CONSTITUE
LE NUMÉRO SPÉCIAL DE VACANCES POUR L'ANNÉE DE GRACE 1963 DE LA REVUE D'ART TRIMESTRIELLE "ZODIAQUE", CAHIERS DE L'ATELIER DU CŒUR-MEURTRY, ÉDITÉE A L'ABBAYE SAINTE-MARIE DE LA PIERRE-QUI-VIRE (YONNE).

LES PHOTOS
TANT EN NOIR QU'EN COULEURS SONT DE ZODIAQUE.

LES CARTES
ET PLANS ONT ÉTÉ DESSINÉS PAR LILIANE PILETTE (ÉGLISE DE CONQUES, BESSUÉJOULS, CASTELNAU-PÉGAYROLLES, NANT) ET DOM NOËL DENEY A PARTIR DE DOCUMENTS FOURNIS PAR L'AUTEUR.

COMPOSITION
ET IMPRESSION DU TEXTE PAR LES ATELIERS DE LA PIERRE-QUI-VIRE (YONNE). PHOTOCOMPOSITION LASER PAR L'ABBAYE N.-D. DE MELLERAY (C.C.S.O.M., LOIRE-ATLANTIQUE). PLANCHES HÉLIO PAR HAUTES-VOSGES IMPRESSIONS A SAINT-DIÉ. PLANCHES COULEURS (CLICHÉS L. ET D. SCANN A NANCY) PAR L'IMPRIMERIE ROYER A FLÉVILLE (MEURTHE-ET-MOSELLE).

RELIURE
PAR LA NOUVELLE RELIURE INDUSTRIELLE A AUXERRE. MAQUETTE DE L'ATELIER DU CŒUR-MEURTRY, ATELIER MONASTIQUE DE L'ABBAYE SAINTE-MARIE DE LA PIERRE-QUI-VIRE (YONNE).

ISSN 0768-0937
Directeur-Gérant : José Surchamp
ISBN 2-7369-0148-7
Dépôt légal : 1424-3-90

la nuit des temps

Les arts

16 L'ART CISTERCIEN 1 (3e éd.)
34 L'ART CISTERCIEN 2
4 L'ART GAULOIS (2e éd.)
18 L'ART IRLANDAIS 1
19 L'ART IRLANDAIS 2
20 L'ART IRLANDAIS 3
38 L'ART PRÉROMAN HISPANIQUE 1
47 L'ART PRÉROMAN HISPANIQUE 2
28 L'ART SCANDINAVE 1
29 L'ART SCANDINAVE 2

France romane

54 ALPES ROMANES
22 ALSACE ROMANE (3e éd.)
14 ANGOUMOIS ROMAN
9 ANJOU ROMAN (2e éd.)
4 AUVERGNE ROMANE (5e éd.)
32 BERRY ROMAN (2e éd.)
1 BOURGOGNE ROMANE (8e éd.)
58 BRETAGNE ROMANE
55 CHAMPAGNE ROMANE
37 CORSE ROMANE
15 FOREZ-VELAY ROMAN (2e éd.)
52 FRANCHE-COMTÉ ROMANE
50 GASCOGNE ROMANE
31 GUYENNE ROMANE
49 HAUT-LANGUEDOC ROMAN
42 HAUT-POITOU ROMAN (2e éd.)
60 ILE-DE-FRANCE ROMANE
43 LANGUEDOC ROMAN (2e éd.)
11 LIMOUSIN ROMAN (3e éd.)
61 LORRAINE ROMANE
73 LYONNAIS SAVOIE ROMANS
64 MAINE ROMAN
45 NIVERNAIS-BOURBONNAIS ROMAN
25 NORMANDIE ROMANE 1 (3e éd.)
41 NORMANDIE ROMANE 2 (2e éd.)
27 PÉRIGORD ROMAN (2e éd.)
5 POITOU ROMAN (épuisé)
40 PROVENCE ROMANE 1 (2e éd.)
46 PROVENCE ROMANE 2 (2e éd.)
30 PYRÉNÉES ROMANES (2e éd.)
10 QUERCY ROMAN (3e éd.)
17 ROUERGUE ROMAN (3e éd.)

7 ROUSSILLON ROMAN (4e éd.)
33 SAINTONGE ROMANE (2e éd.)
6 TOURAINE ROMANE (3e éd.)
3 VAL DE LOIRE ROMAN (3e éd.)
44 VENDÉE ROMANE

Espagne romane

35 ARAGON ROMAN
23 CASTILLE ROMANE 1
24 CASTILLE ROMANE 2
12 CATALOGNE ROMANE 1 (2e éd.)
13 CATALOGNE ROMANE 2 (2e éd.)
39 GALICE ROMANE
36 LEON ROMAN
26 NAVARRE ROMANE

Italie romane

70 CALABRE BASILICATE ROMANES
56 CAMPANIE ROMANE
62 ÉMILIE ROMANE
48 LOMBARDIE ROMANE
53 OMBRIE ROMANE
51 PIÉMONT-LIGURIE ROMAN
68 POUILLES ROMANES
72 SARDAIGNE ROMANE
65 SICILE ROMANE
57 TOSCANE ROMANE

Autres pays

58 ANGLETERRE ROMANE 1
69 ANGLETERRE ROMANE 2
71 BELGIQUE ROMANE
63 ÉCOSSE ROMANE
66 PORTUGAL ROMAN 1
67 PORTUGAL ROMAN 2
8 SUISSE ROMANE (2e éd.)
21 TERRE SAINTE ROMANE (2e éd.)

BOURGOGNE ROMANE
AUVERGNE ROMANE
VAL DE LOIRE ROMAN
L'ART GAULOIS
POITOU ROMAN
TOURAINE ROMANE
ROUSSILLON ROMAN
SUISSE ROMANE
ANJOU ROMAN
QUERCY ROMAN
LIMOUSIN ROMAN
CATALOGNE ROMANE 1
CATALOGNE ROMANE 2
ANGOUMOIS ROMAN
FOREZ–VELAY ROMAN
L'ART CISTERCIEN 1 et 2
ROUERGUE ROMAN
L'ART IRLANDAIS 1, 2, 3
TERRE SAINTE ROMANE
ALSACE ROMANE
CASTILLE ROMANE 1 et 2
NORMANDIE ROMANE 1
NAVARRE ROMANE
PÉRIGORD ROMAN
L'ART SCANDINAVE 1 et 2
PYRÉNÉES ROMANES
GUYENNE ROMANE
BERRY ROMAN
SAINTONGE ROMANE
ARAGON ROMAN
LEON ROMAN
CORSE ROMANE
L'ART PRÉROMAN HISPANIQUE 1 et 2
GALICE ROMANE
PROVENCE ROMANE 1 et 2
NORMANDIE ROMANE 2
HAUT-POITOU ROMAN
LANGUEDOC ROMAN
VENDÉE ROMANE
NIVERNAIS-BOURBONNAIS ROMAN
LOMBARDIE ROMANE
HAUT-LANGUEDOC
GASCOGNE ROMANE
PIÉMONT-LIGURIE ROMAN
FRANCHE-COMTÉ
OMBRIE ROMANE
ALPES ROMANES
CHAMPAGNE ROMANE
CAMPANIE ROMANE

la nuit des temps 17

TOSCANE ROMANE
BRETAGNE ROMANE
ANGLETERRE ROMANE 1
ILE-DE-FRANCE
LORRAINE ROMANE
ÉMILIE ROMANE
ÉCOSSE ROMANE